Aus Freude am Lesen

»Kein Zeuge ist besser als die eigenen Augen«, zitiert Marietta Slomka ein altes Sprichwort aus Äthiopien. Sie verbindet in ihrem Reise-Tagebuch Gesehenes und Erlebtes mit Analysen und Recherchen und stellt so die Schicksale der Menschen, denen sie begegnet, in größere Zusammenhänge. Dabei war es ihr vor allem wichtig, »mit Afrikanern zu sprechen und nicht über sie«. Afrika ist nicht nur ein Hort der Finsternis oder exotische Kulisse für Herzschmerzfilme. Mit den Augen von Marietta Slomka werden Vielfalt, Schönheit und die Herausforderung afrikanischer Realität erkennbar.

MARIETTA SLOMKA, geboren und aufgewachsen in Köln, studierte Wirtschaft und Politik in Köln und Canterbury, Großbritannien. Seit 2001 moderiert sie das »heute journal« und ist als Reporterin unterwegs, etwa für die Dokumentation »Afrikas Schätze«. Sie wurde mit dem Grimme-Preis ausgezeichnet und gehört zu den beliebtesten Moderatoren des deutschen Fernsehens.

Marietta Slomka

MEIN AFRIKANISCHES TAGEBUCH

Reise durch einen Kontinent im Aufbruch

btb

Verlagsgruppe Random House FSC-DEU-0100
Das für dieses Buch verwendete
FSC®-zertifizierte Papier *Lux Cream*
liefert Stora Enso, Finnland.

1. Auflage
Genehmigte Taschenbuchausgabe Juni 2012,
btb Verlag in der Verlagsgruppe Random House GmbH, München
Copyright © der Originalausgabe 2011 by C. Bertelsmann Verlag,
München, in der Verlagsgruppe Random House GmbH
Ein Projekt der Montasser Medienagentur
ZDF-Logo lizenziert durch ZDF Enterprises GmbH
Copyright © ZDF 2011 – Ale Rechte vorbehalten –
Umschlaggestaltung: semper smile, München, nach einem
Umschlagentwurf von R·M·E, Roland Eschlbeck
Umschlagmotive: © ZDF / Kirsten Hoehne; © Getty Images /
Photodisc
Bildredaktion: Dietlinde Orendi
Satz: Uhl + Massopust, Aalen
Druck und Einband: CPI – Clausen & Bosse, Leck
LW · Herstellung: BB
Printed in Germany
ISBN 978-3-442-74452-7

www.btb-verlag.de

Besuchen Sie auch unseren LiteraturBlog www.transatlantik.de!

INHALT

Umarmungen in Johannesburg –
ein Vorwort 7

Hoffnung im Land der tausend Hügel –
Ruanda 13

Brotkorb für die Welt? –
Äthiopien 55

Hinter den Kulissen von Safari und Savanne –
Kenia 103

Fluch der Schätze –
Angola 141

Bedrohtes Paradies –
Mosambik 185

Mit anderen Augen –
ein Nachwort 237

Länderdaten 242

Personen- und Sachregister 247

Bildnachweis 253

UMARMUNGEN IN JOHANNESBURG – EIN VORWORT

Mein Lieblingsflughafen ist der International Airport Johannesburg in Südafrika. Bei den vielleicht acht, neun Malen, die ich bisher in Johannesburg gelandet bin, gab es fast immer irgendein Problem. Und immer haben südafrikanische Flughafenmitarbeiter alles stehen und liegen lassen, um der unbekannten Reisenden zu helfen. Beim letzten Mal fiel mir eine Flughafenangestellte mit fliegenden schwarzen Zöpfchen vor lauter Begeisterung um den Hals, als ich ihr erleichtert meinen verloren geglaubten Koffer zeigte – so sehr freute sie sich mit mir, nachdem sie zuvor voller Mitgefühl gewesen war angesichts des vermeintlichen Verlustes.

Unvergessen auch, wie das Bodenpersonal einer afrikanischen Airline beim Check-in in Johannesburg das ungefähr ein mal ein Meter große, abstrakte Gemälde eines kleinen afrikanischen Mädchens, das ich in einer Galerie in Soweto gekauft hatte, betrachtete: »She looks sad«, befanden sie. »Ja«, sagte ich, »sie ist traurig. Aber auch schön, oder nicht?« Allgemeine Zustimmung: traurig und schön. Die südafrikanischen Mitarbeiter beschlossen, dass dieses kleine schwarze Mädchen (»our little lady«) First Class nach Deutschland fliegen sollte: »Then she has a good journey out of Africa«, dann hat sie wenigstens einen schönen Flug, wenn sie ihre Heimat schon verlassen muss. Im Flieger nahm mir die entsprechend instruierte afrikanische Stewardess das Bild ab und trug es hoch in die offenbar halbleere First Class, als handele es sich um ein rohes Ei. So flog mein frisch erworbenes Gemälde (»auf einem eigenen Sitz«, wie mir strahlend berichtet wurde) Richtung Deutschland. Die Galeristin, der ich es in Soweto abgekauft hatte, war übrigens in Tränen ausgebrochen, als ich mit dem in Noppenfolie verpackten Bild von dannen marschierte. »I will miss my girl!« Das war nicht Teil einer »Verkaufsshow«, sondern kam von Herzen. Der Künstler war an Aids gestorben; das Bild hatte lange in ihrer Galerie gehangen. Ich musste ihr versprechen, »gut auf ihr kleines Mädchen aufzupassen«, während wir uns zum Abschied umarmten (die Chance, umarmt zu werden, ist in Südafrika vergleichsweise groß).

Es sind solche Momente, die ich mit Südafrika und mit dem Airport Johannesburg verbinde. In der Galerie im Township Soweto, die genauso gut eine Galerie in Berlin-Mitte hätte sein können, wurde mir aber auch bewusst, wie wenig ich über zeitgenössische afrikanische Kunst weiß. Ähnlich erging es mir in Ruanda, als ich meine Gesprächspartner fragte, welche ruandische Musik sie mir empfehlen könnten für die TV-Doku, die wir damals drehten. Da wurde ich mit Namen und Musikrichtungen regelrecht bombardiert, von Jazz über »tolle Harfenistin« bis zu Hip Hop. Ich hatte von keinem dieser Musiker je gehört. Wie viel wissen wir Europäer über aktuelle afrikanische Kultur? Fallen uns beim Stichwort »afrikanische Kunst« nicht vor allem folkloristische Holzschnitzereien oder Bongo-Trommeln ein?

Den Blick auf Afrika zu weiten, ist ein wesentliches Anliegen dieses Buches. Denn Afrika ist oft überraschend anders als die Bilder, die wir im Kopf haben: Zum Beispiel, dass Äthiopien eine dürre Wüste sei. Oder Ruanda ein einziger Hort des Grauens, auf ewig gebrandmarkt durch den entsetzlichen Völkermord vor sechzehn Jahren. Und was verbinden wir mit Mosambik oder Angola? Braune Erde, in der Landminen vergraben sind? All das stimmt – und stimmt doch nicht. In Äthiopien bin ich durch Gegenden gefahren, die aussehen wie der Schwarzwald: saftig dunkelgrün. In Angolas Hauptstadt Luanda gibt es Ecken, da wähnt man sich in Saint-Tropez. Und in Ruanda habe ich ein lässigstylisches Nightlife erlebt. Dieses Buch will Neugier wecken auf einen Kontinent, den man aus vielen Blickwinkeln betrachten kann – und sollte.

Als Volkswirtin interessiert mich besonders: Warum leben in Afrika so viele arme Menschen auf so reichen Böden? Denn Afrika ist reich. Reich an Boden- und Naturschätzen, um die längst ein Wettrennen internationaler Investoren entbrannt ist. Afrika hat nicht nur fruchtbare Böden, sondern auch reiche Ölvorkommen, Diamanten, Kobalt und viele andere Schätze, von denen wir in deutschen Landen nur träumen können. Und doch sind so viele Afrikaner bitterarm. Warum? Fragen wie diese treiben mich um – auch wenn ich nicht den Anspruch erhebe, umfassende Antworten liefern zu können. Wer in Afrika einfache Antworten sucht, kann sowieso gleich zu Hause bleiben. Aber ich habe als reisende Journalistin Beobachtungen gemacht, die sich durchaus in einen größeren Kontext einordnen lassen.

Vor allem aber möchte ich Ihnen als Leser zurufen: Schaut auf Afrika! Afrika ist so viel mehr als exotische Kulisse für Herzschmerzfilme einerseits oder Hort der Finsternis andererseits. Es ist ein faszinierender und vielschichtiger Kontinent, der es verdient, auch genauso wahrgenommen zu werden. Vielleicht geht es Ihnen ja so wie manchen meiner Freunde und Bekannten, die mir zuhörten, während ich erzählte und erzählte, und schließlich sagten: »Vielleicht sollten wir auch mal nach Afrika reisen!« Ja, tun Sie das! Es lohnt sich!

Zugleich weiß ich, dass es grundsätzlich heikel ist, ein Buch über Afrika zu schreiben. Man trifft bei der Beschäftigung mit diesem Kontinent besonders häufig auf extrem engagierte und extrem gegensätzliche Meinungen. Wer als Entwicklungshelfer in Afrika unterwegs ist, womöglich auch noch in Kriegsgebieten, wird sich mit seinem Afrika-Bild in diesem Reisetagebuch vielleicht nicht ausreichend wiederfinden. Kriege, Hungersnöte und Aids werden von mir nicht ausgeblendet, das kann man auch gar nicht, wenn man sich mit Afrika beschäftigt. Aber es sind nicht die Schwerpunktthemen dieses Buches. Und natürlich ist jedes einzelne Thema, das ich anspreche, so komplex, dass man dazu eigene umfangreiche Abhandlungen verfassen kann. Mein Buch ist nicht aus der Perspektive einer langjährigen Afrika-Expertin geschrieben, das bin ich nicht. Sondern mit dem Blick von außen, dem persönlichen, auch subjektiven Blick einer Reisenden. Allerdings einer reisenden Journalistin, die weit mehr Möglichkeiten hat, Informationen zu sammeln und Gespräche zu führen als touristisch Reisende. So ist dieses Buch eine Mischung aus eigenen Erlebnissen und journalistischer Recherche.

Natürlich hätte ich dieses Buch ohne Unterstützung nicht schreiben können. Dabei denke ich besonders an meine Kollegen Kirsten Hoehne, Jens Nicolai und Claudia Ruete, die die ZDF-Dokumentation »Afrikas Schätze« mit mir gemeinsam recherchiert und gedreht haben. Das war sowohl auf der professionellen als auch auf der persönlichen Ebene eine der schönsten Teamarbeiten, die ich je erlebt habe. Wenn man über viele Wochen oder gar Monate eng aufeinander hockt und am Ende nicht erleichtert, sondern traurig ist, dass das Werk fertig und damit die gemeinsame Zeit vorbei ist, dann hatte man es mit ganz besonderen Kollegen zu tun... Danken möchte ich natürlich auch meinen Gesprächspartnern in Afrika, für das Vertrauen und die Offenheit, die sie mir entgegengebracht haben.

In dieses Buch sind aber auch Erlebnisse auf privaten Reisen eingeflossen. Und so möchte ich, zum Schluss aber nicht zuletzt, Christof danken – dafür, dass er mit mir seit vielen Jahren kreuz und quer durch die Welt reist, über und unter Wasser, und mit mir zu immer neuen Horizonten aufbricht.

HOFFNUNG IM LAND DER TAUSEND HÜGEL – RUANDA

Ankunft in Kigali: Ist das Afrika?

Das erste, was mir ins Auge sticht, als ich im International Airport Kigali durch die Passkontrolle in die Ankunftshalle marschiere, ist ein eigentümliches Schild: ein stilisierter Beutel mit der Aufschrift »Plastic« und darüber ein dickes rotes Kreuz. Offenbar ein Verbotsschild! Dass Umweltschutz in Ruanda stark propagiert wird, wusste ich. Aber dass es so weit geht? Etwas irritiert stopfe ich die vom Zwischenstopp im äthiopischen Addis Abeba mitgebrachte Duty-Free-Tüte in meinen Rucksack, sicherheitshalber – und halte dann Ausschau nach Daddy Ruhorahoza. Ein junger, ambitionierter Filmemacher aus Kigali, der während unseres Aufenthalts in Ruanda für unser Team Kontaktmann, Türöffner, Fremdenführer und Dolmetscher sein wird. Dass er vom Fach ist, macht ihn für unsere Dreharbeiten erst recht zu einem idealen »Stringer«, wie wir im TV-Jargon jene Ortskräfte nennen, die uns kollegial und kenntnisreich durch ihre Heimatländer lotsen und ohne die solche Filmarbeiten kaum möglich wären. Bisher hatten wir mit Daddy nur telefonisch und per Email Kontakt.

»Marietta?« Er hat mich schon entdeckt, was nicht schwer war; schließlich bin ich weit und breit die einzige weißhäutige Frau, die aus dem Flugzeug gestiegen ist. Daddy entpuppt sich als personifizierte Lässigkeit. Neben Kigali ist London seine Lieblingsstadt, sein Englisch praktisch Oxford-like, auch Berlin findet er großartig, zur Berlinale war er dort – und strahlt überhaupt eine kosmopolitische Weltläufigkeit aus, die uns in Kigali noch einige Male begegnen wird. So dreht sich mein erster Smalltalk in Ruanda um den US-Filmemacher Quentin Tarantino und den Kollwitzplatz im Prenzlauer Berg in Berlin, was ich nicht unbedingt erwartet hätte.

Schon auf der Fahrt vom Flughafen zeigt sich auch Ruandas Hauptstadt von einer anderen Seite, als man es vielleicht vermuten würde. Anders jedenfalls als andere afrikanische Großstädte, die ich gesehen habe, und vor allem anders, als sich viele wohl eine Stadt vorstellen, die vor gerademal sechzehn Jahren ein Ort unbeschreiblichen Grauens war. Kigali präsentiert sich ausgesprochen aufgeräumt – die Straßen so sauber gefegt, wie man es in europäischen Großstädten selten findet. Selbst die Slums, die ich in den nächsten Tagen noch besuchen werde, wirken trotz bitterer Armut geradezu »ordentlich«, verglichen mit anderen Elendsvierteln dieser Welt, auch solchen, die ich auf dieser Reise durch Afrika noch zu sehen bekommen sollte. Als wolle man in dieser Stadt jeden Tag aufs Neue das Blut wegwischen, das über den Asphalt floss – und die Erinnerung auslöschen an diese hundert Tage, in denen fast eine Million Menschen umgebracht wurden. Als ich Daddy darauf anspreche, bestätigt er meinen Eindruck: »Ja, jeder Bürger ist angehalten, regelmäßig die Bordsteine zu reinigen; es gibt regelrechte Putzdienste. Außerdem hat die Regierung der Umwelt zuliebe im ganzen Land Plastiktüten verboten.« Und jeder hält sich dran? Wird man sonst bestraft? »Nein, bestraft nicht. Aber die Polizei konfisziert jeden Plastikbeutel, den sie sieht.« Deshalb also schon am Flughafen der Warnhinweis – meine verschämt versteckte Tüte fühlt sich nun an wie ein Corpus Delicti.

»Möchtest du noch eine Stadtrundfahrt machen, bevor wir ins Hotel fahren?« Unbedingt! Ich finde, es gibt auf Reisen nichts Besseres, als sofort nach der Ankunft eine erste Rundfahrt zu machen, egal, wie müde man sein mag. Das allererste Gefühl, die ersten Atemzüge, mit denen man das Fremde aufsaugt, sind die intensivsten, weil alle Sinne noch ganz auf den eigenen heimatlichen Lebensraum ausgerichtet sind. Manches, was einem in den ersten Minuten in der Fremde auffällt, bemerkt man später nicht mehr, weil sich Augen, Ohren und Nase schon umgestellt haben.

In Kigali fahren wir an gepflegten Parkanlagen, Blumenbeeten, Springbrunnen, Tennisplätzen und an einem Golfplatz vorbei. Vögel zwitschern, ein intensiver Blütenduft liegt in der Luft, vom Tennisplatz wehen Gelächter und das fröhliche Plopp-Plopp der Bälle herüber – vor mir breitet sich ein friedliches, fast paradiesisches Kigali aus. Nichts könnte weniger an die Hölle eines Genozids erinnern. Daddy zeigt mir eines der neugebauten Wohnviertel. Hübsche rote Backsteinhäuser reihen sich aneinander, im Stile einer englischen Kleinstadt, mit strahlend hellgrünen Vorgärten und kunstvoll getrimmten Hecken. »Wohnen hier die Reichen?«, frage ich. »Nein, das hier ist eine Mittelklassegegend. Hier wohnen höhere Beamte, Leute aus dem mittleren Management, Ärzte, Journalisten, solche Leute halt. Natürlich auch Ausländer, aber genauso viele Ruander.«

Wie die wirklich Reichen wohnen, sehe ich ein paar Blocks weiter. Allein stehende Villen in Pastelltönen, viele noch im Rohbau; offenbar wächst die Zahl der Wohlhabenden, die sich solche Häuser leisten können. Die Grundstücke sind zwar sorgfältig umzäunt und mit den typischen »Security«-Warnschildern versehen. Aber sie liegen nicht in einem hermetisch abgeschirmten Reichen-Ghetto, wie ich sie aus den Hauptstädten anderer Drittweltländer kenne. Aus Johannesburg etwa, wo ich Viertel gesehen habe, in denen sich die Villen hinter hohen stacheldrahtbewehrten und mit Videokameras gespickten Mauern ducken, so dass eigentlich nur noch Schießscharten fehlen, um den Eindruck von Burgen im Belagerungszustand zu vervollständigen. In Kigali bauen die Wohlhabenden ihre Häuser mitten in der Stadt, direkt an der Straße, mühelos einsehbar, vergleichsweise harmlos geschützt und mit ärmlichen Hütten in unmittelbarer Nachbarschaft. Ruandas Regierung, die unter Präsident Paul Kagame mit harter Hand regiert, preist die niedrige Kriminalitätsrate in ihrem Land. Meine eigenen Eindrücke bestätigen diese offizielle Darstellung durchaus. Die Handtasche sorglos über die Schulter baumeln lassen, nach Einbruch der Dunkelheit durch die Straßen spazieren: Lässigkeiten, die man als Reisender in nicht wenigen Ländern dieser Welt besser bleiben lässt oder die man zumindest nur sehr vorsichtig handhabt – in Ruanda erschien uns das alles ziemlich unproblematisch.

Vision 2020 – das neue Ruanda

»Das neue Ruanda«, die sogenannte »Vision 2020« des Präsidenten, entsteht in Kigali sichtbar an allen Ecken und Enden. Auf den neu geteerten Straßen herrscht emsige Geschäftigkeit, klotzige Bürogebäude ragen aus der Erde, in der Innenstadt wächst ein Bankenviertel. Beliebter Treffpunkt ist ein mit kostenlosem Wireless-Lan ausgestattetes Café in einer Shopping-Mall. Mit modischen Zebrano-Holztischen in Creme und Braun eingerichtet, könnte dies ein Café in jeder Metropole der Welt sein. Neben Latte Macchiato, Smoothie-Drinks und Putenbruststreifen-Salat stehen die Laptops aufgeklappt auf den Tischen. Viele junge Leute sitzen hier, die meisten modisch-westlich gekleidet. Dazwischen aber auch Frauen in traditionellen afrikanischen Gewändern, die sich über ihre Laptops beugen. Zum Singapur Afrikas will Präsident Kagame sein Land machen, ein internationales Handels- und Dienstleistungszentrum soll es werden. Eine ehrgeizige Vision, für die er Unterstützung im Ausland sucht. So gehört zum Beispiel Tony Blair zu den offiziellen Beratern des ruandischen Präsidenten. Ausländisches Kapital wird gezielt angelockt, die bürokratischen Hemmnisse gelten als vergleichsweise niedrig; ein Geschäft zu eröffnen sei in Ruanda einfacher als in jedem anderen afrikanischen Land, schwärmen Investoren.

Paul Kagame, der ehemalige Tutsi-Rebellenführer, dessen Armee vom Nachbarland Uganda aus kämpfend 1994 Kigali eroberte und den Genozid beendete, gehört zu den schillerndsten politischen Figuren auf dem afrikanischen Kontinent. Eine asketisch-hagere Gestalt; er wird als misstrauisch und hochintelligent beschrieben. Ein Mann mit absoluter Macht. Doch mit den berüchtigten afrikanischen »Big Daddys« wie etwa Idi Amin in Uganda, Bokassa in der Republik Zentralafrika oder Joseph Mobutu im Kongo lässt er sich nicht vergleichen. Jene brutalen Gewaltherrscher, die »Schlächter Afrikas«, die nach der Unabhängigkeit in den sechziger und siebziger Jahren ihre Machtfülle dazu nutzten, für sich und ihre Clans sagenhafte Reichtümer anzuhäufen, schlimmste Gräueltaten begingen und am Ende ihre Länder in katastrophalem Zustand zurückließen.

Paul Kagame hingegen hat für sein Land wohl tatsächlich eine Vision, jenseits persönlicher Bereicherung. Die Korruptionsrate in Ruanda gilt als vergleichsweise niedrig, der Präsident zeigt sich an Wirtschafts- und Finanzpolitik ernsthaft interessiert und durchaus offen für ausländische Expertise. Im Westen, in Europa und den USA, gilt er vielen als afrikanischer Hoffnungsträger. Das hat man über Robert Mugabe, den Gewaltherrscher in Simbabwe, allerdings lange Zeit auch gesagt, bis er sein Land komplett ruinierte...

Auch auf Paul Kagames Lebenslauf liegen dunkle Schatten: Ihm wird vorgeworfen, dass seine Rebellenarmee beim Kampf gegen die Hutu ebenfalls Massenmorde begangen habe. Unter anderem hat er nach der Machtübernahme in Kigali Hutu-Flüchtlingslager im benachbarten Kongo angegriffen. Kagame rechtfertigte das damit, dass sich dort Hutu-Militärs formierten, um die Macht in Ruanda zurückzuerobern. In einem UN-Bericht von 2010 wird ihm allerdings vorgehalten, dass seine Truppen keineswegs nur Militärs jagten, sondern auch Frauen und Kinder massakrierten. Darüber hinaus hat sich Kagame, nach Ansicht internationaler Beobachter, an der brutalen Ausbeutung des rohstoffreichen Ost-Kongo ausgiebig beteiligt, wenn er es nicht bis heute tut. Der Handel mit Mineralien aus dem Kongo, vor allem Coltan (ein begehrter Rohstoff, der für die Herstellung von Mobiltelefonen verwendet wird), ist nach wie vor ein wichtiger Wirtschaftsfaktor für Ruanda – wohl auch ein Grund dafür, dass die Villenviertel in Kigali vom Volksmund vielsagend »Coltanopolis« genannt werden. In einem offiziellen UNO-Bericht aus dem Jahr 2001 wurde Kagame vorgehalten, sich am Krieg im Kongo zu beteiligen, in der Absicht, die reichen Bodenschätze des Nachbarlandes zu plündern. Der Kongo-Krieg gehört zu den blutigsten afrikanischen Kriegen. Bis heute ist das Drei-Länder-Eck Ruanda, Kongo und Burundi nicht zur Ruhe gekommen. Blut klebt an den Händen aller Regenten dieser Länder.

Die unerbittliche Härte, mit der der Ex-General seit sechzehn Jahren seine Macht ausübt, lässt jedem westlichen Demokraten fraglos die Haare zu Berge stehen. Oppositionspolitiker, Menschenrechtsgruppen und ruandische Journalisten beklagen, dass in Ruanda der Straftatbestand, »den Genozid an den Tutsi zu leugnen oder sich diskriminierend zu äußern«, praktisch als Standard-Begründung für Verhaftungen verwendet wird, um unliebsame Kritiker mundtot zu machen. Exzessive Haftstrafen und das Verschwindenlassen von Menschen werden auch vom Menschenrechtsausschuss der *Vereinten Nationen* kritisiert. Vor den Präsidentschaftswahlen im August 2010 gab es verstärkt Verhaftungen. Die Organisation *Reporter ohne Grenzen* beklagt massive Zensur und Repressionen gegen unabhängige Medien, mit Festnahmen von Journalisten bis hin zur Schließung ganzer Redaktionen. Ein führender Oppositionspolitiker der Grünen Partei Ruandas wurde tot aufgefunden, mit durchschnittener Kehle. Die genaueren Todesumstände gelten als »ungeklärt«. Ruanda ist zwar für ausländische Besucher ein vergleichsweise sicheres Land, die Perspektive ruandischer Oppositioneller ist jedoch eine andere. Nach vorne schauen, niemals zurück – diese Parole setzt Kagame oft also mit mehr als fragwürdigen Mitteln durch. Für jeden Ruander empfiehlt es sich insofern, über die Vergangenheit besser zu schweigen.

Das »Hotel Ruanda«
Doch das alte Ruanda ist ja trotzdem noch da. Als ich Daddy danach frage, deutet er aus dem Fenster unseres Autos: »Wenn du nur auf das neue Kigali blickst, ja, dann siehst du die Vergangenheit nicht mehr. Doch jedes einzelne Gebäude in dieser Stadt, das älter als sechzehn Jahre ist, hat eine tragische Geschichte. Siehst du die Kirche dort? Sieht aus wie eine ganz normale hübsche alte Kirche. Dort wurden damals, während des Genozids, Hunderte Menschen umgebracht. Oder das gelbe Eckhaus da vorne, wo jetzt die chinesische Softwarefirma ihre Büros hat? Darin wurde damals gefoltert.« Plötzlich sieht die Stadt anders aus. Als habe man für einen Moment einen Vorhang weggezogen. Aber schon schaue ich wieder den vielen Mofa-Fahrern hinterher, die unbekümmert durch die Straßen düsen, oder den Passanten, die mit schnellem Schritt ihren Geschäften nachgehen, mit globalisiertem Kaffee-Pappbecher in der einen und Handy in der anderen Hand. Und es fällt wieder schwer, über diese Bilder jene anderen Bilder zu legen, jene, die wir aus Nachrichtensendungen und Dokumentationen kennen, die Bilder des Grauens.

Ein Ort mit dramatischer Geschichte ist auch das *Hôtel des Mille Collines*, das *Hotel der tausend Hügel*. Sie wurde durch den Hollywoodfilm »Hotel Ruanda« weltberühmt. Dank eines ebenso beherzten wie cleveren (und angeblich durchaus geschäftstüchtigen) Hotelmanagers überlebten hier über tausend Tutsi und oppositionelle Hutu, die außerhalb der Hotelanlage der sichere Tod erwartet hätte. Der Manager war ein Hutu, verheiratet mit einer Tutsi, eine Mischehe, wie es viele in Ruanda gab. Ein geborener Held war er nicht, bekannte er später selbst in Interviews.

Er hatte sich im damaligen politischen System gut eingerichtet, Karriere gemacht. Erst als Freunde getötet wurden und seine Familie bedroht war, als alle Ausländer in seinem Hotel außer Landes gebracht wurden und die UNO-Soldaten ihre Hilflosigkeit bekannten, da begriff er, was sich in seinem Land abspielte und dass niemand ihnen helfen würde. Nach und nach funktionierte er das Luxus-Hotel zu einem Flüchtlingslager um. Als »zahlende Gäste« versteckten sich die Menschen dort, während die Hutu-Generäle Bestechungsgelder kassierten. Dramatische Szenen müssen sich in diesem Gebäude abgespielt haben: zwischen Hoffen und Bangen, letzte Zuflucht verzweifelter Menschen, ihrem Schicksal ausgeliefert und im klaren Bewusstsein dessen, was außerhalb geschah.

Heute ist das *Mille Collines* längst nicht mehr das erste Haus am Platze. Das Gebäude selbst ist ein typischer grauer Hotelkasten, wie es sie überall auf der Welt gibt. Gerade die Normalität dieses Gebäudes, das genau so auch in jeder deutschen Innenstadt stehen könnte, macht seine Historie noch befremdlicher. Es ist ein fast surreales, zutiefst beklemmendes Gefühl, in der modernen Lobby zu stehen, mit ihren typischen Hotel-Standard-Designerlampen und -stühlen, und sich vorzustellen, wie hier die Menschen in Todesangst kauerten, während draußen ihre Familien, Freunde und Nachbarn mit Macheten barbarisch niedergemetzelt wurden. Der Swimming-Pool, in der Verfilmung ein zentraler Ort des Geschehens, ist immer noch derselbe; wie damals gruppieren sich im großen Garten alle Tische und Sitzgruppen um das Bassin mit seinen mittlerweile etwas abgeblätterten hellblauen Kacheln. Nichts erinnert an die Geschichte dieses Gebäudes, nichts. Und es will sich niemand erinnern. Auch nicht die Angestellten, die bereits vor sechzehn Jahren hier waren. Der stets milde lächelnde und zuvorkommende Zozo zum Beispiel, der schon damals an der Rezeption arbeitete, als rechte Hand des couragierten Managers, der heute in Belgien lebt. Über diese Zeit möchte Zozo genauso wenig sprechen wie alle anderen seiner langjährigen Kollegen. Man reagiert nicht unfreundlich, wenn wir danach fragen, aber eindeutig ausweichend: »Das ist alles vorbei, Vergangenheit, wir müssen nach vorne schauen.« Wie sehr das Land diese Parole von Präsident Paul Kagame beherzigt, werden wir in den nächsten Tagen noch oft erleben.

Doch am nächsten Morgen wollen wir Kigali, die Stadt auf den vier Hügeln, erst mal für einen Tag verlassen, um Ruandas berühmtesten Schatz zu sehen: die sagenumwobenen Berggorillas.

Durch Nebelklüfte und Menschenmassen

Im Morgengrauen brechen wir auf und fahren aus der Stadt in den Norden des Landes, ins Grenzgebiet zum Kongo. Drei Stunden dauert die Fahrt; nicht über buckelige Sandpisten, sondern über eine bestens asphaltierte Hauptstraße, bei durchgehendem Handy-Empfang. Und doch haben wir das Gefühl, nun tatsächlich »im Herzen Afrikas« zu sein, fernab der Großstadt. In Nebelschwaden eingehüllt empfängt uns das Land der tausend Hügel. Dunkelgrün schimmernde Eukalyptuswälder und dichte Bananenplantagen säumen den Weg, sanft schwingt sich die hügelige Landschaft an der Straße entlang, am Horizont erhebt sich das imposante Vulkangebirge, die Heimat der Gorillas.

Doch erst mal sticht uns etwas anderes ins Auge: Wie unglaublich voll es in diesem Land ist. Selbst auf abgelegenen Straßen drängeln sich hier schon frühmorgens so viele Menschen wie in Deutschlands Innenstädten am verkaufsoffenen Samstag. Und jedes Fitzelchen Boden scheint in irgendeiner Form genutzt zu werden, selbst an den Berghängen. Neben größeren Feldern und Wäldern drängen sich kleine Parzellen dicht aneinander, auf denen Gemüse und Früchte angebaut werden. Ein bisschen mutet es an wie eine kilometerlange Aneinanderreihung von Schrebergärten. Das kleine Ruanda ist bis heute das afrikanische Land mit der höchsten Bevölkerungsdichte. Ruanda ist nur ungefähr so groß wie Mecklenburg-Vorpommern, aber sechsmal so dicht besiedelt. Als sei eine Völkerwanderung im Gange, kommt es uns vor, während wir im Vorbeifahren aus dem Fenster blicken. Die meisten Menschen sind zu Fuß unterwegs, nur wenige schieben ein Fahrrad, viele Frauen balancieren Körbe auf dem Kopf, manche Passanten haben ein Huhn mit Fußkettchen an sich gebunden, während sie die Straßen bergauf und bergab stapfen. Esel oder Pferde sehen wir kaum – anders als wir das zum Beispiel in Äthiopien erleben werden, der nächsten Station auf unserer Reiseroute.

Die massive Überbevölkerung in Ruanda ist nicht nur augenfällig, sie war wohl auch eine der vielfältigen Ursachen für den Völkermord. Zu viele Menschen, deren Existenz von der Agrarwirtschaft abhängt, auf zu wenig Land – das musste zu Konflikten führen. Die wirtschaftlich und politisch zunehmend unter Druck stehende Hutu-Regierung hat die Nöte des Landes damals ethnisch aufgeladen. Natürlich können wirtschaftliche Faktoren allein einen Völkermord nicht begründen, so wenig wie man den Holocaust in Deutschland mit der hohen Arbeitslosenquote in den zwanziger Jahren erklären könnte. Aber bei der Frage nach den Hintergründen dürfte in Ruanda auch die extreme Bevölkerungsentwicklung eine nicht zu unterschätzende Rolle gespielt haben.

Hundert Tage in der Hölle
Am Ende wurden in nur hundert Tagen, zwischen April und Juli 1994, bis zu eine Million Menschen umgebracht. Eine unglaubliche Zahl. Die meisten mit Macheten niedergemetzelt, die zuvor gezielt ins Land gebracht worden waren – billige Waffen, preiswerter als Gewehre. Hunderte oder gar Tausende wurden in Schulen und Kirchen zusammengetrieben, angeblich zu ihrem Schutz, in Wahrheit, um sie dort zu erschlagen oder bei lebendigem Leibe zu verbrennen. Es gibt Geschichten von Menschen,

die gezwungen wurden, ihre eigenen Angehörigen lebendig zu begraben. Berichte zu lesen über das, was sich damals in diesem Land abspielte, fällt schwer. Selbst aus den, eher sachlich verfassten, UN-Reports springt dem Leser aus jeder Zeile das nackte Grauen entgegen, so dass man manchmal kaum die nächste Seite aufschlagen mag. Nicht weniger unfassbar ist, dass die Weltgemeinschaft diesem Genozid tatenlos zusah.

Dabei hatte es Warnungen genug gegeben. Zu Übergriffen kam es schon Anfang der neunziger Jahre. Und zu Beginn des Schreckensjahres 1994 schrieb Roméo Dallaire, der kanadische General der hilflosen UNO-Mission, die in Ruanda stationiert war, verzweifelte Berichte an das Headquarter in New York. Er hat darüber später ein Buch geschrieben, »Handschlag mit dem Teufel«, in dem er ausführlich beschreibt, wie sich die Zeichen mehrten, dass in Ruanda Furchtbares bevorstand, und wie er mit seinen Warnungen bei der Weltgemeinschaft auf taube Ohren stieß. Er berichtete von organisierten und politisch motivierten Morden, sah Schlimmeres voraus und bat händeringend um Verstärkung. Vergebens. Nach ihrem Debakel in Somalia 1993/94 war den Amerikanern nicht mehr nach humanitären Interventionen in Afrika zumute. Und ohne amerikanische Führung war ein militärisches Eingreifen seitens der UNO in Ruanda nicht denkbar.

Die Europäer sahen genauso weg – mit Ausnahme der Franzosen, die im ruandischen Völkermord eine besonders unrühmliche Rolle spielten. Der Élysée-Palast betrachtete Ruanda als Teil seiner traditionellen Einflusssphäre im französischsprachigen Afrika. Die Regierung Mitterrand pflegte enge Beziehungen zum damaligen Hutu-Regime unter Juvénal Habyarimana, einschließlich militärischer Unterstützung. Paul Kagame hat Frankreich deshalb sogar eine Beteiligung am Völkermord vorgeworfen und beklagt, dass die französische Regierung führenden Hutu-Generälen und anderen hochrangigen Regierungsmitgliedern nach dem Einmarsch der Tutsi-Rebellen zur Flucht verholfen habe. Umgekehrt wurden in Frankreich noch 2006 internationale Haftbefehle gegen Kagame und eine Reihe seiner Vertrauten ausgestellt, weil sie den Völkermord zwölf Jahre zuvor durch ein Attentat auf den damaligen Hutu-Präsidenten provoziert hätten. Daraufhin ließ Kagame den französischen Botschafter ausweisen und alle französischen Einrichtungen schließen.

Nicht mehr Französisch, sondern Englisch ist heute die Unterrichtssprache an Ruandas Schulen. Uns fällt auf, dass Ruander sich mit uns lieber auf Englisch als auf Französisch verständigen, und sei es auch nur mühsam. Die Kellnerin im Restaurant etwa, der ich anbiete, dass wir die etwas schwierige Bestellungsprozedur »en français« versuchen, schüttelt den Kopf: »You prefer English?« Heftiges Kopfnicken. Das mag nur Zufall gewesen sein, vielleicht konnte sie Französisch noch weniger als Englisch, aber es passt ins Bild, dass das Französische im ehemals französischsprachigen Ruanda kein großes Ansehen mehr genießt. Auch die Verwaltungssprache in Ruanda ist heute Englisch; außerdem ist das Land unter Kagame dem Commonwealth beigetreten.

Bis heute ist das Verhältnis zwischen Ruanda und Frankreich angespannt. Nicolas Sarkozy war Anfang 2010 der erste französische Präsident, der nach dem Genozid ruandischen Boden betrat – und immerhin eingestand, dass Frankreich seinerzeit »schwere Einschätzungsfehler« begangen habe. Ob »Einschätzungsfehler« oder bewusstes Wegsehen: Als in Ruanda das große Morden begann, war in der gesamten Weltöffentlichkeit, auch in deutschen Medien, vor allem von »ethnischen Konflikten« die Rede und nicht von einem planvoll organisierten Völkermord, bei dem eine Bevölkerungsminderheit auf Betreiben der Regierung zielgerichtet ausgelöscht werden sollte.

Hutu und Tutsi – in westlichen Ohren klingt das nach »typisch afrikanischen« Stammesfehden, nach ethnisch unterschiedlichen, verfeindeten Volksgruppen. Dabei unterscheiden sich Hutu und

Tutsi kaum voneinander, weder ethnisch noch in ihrer Lebensweise. Sie lebten und leben nicht in unterschiedlichen »Stammesgebieten«, sie sprechen dieselbe Sprache und praktizieren keine unterschiedlichen Riten oder Religionen (beide Volksgruppen sind überwiegend christlich). Hutu und Tutsi heirateten untereinander, lebten miteinander, sehr viele Ruander ließen sich ethnisch überhaupt nicht zuordnen, hatten Tutsi-Väter und Hutu-Mütter. Die Zugehörigkeit zu einer Familie, einem Dorf oder Hügel war wichtiger als die Unterscheidung in Ethnien. Wie konnte es also zu dieser Unterscheidung mit all ihren tödlichen Folgen überhaupt kommen?

Ursprünglich sollen Hutu und Tutsi unterschiedliche Volksstämme gewesen sein, die in Frühzeiten Ruanda nacheinander besiedelten. Forscher gehen davon aus, dass erst von Südwesten her die Hutu kamen, Jahrhunderte später aus dem Nordosten die Tutsi, die dann im Laufe der Zeit – obwohl in der Minderheit – die politische Herrschaft übernahmen und zur aristokratischen Kaste wurden. Es heißt, die Tutsi seien eher Viehhirten gewesen, die Hutu Landbauern. Völkerkundler sind sich über diese historischen Ursprünge jedoch durchaus unsicher. Weitgehend einig sind sie sich in der Beurteilung, dass vor der Kolonisation durch die Europäer die Unterschiede zwischen Tutsi und Hutu in Ruanda eher in der sozialen Stellung und weniger im Ethnischen lagen. Auch wenn den Tutsi nachgesagt wird, dass sie hochgewachsen und vergleichsweise hellhäutig sind, die Hutu hingegen eher gedrungen-kräftig und dunkelhäutiger.

Manche Historiker sprechen in diesem Zusammenhang von einem »Ethno-Mythos«. Ein Mythos, der von den Kolonialmächten gefördert, instrumentalisiert und formalisiert wurde: Erst von den Deutschen (1897 bis 1916), nach dem Ersten Weltkrieg von den Belgiern, die bis 1962 in Ruanda herrschten. Für die Kolonialherren war es naheliegend, die politisch herrschenden Tutsi-Aristokraten als Mittelsmänner zu benutzen. Dabei kam ihnen entgegen, dass die Tutsi angeblich »europäischer« aussehen, mit hellerer Haut und schmaleren Gesichtszügen.

In die Rassentheorien des 19. Jahrhunderts, die zwischen »überlegenen« und »unterlegenen« Rassen unterschieden, passte das gut hinein. Die belgischen Kolonialherren waren es schließlich, die in den dreißiger Jahren eine Vorschrift erließen, nach der jeder Ruander in seinem Personalausweis einer der beiden Volksgruppen zugeordnet wurde, und sei es auch nur willkürlich nach der Anzahl des Viehs, das eine Familie ihr eigen nannte. Wer mehr hatte, gehörte zu den Tutsi, wer weniger hatte, war Hutu. Damit war die ethnische Unterscheidung amtlich und Jahrzehnte später während des Völkermords nachprüfbar. Dieser ethnische Eintrag im Personalausweis wurde nach dem Genozid abgeschafft. Offiziell gibt es heute keine Unterscheidung mehr, gemäß der präsidentiellen Vorgabe »Wir sind alle Ruander«.

So gesehen ist es in Ruanda wie in fast allen afrikanischen Staaten: Bei allen Verwerfungen der jüngeren Geschichte landet man auf der Suche nach ihren Wurzeln über kurz oder lang in der Kolonialzeit. Selbst wenn man Afrikas Regierungen heute noch so kritisch betrachten kann und auch betrachten sollte und viele Probleme des Kontinents als hausgemacht analysiert – an den grundsätzlichen gesellschaftlichen Zerstörungen, die die Kolonialzeit auf dem Kontinent angerichtet hat, und ihren langen Nachwirkungen kommt kein Betrachter vorbei.

»Kakerlaken« und »Génocidaires«

Die Konflikte zwischen Hutu und Tutsi hatten sich in den sechziger Jahren verschärft. Als Ruanda 1962 unabhängig wurde, versuchten die Hutu im Laufe dieses Prozesses, als Bevölkerungsmehrheit nun auch die politische Vorherrschaft zu erringen. Schon damals gab es erste Pogrome. Hunderttausende Tutsi flüchteten in afrikanische Nachbarstaaten. Ein Exodus, der die Grundlage für die später gegründeten Rebellenarmeen bildete.

Auch die Familie von Paul Kagame gehörte zu diesen früh Vertriebenen. Zigtausende Flüchtlinge und Flüchtlingssöhne lebten danach im benachbarten Uganda und Burundi, sannen auf Rache und Gerechtigkeit. Trotzdem erlebte Ruanda in den siebziger Jahren und bis in die achtziger Jahre hinein eine Zeit relativen Friedens und durchaus auch wirtschaftlichen Fortschritts. Damals wie heute galten die Ruander als diszipliniert und friedlich, das Land als stabil – sieht man von den Übergriffen durch Rebellen ab, die sich in den Nachbarländern formierten und immer wieder Versuche starteten, nach Ruanda vorzustoßen.

Wer weiß, vielleicht wären die Geschicke Ruandas anders verlaufen, wäre nicht die Bevölkerung in diesem kleinen Land weiter so sprunghaft angewachsen. Schon vor dem Völkermord wurde praktisch jeder Flecken Erde landwirtschaftlich genutzt, Wälder gerodet, die Böden ohne Rücksicht auf Erosionsschäden ausgemergelt. Eine ökologisch und ökonomisch prekäre Situation, die gewaltigen gesellschaftlichen Sprengstoff barg. Väter hatten nicht mehr genug Land, um es mit ihren Söhnen zu teilen. Und wo zu viele junge Männer in Aussichtslosigkeit verharren, keine Chance haben, bei Erreichen des Erwachsenenalters eine eigene Existenz zu gründen und damit einen akzeptablen sozialen Status zu erringen, kann das Konflikte zusätzlich schüren – wie wir das heute zum Beispiel auch in den Palästinensergebieten im Nahen Osten beobachten können. Länder, die einen überproportional hohen Bevölkerungsanteil an hoffnungslosen, zornigen jungen Männern haben (sogenannter »youth bulge«), gelten vielen Konfliktforschern als potenziell gewaltgefährdet. Natürlich können solche demografischen Faktoren keine alleinigen Erklärungsansätze sein. Aber sie tragen zu einer Gesamtkonstellation bei.

In Ruanda kamen ungewöhnlich harte Dürreperioden sowie schwere Regenfälle hinzu, die an den landwirtschaftlich überstrapazierten Berghängen die Felder hinwegschwemmten. Die wirtschaftlich schwierige Situation des Landes spitzte sich Anfang der neunziger Jahre weiter zu, als die Weltmarktpreise für Kaffee und Tee (die wichtigsten Exportgüter des Landes) verfielen. Die Zahl der Unzufriedenen und Oppositionellen war da schon stark gewachsen, auch stieg die Kriminalitätsrate. Vor diesem Hintergrund begann im Herbst 1990 eine Rebellenarmee unter Paul Kagame, den im Exil lebenden Tutsi die Rückkehr nach Ruanda zu erkämpfen. In Windeseile radikalisierte sich daraufhin die Politik des damaligen ruandischen Hutu-Präsidenten Habyarimana, in dessen Umfeld sich eine fanatische, um nicht zu sagen faschistische Regierungsclique etablierte, die den Begriff der »Hutu-Power« propagierte. Diese sogenannten »Génocidaires« (französisch für »Völkermörder«) benutzten Ruandas Medien, vor allem das Radio, um vor den »Tutsi-Kakerlaken« zu warnen, die angeblich gemeinsame Sache mit den Angreifern machten, Quell allen Übels seien und »unschädlich« gemacht werden müssten.

Es gibt in diesem Zusammenhang eine interessante Studie belgischer Wirtschaftswissenschaftler, die besagt, dass während des Genozids keineswegs nur Tutsi ermordet wurden, sondern Hutu sich auch gegenseitig umbrachten. So gab es einen Landstrich, in dem kaum Tutsi lebten, die Mordrate aber nicht sehr viel geringer war als im Rest Ruandas. Demnach sollen sogar Söhne ihre Väter erschlagen haben – letztlich, um an Land zu kommen. Überbevölkerung und Hunger trugen insofern wohl ihren Teil dazu bei, dass so viel Hass geschürt werden konnte. Er fiel sozusagen auf fruchtbaren Boden, in einem Land, dem es genau daran so sehr mangelte.

Am 6. April 1994 wurde das Flugzeug von Hutu-Präsident Habyarimana über Kigali abgeschossen. Von wem, ist bis heute ungeklärt. Es können Tutsi-Rebellen genauso gewesen sein wie radikale Hutu, die den Tod des Präsidenten als willkommenen Anlass inszenierten, um den Krieg im Inneren zu beginnen. So oder so war das Attentat für die Hutu-Extremisten der Startschuss für einen Völkermord, den sie längst vorbereitet hatten und bei dem in der ersten »Welle« auch gemäßigte Hutu-Politiker gezielt aus dem Weg geräumt wurden.

Potemkinsche Dörfer

Etwa siebeneinhalb Millionen Menschen lebten vor dem Genozid in Ruanda, geschätzt achthunderttausend bis eine Million wurden 1994 ermordet. Heute hat Ruanda sogar schon wieder knapp zehn Millionen Einwohner, davon etwa achtzig Prozent Hutu. Wenn man durch dieses kleine Land fährt und die vielen Menschen am Wegesrand sieht, fragt man sich: Wie lange kann das noch gut gehen? Dieses an Boden und Bodenschätzen so arme Land muss tatsächlich dringend andere Einkommensquellen finden als den Ackerbau. Auch deshalb setzt Ruandas Regierung auf die Berggorillas. Die Hoffnung, im Computerzeitalter zum Dienstleistungszentrum zu werden, ist im Moment noch eine Zukunftsvision. Die Gorillas hingegen sind schon jetzt eine Einnahmequelle, die stetig sprudelt, solange das Land zahlungskräftigen Touristen so stabil und sicher erscheint, wie es sich derzeit (noch) präsentiert.

Wie häufig in Afrika begegnet man dabei auch in Ruanda Potemkinschen Dörfern. Um die Drehgenehmigung für die Gorillas einzuholen, haben wir einen Termin mit dem zuständigen Pressebeauftragten der für Tourismus und Naturschutz verantwortlichen Behörde in Kigalis Innenstadt vereinbart. Das Gebäude, in dem das »Rwanda Development Board« residiert, sieht von außen aus wie ein schicker Beton-und-Glas-Neubau. Im Innern des Hochhauses merkt man allerdings schnell, dass hier ein Bauherr schwer gepfuscht hat. Ins Nirgendwo führende Stromkabel baumeln aus einer von tiefen Rissen durchzogenen Decke, die Fensterrahmen hängen so schief in der Wand wie die Türen in den Angeln; unwillkürlich fragt man sich, wie stabil das ganze Haus wohl gebaut ist. Daddy begegnet meinem skeptischen Blick mit tiefem Seufzen. »This is Africa«, murmelt er, mehr will er dazu lieber nicht sagen.

Der Pressebeamte selbst erweist sich dann als mäßig kompetent, um es vorsichtig zu formulieren. Er beharrt lange Zeit auf einem Formular, das die Regierung ihm vorgegeben habe, dessen Konditionen aber für keinen freien Fernsehsender dieser Welt annehmbar wären. Unser ganzes Drehmaterial sollen wir exklusiv der ruandischen Naturschutzbehörde zur Verfügung stellen. »No way«, rufen Kirsten und ich wie aus einem Mund, Daddy grinst leise in sich hinein. Aber, und da unterscheidet sich Ruanda von manch anderen afrikanischen Ländern und ihren Behörden, der Beamte lässt sich überzeugen und agiert schließlich »flexibel« – und das, ohne in irgendeiner Form Bestechungsgelder einzufordern. Erleichtert bedanken wir uns und ziehen von dannen. Fast drei Stunden Diskussion hat uns das zwar gekostet, mehr aber auch nicht, und am Ende »lief es«, insofern keine schlechte Erfahrung!

Gorillas im Nebel

Ursprünglich war es die Tierschützerin Dian Fossey, die die »Gorillas im Nebel« weltberühmt gemacht hat. Die resolute Amerikanerin errichtete auf eigene Faust und unter abenteuerlichen Umständen eine Gorillabeobachtungsstation im Dschungel, und es gelang ihr, von einem Gorillaclan als Familienmitglied akzeptiert zu werden. Niemand zuvor war diesen seltenen und scheuen Tieren so nahe gekommen. Ein Tierfilmer dokumentierte, wie sie neben einem gewaltigen Silberrücken im Gras lag und der Gorillamann seine mächtige Pranke zärtlich zu ihr ausstreckte. Menschenhand und Gorillahand verschränkten sich ineinander. Diese Bilder gingen um die Welt und hatten auch deshalb so eine starke Symbolkraft, weil Gorillapranken damals noch gerne als exotische Aschenbecher-Halter verkauft wurden. Fast zwanzig Jahre lang kämpfte Dian Fossey bis zur Selbstaufgabe, um diese Tiere vor der Ausrottung zu schützen. Damit machte sie sich bei vielen Einheimischen unbeliebt, schließlich war die Gorillajagd ein einträgliches Geschäft. Auch mit Regierungsbeamten legte sie sich an. 1985 wurde sie ermordet. Brutal erschlagen, wie so viele Gorillas. Von wem, ist bis heute ungeklärt. Dass ruandische Behörden damals ihre Finger im Spiel hatten, wird vermutet. Auch über diese Geschichte gibt es einen berühmten Oscar-nominierten Kino-Film, mit der US-Schauspielerin Sigourney Weaver in der Hauptrolle. Während Dian Fossey für den Schutz der Gorillas noch verzweifelt allein kämpfte, hat die ruandische Regierung heute längst erkannt, welchen Schatz ihre Bergwelt hütet. Nur noch knapp achthundert dieser Tiere gibt es weltweit, und es gibt sie nur in freier Wildbahn. Keinem Zoo ist es je gelungen, einen Berggorilla in Gefangenschaft zu halten. Wer sie sehen will, muss ins Herz Afrikas reisen. Rund vierhundertachtzig dieser letzten Gorillas leben in den Virunga-Vulkanbergen. Für Ruanda sind sie zur größten Touristenattraktion des Landes geworden.

Diese seltenen Tiere in freier Wildbahn zu erleben, ist allerdings ein exklusives Abenteuer. Nur rund sechzig Touristen pro Tag dürfen in den ruandischen Nationalpark hinein, gegen eine Gebühr von fünfhundert Dollar pro Kopf und Tag. Und nach einem ausführlichen Briefing. Kaum angekommen im »Gorilla-Basislager«, werden wir eingewiesen: keine Fotos mit Blitz, keine zu bunte Kleidung (vor allem kein Pink), den mächtigen Silberrücken nicht zu lange in die Augen starren und – Abstand halten. Dieses Gebot dient vor allem zum Schutz der Gorillas vor den Menschen. In den Anfangszeiten des Gorilla-Tourismus haben sich viele Tiere mit Krankheitserregern angesteckt, bekamen plötzlich Grippe oder Kinderlähmung. Inzwischen ist man vorsichtiger geworden.

Unser Guide stellt sich als Diogène Kwizera vor, »genannt Di«.

In den neunziger Jahren kämpfte er in der Rebellenarmee an der Seite des heutigen Präsidenten Kagame. Dank seiner im Buschkrieg entwickelten Kenntnisse als Spurensucher fand er dann vor zwölf Jahren seinen neuen Job als Gorilla-Schützer. Längst liebt er diese Tiere wie seine Familie, sie sind Dreh- und Angelpunkt seines neuen friedlichen Lebens, wenn nicht sogar seine Lebensretter. Di ist ein kleiner drahtiger Mann mit großem Humor, der voller Enthusiasmus und Leidenschaft über »seine« Tiere zu sprechen weiß. Selbst seine eigenen Kinder bezeichnet er uns gegenüber mit sanfter Ironie als »my three little monkeys at home«. Die Affen sind sein Lebensinhalt, ihr Schutz ist für ihn weit mehr als ein bezahlter Beruf. Als er uns gegenübertritt, schätzt er unsere Gruppe mit einem einzigen schnellen Blick als »unproblematisch« ein, wie er mir später offenbart. Acht Leute, das deutsche Fernsehteam plus zwei junge Amerikaner und ein Ire, allesamt zwischen Mitte zwanzig und vierzig und einigermaßen sportlich: »Easy«, sagt Di. »Da haben wir hier manchmal ganz andere Fälle...« Stunden später ahne ich, was er damit gemeint haben kann. Denn »easy« wird der Marsch zu den Gorillas nicht.

Nach einer kurzen Fahrt mit dem Jeep über abenteuerliche Buckelpisten beginnt unsere Gruppe den Aufstieg in die nebelverhangenen Virunga-Vulkanberge. Auf dreitausend Meter geht es hoch durch den dichten Regenwald – der seinem Namen schnell alle Ehre macht: Kaum marschieren wir los, beginnt es in Strömen zu gießen. Aus »Gorillas im Nebel« werden heute wohl eher »Gorillas im Regen«! Das Wasser prasselt vom Himmel, als stünde man unter einer Dusche. Auf der Stirn von Jürgen Heck, unserem Kameramann, formt sich eine immer steilere Sorgenfalte. Der Nässeschutz, den er um seine Kamera gewickelt hat, hält der Feuchtigkeit kaum noch stand; er fürchtet, dass sich die Elektronik über kurz oder lang verabschieden wird. Bitte nicht! Nachdem wir quasi um die halbe Welt gereist sind, um die berühmten Berggorillas zu sehen, darf es doch nicht sein, dass uns ausgerechnet jetzt die Kamera aussteigt! Von da an gehe ich mit Augen rückwärts. Drei Schritte durch den Matsch den Trampelpfad hochklettern und dann nervös umdrehen: »Jürgen? Wie geht's der Kamera?« Derweil zieht Di munter behände voran, in einem Affentempo sozusagen, während sich der Rest von uns strauchelnd und auf Holzstöcke gestützt durchs Dickicht kämpft. Immer tiefer dringen wir in den Urwald ein. An die ausgetrampelten Pfade halten sich die Gorillas nicht; also schlägt sich Di in die Büsche und mit seiner Machete die dichten Zweige weg: »Come here, this way.« Einen Weg erkennen wir aber schon lange nicht mehr, keiner von uns würde aus diesem Urwald jemals wieder alleine herausfinden. Während wir durch die vom Himmel herunterstürzende Wasserwand stapfen, erzählt Di, dass auch Gorillas nicht gerne nass werden und sich bei Regen im Unterholz verbergen. Hoffentlich bekommen wir sie heute überhaupt zu sehen... Was, wenn sie sich vor den Wassermassen so gut verstecken, dass wir sie gar nicht entdecken? Jürgens Sorgenfalte wird noch steiler: Sollte uns am Ende auch noch das Motiv durch die Lappen gehen?

Uns voran läuft ein bewaffneter Securityguide, das Gewehr ständig im Anschlag. Nicht, um uns vor den Gorillas zu schützen – Gefahr droht hier eher von Büffeln und von Menschen, besonders von Wilderern. Außerdem bewegen wir uns direkt an der Grenze zum Ost-Kongo; da kann man nie wissen, wem man begegnet. Das Unruhegebiet im Kongo meiden auch die Tiere, erzählt uns Di. Wann immer Kämpfe aufflammen, drängen Gorillas, Elefanten und Büffel ins geschützte Ruanda. »Die Tiere spüren genau, wenn Krieg ist – und flüchten, genau wie Menschen. Sie suchen dann Schutz. Für unseren Nationalpark ist das allerdings problematisch: Wenn sich zu viele Tiere hier aufhalten, finden sie im Wald nicht genug zu fressen, beginnen die Felder am Fuße der Berge zu plündern, und wir bekommen Probleme mit den Dorfbewohnern.«

Di lebt nicht nur von, mit und für die Gorillas – er kann mit ihnen sogar sprechen! Dian Fossey hatte die Gorillasprache entdeckt und damit angefangen, sie zu imitieren, um mit den Gorillas kommunizieren zu können. Di und die anderen Guides, die heute durch den Nationalpark führen, sind insofern ihre Schüler; sie alle profitieren von Fosseys Forschungen. Den Silberrücken, genannt »Agasha«, wird Di erst um Erlaubnis bitten, bevor wir zu der Gorillafamilie vordringen dürfen. Wie er das macht, führt er uns auf halbem Weg schon mal spaßeshalber vor: In einer wild klingenden Mischung aus Grunzen und lautem Räuspern wird er mit Agasha kommunizieren. Die kehligen Geräusche klingen ungefähr so, als wolle man mit vernehmlichem Räuspern den Erzählfluss eines Mitmenschen unterbrechen oder auf etwas Unangenehmes aufmerksam machen. Hmhm! Ohne Dis Führung würde der imposante Gorillamann keinen von uns in seiner Nähe dulden. »Zuerst checke ich, ob die Gorillas gut gelaunt sind. In Gorillasprache! Dann bekomme ich von ihm eine Antwort. Er sagt: Kein Problem, Hakuna Matata. Erst danach können wir uns ihm nähern und Fotos machen.« Aha! Und wie klingt er, *wenn* er ein Problem hat, frage ich? Auch das führt Di vor – einen großen Unterschied zwischen den Räusper-Geräuschen kann ich allerdings nicht heraushören. »Oh! Das merkst du dann schon, wenn er sauer ist«, versichert Di mit breitem Grinsen.

Magic Mushrooms zum Frühstück

Dass dies hier kein Besuch im Zoo ist, wird uns mit jedem mühsamen Schritt bewusster. Zwischenzeitlich kommen wir an frischem Büffel-Dung vorbei. Wir hätten vor lauter Gorillabegeisterung fast vergessen, dass hier auch noch andere Wildtiere unterwegs sind. Und dann: die ersten Gorillaspuren! Di zeigt uns angefressene Riesenpilze. Diese Pilze seien auch bei Menschen begehrt, jedenfalls bei Frauen. Den »Magic Mushrooms« wird eine sexuelle Wirkung nachgesagt, die angeblich aus unsteten Männern treue Ehegatten macht. Di hält mir einen der Pilze unter die Nase, der wenig überzeugend nach Hefeteig riecht. Die Frauen würden ihren Gatten die Pilze heimlich in die Suppe rühren, erzählt Di kichernd. Hm. So ganz verstehe ich ja nicht, wie das nun genau funktionieren soll. Verlieren die Männer das Interesse am Fremdgehen, weil ihnen die eigene Ehefrau plötzlich wieder so magisch sexy erscheint wie am ersten Tag, oder was genau passiert da, mit diesen Pilzen? Aber für weitere Fachgespräche über »Digi-Digi« (der ruandische Begriff für Sex) im Allgemeinen und im Besonderen ist jetzt keine Zeit mehr. Die Gorillas sind nahe! Spätestens jetzt haben alle in der Gruppe Herzklopfen.

Mit einem Mal tauchen völlig lautlos, wie aus dem Nichts, zwei hochgewachsene Gestalten in schwarzen Regenmänteln und mit Macheten in den Händen aus dem Dickicht auf: die Tracker, Spurensucher, die den ganzen Tag den Gorillas folgen und die Touristengruppen an den richtigen Ort lotsen. Für unsere Augen könnten sie auch Buschkrieger oder Wilderer sein. Eine Sekunde lang spürt man den Hauch einer Ahnung, wie es in diesen unendlichen Urwäldern zwischen Kongo, Ruanda und Uganda zugeht, in Zeiten des Krieges. Die klobigen schwarzen Gummistiefel, die die Guides und Tracker tragen, wurden und werden auch von Rebellen und Soldaten getragen bei ihren Märschen durch diese lichtlosen Wälder. Ein leises Knacken im Gehölz, und noch bevor man zusammenzucken kann, steht der Feind schon vor einem. Aber in diesem Fall handelt es sich ja um freundliche Helfer, über deren Gesicht ein breites Lächeln zieht, als sie auf uns zukommen. Die Tracker führen uns ein paar hundert Meter tiefer ins Dickicht – und dann sind sie da. Die Gorillas! Ganz plötzlich sind wir mitten unter ihnen. Überall sehen wir jetzt schwarze Fellrücken im grünen Dickicht und auf den Bäumen über uns. Wir sollen hier warten, sagt Di, und uns still verhalten, während er die Laune des Alphamännchens prüft.

»Alles in Ordnung«, ruft er nach wenigen Minuten, »kommt

hier herüber.« Dort hockt er im Gebüsch: King-Kong Agasha, der Silberrücken. Rund zweihundert Kilo wiegt er, bei streng vegetarischer Ernährung. So schwer ist der Gorillamann, dass er nicht auf die Bäume klettern kann. Er holt die Zweige mit seiner mächtigen Pranke zu sich herunter, wie Streichhölzer knickt er dicke Bambusstäbe um und schiebt sich in aller Seelenruhe Blätter und Wurzelwerk ins Maul. Uns dreht er dabei scheinbar gelangweilt seinen Silberrücken zu. Aber er spricht mit Di, sein brummelndes Räuspern signalisiert: Ihr könnt ruhig hierbleiben, nur stört mich nicht beim Frühstück. Ständig wird Di mit ihm nun kommunizieren, im Minutentakt gibt er ein lautes Gorillasprachen-Räuspern von sich, permanenter Begleitsound unseres Aufenthalts. Eine Gorilladame nähert sich dem mächtigen Alphamann. »Sie will Sex«, erklärt Di. Daran scheint Agasha allerdings genauso herzlich uninteressiert wie an uns; er beachtet seine First Lady mit keinem Blick. Vielleicht hat er nicht genug Magic Mushrooms gegessen? »Er interessiert sich jetzt erst mal nur für sein Frühstück. Sie wird so lange in seiner Nähe bleiben, bis er zu Ende gefressen hat«, raunt mir Di zu. Aha. Und danach geht's wohl ab in die Büsche... In der Hinsicht scheint der achtundzwanzigjährige Agasha fleißig zu sein: Zweiundzwanzig Mitglieder zählt seine Familie, eine der größten im Nationalpark.

»Warum lässt er uns überhaupt so nahe an sich ran?«, frage ich Di. »Warum sollte er sich bedroht fühlen?«, fragt Di zurück. »Er weiß, dass er stärker ist als jeder von uns. Mit einem einzigen Hieb könnte er jeden von uns töten.« So lange wir uns anständig verhalten, habe der Gorilla aber keinen Grund, besorgt zu sein, versichert er. Und tatsächlich: So mächtig diese Tiere auch sind, Angst kommt bei keinem von uns auf. Di sagt, dass Silberrücken Agasha aber durchaus weiß, dass nicht alle Menschen harmlos sind. Er habe den Gorillamann einst im Kongo beobachtet, wie er verzweifelt ein Gorillababy aus einer Wilderer-Falle befreite. »Er war wie von Sinnen, als er um dieses Baby kämpfte. Agasha ist schlau. Er weiß genau, dass es Wilderer gibt. Er kann Menschen einschätzen, er weiß zu unterscheiden zwischen den gefährlichen Wilderern, den häufig anwesenden Forschern und den immer neuen Touristen, und er verhält sich entsprechend.« Agasha ist heute Morgen aber entspannt – und so sind es seine Familienmitglieder auch. Eine Gorillamutter mit Baby auf dem Rücken marschiert so dicht an uns vorbei, dass sie uns fast über die Füße läuft – ohne uns auch nur eines Blickes zu würdigen. Während Agasha und seine Frauen die Besucher also weitgehend links liegen lassen, werden wir von den Jungtieren höchst neugierig beäugt. Insofern ist nicht ganz klar, wer hier eigentlich wen anschaut. Immer wieder kommt ein junger Gorilla auf uns zugelaufen, woraufhin Di uns jedes Mal schnell zurückzieht, »go back«. Nicht weil für uns Gefahr droht, sondern weil jeder Körperkontakt zwischen Tier und Mensch unbedingt vermieden werden soll. »Die Teenager würden uns anfassen, wenn wir das zuließen. Das sollen sie aber nicht, sie sollen sich nicht so an den Menschen gewöhnen, und sie sollen sich von uns keine Krankheiten einfangen.«

Diese Tiere so mitten im Urwald, aus wenigen Metern Entfernung zu beobachten, vor allem die Gorillababys, die mit ihren Kulleraugen besonders »menschlich« wirken, ist tatsächlich ein ergreifendes Erlebnis. Als seien wir in diesem Urwald auf einer Zeitreise, zurück zu unseren eigenen prähistorischen Ursprüngen. Yvonne, die junge amerikanische Entwicklungshelferin, die zu unserer Gruppe gehört, besucht die Gorillas heute schon zum zweiten Mal. »Beim ersten Mal war ich so aufgewühlt, dass ich die ganze Zeit weinen musste«, erzählt sie, ein bisschen verlegen; aber wir können sie durchaus verstehen. Auch ich bin angesichts dieser Szenerie so hin und weg, dass ich mich geradezu zwingen muss, meinen journalistischen Job nicht zu vergessen und Fragen zu stellen, anstatt nur still staunend mit großen Augen im Gebüsch zu hocken.

Jeder Besuch bei unseren wilden Verwandten ist auf eine Stunde beschränkt, zum Schutz der bedrohten Tiere, die für das Land so kostbar sind. Sie sollen durch den Menschenbesuch nicht zu sehr gestresst werden. Ein einziger Gorilla kann durch die Eintrittsgebühren der Touristen im Laufe seines Lebens hochgerechnet bis zu vier Millionen Dollar verdienen. Die berühmten Gorillas sind aber nicht nur eine lukrative Einnahmequelle, sondern auch Imageträger einer Regierung, die mit ihrer grünen Politik Sympathiepunkte im westlichen Ausland sammelt. Tier- und Naturschutz genießen hohe Priorität; Präsident Kagame bekam dafür auch schon internationale Umweltpreise verliehen.

»Was denken die Gorillas wohl über uns?«, frage ich Di. »Sie wissen, dass wir keine Gorillas sind, ihnen aber ähneln.« Achtundneunzig Prozent unserer Gene sind identisch. Auch die Gorillas spüren offenbar, dass diese Zweibeiner mit ihren Fotoapparaten und ihren andächtigen »Ahs« und »Ohs« anders sind als andere Tiere. Dass wir uns ähnlich bewegen, ähnliche Gesichter haben und mit ihnen kommunizieren können. Jedenfalls Menschen wie Di. »Das hier ist mein Büro«, ruft er mit einer ausladenden Handbewegung über die Gorillagruppe. »Ein Garten Eden, ein Paradies. Erzählt der ganzen Welt, wie schön Runda ist! Bei Ruanda denken die Menschen immer an den Völkermord. Das muss sich ändern. Schaut euch die Gorillas an, schaut auf dieses friedliche Land! Verglichen mit dem Ruanda von früher leben wir heute wirklich in Frieden. Und die Gorillas sind das beste Beispiel.«

Land des Schweigens

Dass die Berggorillas einen so großen Garten Eden besetzen, so viel fruchtbaren Vulkanboden in diesem armen Land, ist allerdings keine Selbstverständlichkeit. Nur mühsam gelang es, die Anwohner zu überzeugen, dass sie nicht nur mit der Wilderei in den Wäldern aufhören müssen, sondern dort auch keine Pilze, kein Brennholz und kein Wasser mehr holen dürfen. Der ganze Nationalpark ist für die Einheimischen verbotenes Land. »Wir beteiligen sie aber an den Einnahmen«, erklärt Di. Und das Naturschutzministerium habe die Dörfer mit Wassertanks ausgestattet. »Aber«, frage ich, »die meisten Ruander haben nie die Gelegenheit, selbst mal einen Gorilla zu sehen – wie können sie dann ein Gefühl dafür haben, was sie da schützen sollen?« »Das stimmt schon«, antwortet Di, »aber die Träger und Spurensucher verdienen gutes Geld mit den Tieren, sie erzählen das weiter, und über sie überzeugen wir auch die anderen Menschen in den Dörfern.«

Doch wer von der Hand in den Mund lebt, hat wohl gute Gründe, sich nicht für Tierschutz zu interessieren: Was sind ein paar hundert Gorillas gegen zehntausende, hunderttausende Menschen? Zwei Drittel der Einwohner leben unterhalb der Armutsgrenze, auch am Fuße der Gorillaberge. Nach wie vor ist Ruanda eines der ärmsten Länder der Welt, ohne nennenswerte eigene Rohstoffvorkommen, die landwirtschaftlichen Flächen ausgelaugt. Dass die Regierung die Gorillas als Imageträger ihres Landes um jeden Preis schützen will, ist auch heute noch nicht für alle Anwohner leicht zu akzeptieren. Mit den kleinen Holzgorillas, die die Männer in den Dörfern für Touristen schnitzen, können sie jedenfalls nicht viel verdienen. Und von der Vision, aus Ruanda einen Hotspot für Investoren zu machen, ist auf dem Land, nur hundertfünfzig Kilometer außerhalb von Kigali, weit und breit nichts zu sehen. In den Lehmhütten leben die Menschen, wie sie das seit Jahrhunderten tun, und ernähren sich mühevoll von dem, was ihre kleinen Felder hergeben. Dass der Gorillawald für sie Sperrzone geworden ist, macht vielen das Leben noch schwerer, auch wenn sich der Nationalpark bemüht, die Dörfer am Gorillageschäft zu beteiligen. Doch niemand würde sich uns gegenüber offen beklagen – etwas Falsches zu sagen, empfiehlt sich nicht in diesem Land.

Ruanda wird auch als »Land des Schweigens« bezeichnet, berichtet der deutsche Jurist Gerd Hankel. Der renommierte Völkerrechtler und ausgewiesene Ruanda-Kenner untersucht seit vielen Jahren den Genozid in Ruanda und begleitet seine juristische Aufarbeitung. Über eine Million Ruander wurden inzwischen wegen Völkermord angeklagt, vor den sogenannten »Gacacas«, den Dorfgerichten »auf der Wiese« (das bedeutet übersetzt das Wort Gacaca). Bei dieser Gacaca-Justiz sollte es weniger um Schuldzuweisung als um Schuldeingeständnisse, um Reue und Versöhnung gehen. Nicht immer ging es um Mord oder Vergewaltigung, auch Plünderungen und Diebstahl während des Genozids wurden verhandelt. Die Bilanz sei bisher allerdings ernüchternd, so Gerd Hankel. Sozialer Frieden lässt sich nicht so einfach von oben verordnen. Vor allem nicht, wenn die Aufarbeitung der Vergangenheit mit einseitigen Wahrheiten vorangetrieben wird und die Verbrechen der Tutsi-Rebellen, mögen sie quantitativ auch soviel geringer sein, völlig ausgeblendet werden.

Der Deutsche kennt die Menschen am Fuße der Gorillaberge und ihre Mentalität, freundlich schütteln die Dorfältesten ihm die Hand, man plaudert über dies und jenes. Gegenüber dem fremden Kamerateam sind sie höflich, aber sehr zurückhaltend. Darüber, wie fragil der Frieden in Ruanda ist, kann Gerd Hankel offener sprechen, als jeder Ruander das wagen würde. Das Misstrauen im Land ist groß, eine Folge des Genozids und der Politik des Präsidenten. Kagame regiert Ruanda kompromisslos und selbstbewusst. Ein streng hierarchisches und hochstrukturiertes Überwachungssystem überzieht das Land bis in den letzten Winkel: Aus der kleinsten Siedlung gelangen die Informationen über sogenannte Zellen- und Distriktverantwortliche in Windeseile bis hoch in die Schaltzentralen der Macht. Meinungs- und Pressefreiheit gelten in Ruanda nicht viel.

Wer Kritik äußern will, muss extrem vorsichtig sein. Selbst Gerd Hankel drückt sich hier durchaus diplomatisch aus: »Präsident Kagame führt sein Land, wenn man positiv gestimmt ist, würde man sagen, autoritär. Wenn man mehr der Realität zuneigt, dann sollte man sagen, dass Kagame sein Land wie ein Militärdiktator regiert. Er führt sein Land, und das ist sein großes Problem, als gelernter Militär, wie eine Armee. Und er erwartet auch, dass das, was er in Kigali beschließt, sehr schnell umgesetzt wird, und ist sehr, sehr ungeduldig, wenn das nicht so läuft, wie er es sich vorstellt.« Das Überwachungssystem vom kleinsten Dorf bis nach ganz oben zum Präsidenten erinnere ihn an die DDR, sagt Gerd Hankel. So gesehen sind auch wir auf dieser Drehreise nicht unbeobachtet – selbst wenn wir nirgendwo behindert wurden, konnten wir davon ausgehen, dass die Regierungsstellen über alles, was wir taten, was wir filmten und mit wem wir sprachen, im Wesentlichen unterrichtet waren. Auch Daddy, so freiheitlich er selbst denken mag und so sympathisch er uns war, hätte diesen Stringer-Job für uns vermutlich nicht machen können, wenn er sich nicht an gewisse Spielregeln hielte.

Auf der anderen Seite ist das Bedürfnis nach Sicherheit und Ordnung besonders groß in diesem traumatisierten Land. Die Zukunft Ruandas, davon ist Gerd Hankel überzeugt, hängt entscheidend davon ab, ob der Erfolg von Kagames Politik, der in der Hauptstadt so deutlich spürbar ist, auch weiter draußen ankommt, auf dem Land, bei den einfachen Menschen. Aber ob das je gelingen kann? Wenn man außerhalb Kigalis unterwegs ist, bleibt die Kluft zwischen Vision und Realität unübersehbar. Vom Singapur Zentralafrikas ist hier noch nichts zu spüren. Das gilt auch für den von oben verordneten Wunsch nach Vergessen, Einheit und Versöhnung. Die Parole: »Wir sind alle Ruander« – egal, ob Hutu oder Tutsi – wird nach außen hin befolgt. Doch die Menschen haben deshalb noch lange nicht vergessen. Gerd Hankel unterstützt hoffnungsvolle Projekte, zum Beispiel die Einrichtung von Musikgruppen, in denen Hutu und Tutsi gemeinsam singen und musizieren. Meine Kollegin Kirsten Hoehne hat einen solchen gemeinsamen Chor besucht und war von ihren Eindrücken dort sehr bewegt. Der Chorleiter Gérard, ein Hutu, hatte nach den Kriegswirren 1994 selbst jahrelang im Gefängnis gesessen, unschuldig, wie er beteuert. Statt darüber zu verbittern, setzt er sich für den Versöhnungsprozess ein. Junge Leute aus Opfer- wie Täterfamilien singen in seinem Chor zusammen, vereinen sich zu einer Stimme; man spürt, wie stark Musik Menschen emotional verbinden kann. Und doch weiß der Völkerrechtler Gerd Hankel, wie fragil dieses Miteinander nach wie vor ist: »Wenn man sagt: ›Wir sind alle Ruander!‹, bedeutet das ja, dass diese gewaltbeladene Beziehung zwischen Hutu und Tutsi endgültig der Vergangenheit angehören soll. Insofern hat es Sinn, dies zu propagieren. Allerdings ist man heute noch lange, lange nicht so weit.«

Das Ruanda der zwei Geschwindigkeiten
Nach den Eindrücken auf dem Land fühlen wir uns zurück in Kigali wie auf einem anderen Stern – zumindest in einer anderen Zeitzone. Nicht Schritt für Schritt, sondern in gewaltigen Sprüngen lässt der Präsident die Stadt modernisieren: seine Ruanda AG, die zum Hotspot internationaler Investoren werden soll, zu einer Dienstleistungs- und Hightech-Gesellschaft. Niemals zurückschauen, immer nach vorne, und das auf der Überholspur. Im Eiltempo soll sich Ruanda neu erfinden. Eine Entwicklungsdiktatur, in der Fortschritt von oben verordnet wird. In der Hauptstadt gelingt das auch mit Erfolg. Ruanda glänzt mit hohen Wachstumsraten, und Boomtown Kigali wirkt tatsächlich wie eine einzige Baustelle. Überall müssen einfache Wohnsiedlungen großen Bauvorhaben weichen. »Unsere Hauptstadt soll schöner werden«, bedeutet aber auch: Sie wird teurer. An buchstäblich jeder Ecke wird gebaut, neuer Wohnraum in der City für die wachsende Mittel- und Oberschicht. Gebaut wird oft noch in Handarbeit. So beobachten wir auf einer Großbaustelle hun-

derte Frauen und Männer, wie sie in langen Menschenketten über Holzplanken große Balken, Steine und Zementsäcke hoch- und runtertragen, oft balancieren sie ihre Last auf dem Kopf. Aus der Entfernung sieht dieses organisierte Gedrängel wie ein Ameisenberg aus – ein ungewohntes Bild für europäische Augen, die an Hightech-Baustellen gewöhnt sind.

Einerseits kurbelt der Bau-Boom die Wirtschaft an und schafft Arbeitsplätze. Auf der anderen Seite stehen Menschen wie Sonia und ihre Nachbarn: Wie Überbleibsel hausen sie in einer Handvoll Hütten zwischen zwei Großbaustellen, auf denen ein Konferenzzentrum entstehen soll. Während unser Kamerateam die Baustelle dreht, gehen Daddy und ich den kleinen Sandhügel zu den Hütten hinunter. Erst begegnen wir nur ein paar spielenden Kindern zwischen zwei Wäscheleinen, doch dann treten drei Frauen und ein Mann aus den Hütten, und wir kommen ins Gespräch. Sie warten noch darauf, mit Geld oder neuen Wohnungen abgefunden zu werden, bevor sie umziehen müssen. Vermutlich raus aus dem Stadtzentrum, das zunehmend zur Wohnstatt der Besserverdienenden wird. Leben und arbeiten in der City – das wird künftig wohl nur noch jenen Ruandern vorbehalten sein, die sich das leisten können. Die Familien hier hoffen aber, dass sie nicht zu weit wegziehen müssen, damit sie ihre Jobs in Kigali behalten können.

Die achtzehnjährige Sonia arbeitet in einer Firma, die Modeschmuck herstellt. Was sie über das neue, glitzernde Kigali denkt? »Ich hoffe, dass auch ich irgendwann etwas davon habe. Es ist gut, wenn sich Dinge verändern; wir müssen nach vorne blicken.« Sie habe mit dem Umzug eigentlich kein Problem. »Alles entwickelt sich, das ganze Land«, sagt Sonia. »Und ich will hart arbeiten und Teil dieser Entwicklung sein.« Ihr Nachbar, der Möbel baut und seine Kunden in der Stadt hat, äußert sich etwas skeptischer. »Wir müssen künftig wahrscheinlich viel weitere Wege zurücklegen, um zu arbeiten. Das ist dann schon ein Problem.«

Was der Umzug letztlich für ihr Leben bedeuten wird, wissen sie noch nicht. Sonia hofft aber, dass sie danach besser wohnen wird, vielleicht sogar Strom hat oder gar fließend Wasser. Sie schiebt den Stoffvorhang vor dem Eingang zu ihrer winzigen Lehmhütte zur Seite und zeigt uns ihr Zuhause: Eine Matratze liegt auf dem Boden, ein Gaskocher, zwei Teller, ein paar Kleider hängen an Nägeln in der Lehmwand – das ist alles, was sie besitzt. Aber so wie sie sorgfältig auf ihre Kleidung achtet, ein ärmelloses weißes Polo-Shirt und eine modische enge Jeans, bemüht sie sich auch, ihr Heim so wohnlich wie möglich zu machen. Die Wände hat sie mit den bunten Titelblättern alter Zeitschriften beklebt. Eine improvisierte Tapete. Vier Wände, tapeziert mit Träumen – und einem Idol: Direkt über ihrer Matratze hängt ein großes Poster von Barack Obama. Sie verehrt ihn. »Er ist doch einer von uns«, der großartigste und mächtigste Afrikaner der Welt. Yes, we can! Eine Hoffnung auch in Ruanda.

Nicht nur zwischen Stadt und Land sind die Entwicklungsunterschiede also enorm. Auch in Kigali selbst gibt es zwei Geschwindigkeiten – und viele Menschen, die nicht mitgenommen werden auf Ruandas Weg in eine neue Zukunft. Menschen wie Fatima, die wir an einem der Marktstände in Kigalis größtem Slum im Stadtzentrum kennenlernen. Links und rechts der schmalen Wege durch das Hüttengewirr bieten die Menschen ihre Waren an: Der eine verkauft Holzkohle, der Zweite bunte Flip-Flops, der Dritte hat einen Korb Kartoffeln vor sich stehen. Jeder Einzelne hat nur wenig anzubieten, doch das Wenige wird sorgfältig präsentiert; und auch wenn der Boden matschig ist und die halboffenen Hütten erbärmlich, so waten wir doch nicht durch Müll und Dreck, wie ich es in manch anderen Armenvierteln dieser Welt erlebt habe.

Während uns Kinder scharenweise mit großem Hallo als willkommene Abwechslung im täglichen Spielbetrieb fröhlich umringen, sind die Erwachsenen vorsichtig. Skeptisch werden wir beäugt – nicht unfreundlich, aber zurückhaltend, so wie wir es auch auf dem Land empfunden haben. Die hemmungslose Kommunikationsfreude, die ich in Kenia, Äthiopien oder Südafrika in vergleichbaren Situationen erlebt habe, findet sich hier nicht. Aber: Auch in Ruanda wird durchaus zurückgelächelt. Seltener zuerst, doch als Reaktion auf die eigene Mimik schon. Manchmal nur zögerlich, manchmal fast ein wenig ironisch (»Na, wo habt ihr euch denn hin verirrt...?«), manchmal huscht unverhofft ein breites Lachen über ein zunächst ausdrucksloses Gesicht. Die Menschen begegnen uns freundlich, aber vorsichtig. Das liegt vielleicht nicht nur an der tragischen Vergangenheit oder an dem gegenwärtigen politischen Druck, sondern ist wohl auch eine Mentalitätsfrage. In Deutschland unterscheiden wir ja sogar zwischen Rheinländern und Hamburgern. Wer durch Afrika reist, wird schnell feststellen, dass die Länder und Regionen dieses Kontinents genauso unterschiedlich sind wie in Europa. Ihre Geschichte, ihre Landschaften und die Mentalität ihrer Menschen unterscheiden sich nicht weniger voneinander, als das in unseren Breitengraden der Fall ist. Leider wird Afrika von außen aber häufig wie ein monolithischer Block, wie »ein Land« wahrgenommen statt als vielfältiger Kontinent. Dabei regt sich jeder Europäer auf, wenn Amerikaner von »Europe« sprechen und dabei Norwegen und Spanien munter in einen Topf werfen!

Sowohl in Kigali als auch bei unserer Fahrt über Land wird unser Auto jedenfalls nirgendwo neugierig umringt, wie wir das zum Beispiel in Äthiopien erleben, wo wir bei jedem kurzen Zwischenstopp (vulgo: Pinkelpause) schon nach wenigen Sekunden von Menschentrauben regelrecht umzingelt werden. In Ruanda wurden wir, als reiche Ausländer, übrigens auch nirgendwo angebettelt. Kein Kind hat uns die Hand entgegengestreckt und nach Geld oder einem Stift gefragt, wie man es als Reisender in vielen Drittweltländern erlebt und damit oft in schwierige Situationen gerät. Wie soll man sich verhalten? Bettelei von Kindern zu unterstützen, ist natürlich keine gute Idee; doch das sagt sich manchmal einfacher, als es in einer konkreten Situation durchzuhalten ist.

Als Journalist hat man es auf Reportage-Reisen oft leichter, weil man meist konkrete (erwachsene) Ansprechpartner hat und sich entsprechend vorbereiten kann. Man verteilt Mitbringsel dann eben nicht auf eigene Faust, sondern übergibt sie zum Beispiel dem Dorfältesten, der das im Zweifelsfall auch durchaus erwartet, so wie wir mit kleinen Gesten rechnen, wenn wir Gäste zu uns nach Hause einladen. Im Slum von Kigali übernimmt es Daddy, unserer Gesprächspartnerin Fatima ein Stück parfümierte Seife sowie Luftballons und Bonbons für die Enkelkinder als Gastgeschenk unauffällig zu überreichen. Eine Geste der Höflichkeit, die weder beschämen noch Neid im Viertel wecken soll – vor allem aber, sagt Daddy, »sollen unsere Kinder nicht lernen, Ausländer anzubetteln. Das ist würdelos. Das wollen wir hier in Ruanda nicht«. Es würde im Übrigen auch nicht zu der Politik eines Präsidenten passen, der am liebsten gar nicht mehr auf Entwicklungshilfe angewiesen wäre und sie sogar ausdrücklich als »falschen Weg« für Afrika bezeichnet. Wobei man allerdings dazu sagen muss, dass auch Ruandas Staatshaushalt noch zur Hälfte aus ausländischen Hilfsgeldern besteht.

Tag für Tag steht Fatima an ihrem Platz und bietet an, was sie selbst frühmorgens außerhalb der Stadt gekauft hat: ein paar Handvoll Tomaten und Kartoffeln, zwei Sträuße Kräuter. Die Witwe ist weite Wege so gewöhnt wie den Kummer. Vor acht Jahren starb ihr Mann, sie schlägt sich durch, so gut es geht, hütet nebenher ihre zahlreichen Enkelkinder und versucht, irgendwie zu überleben. Zweiundfünfzig Jahre ist sie alt, doch sie könnte auch über siebzig sein, so tief haben sich die Härten des Lebens in ihr hageres Gesicht gegraben. Das neue, glänzende Kigali ist ihr fremd. »In diesen Gegenden bin ich nie, da kenn ich mich nicht aus«, antwortet sie mit einer abwehrenden Handbewegung. Anders als die junge Sonia hat sie die Hoffnung auf ein besseres Leben längst aufgegeben. Aber auch Fatima beherzigt die Parole des Landes: niemals zurückzublicken. »Was gewesen ist, ist vorbei. Der Rest liegt in Gottes Hand.«

Gottes Werk und Teufels Beitrag
Auf Gottes Hand allein würde sich Jacqui M. Sebageni nie verlassen. Sie ist im gleichen Alter wie Fatima, doch diese beiden Frauen könnten unterschiedlicher nicht sein. Jacqui ist eine von Ruandas erfolgreichen Powerfrauen. Eine charismatische Person, die jeden Raum sofort füllt, mit jenem temperamentvollen, selbstbewussten Gesichtsausdruck, den wir häufig auf den Straßen Kigalis sehen. Vor allem die jüngeren Frauen bewegen sich oft stolz und selbstsicher, blicken uns Fremden bei aller Zurückhaltung gerade ins Gesicht, sie haben »Allure«, ob sie nun westlich-modern oder traditionell afrikanisch gekleidet sind. Ganz selbstverständlich mischen Ruandas Frauen auch beide Kleidungsstile. Jacqui erleben wir tagsüber im Business-Dress; als wir abends ausgehen, trägt sie ein afrikanisches Gewand und hat um ihre Haare einen eleganten Turban drapiert.

Wie so viele in der neuen Ruling Class des Landes wuchs Jacqui im Exil auf, kam erst nach dem Völkermord in die Heimat ihrer Eltern. Ausgebildet in Kanada, wo sie als Flüchtling, als Staatenlose ohne Pass lebte. Das hat sie geprägt. Als sie nach dem Genozid in ihre Heimat zurückkehrte, ging es ihr aber um mehr als um einen persönlichen Neuanfang. Es ging um den Wiederaufbau ihres Landes. Es war die Stunde null einer ganzen Generation.

Per Hubschrauber sucht sie heute nach neuen Zielen und Attraktionen für Ruanda-Urlauber. 2004 gründete sie die inzwischen größte Tourismus-Agentur Ruandas. Der Tourismus sei in Ruanda eine echte Wachstumsbranche, davon ist sie überzeugt.

»Der Tourismus bringt uns inzwischen sogar die meisten Devisen. Mehr noch als der Verkauf von Kaffee und Tee. Der Tourismus hat mittlerweile eine enorme Bedeutung für unser Land.« Mit den Gorillas allein lässt sich wegen des beschränkten Zugangs auf Dauer nicht genug Geld verdienen, so viel ist klar. »Aber wir haben ja noch so viel mehr zu bieten. Elefanten, Zebras, Krokodile, tausende Jahre alte unberührte Urwälder, die vielen Hügel zum Mountainbiken und große Seen und Flüsse für Wassersport.« Außerdem, und das sei eines der größten Pfunde, die das Land in die Waagschale werfen kann: »Wir haben eine extrem niedrige Kriminalitätsrate. Wir sind einer der sichersten Staaten dieser Region. Damit gewinnen wir leichter Kunden im Tourismus, denn natürlich legen die Menschen darauf großen Wert, wenn sie eine Afrika-Reise planen.«

Tatsächlich ist ausgerechnet Ruanda, Ort des Völkermords, heutzutage für ausländische Besucher eines der am sichersten zu bereisenden Länder Afrikas. Für Touristen wie Investoren ein zugkräftiges Argument – vorausgesetzt, dass dies auch so bleibt. Die Granatenanschläge in Kigali Anfang 2010, wenige Monate vor den Präsidentschaftswahlen, und dann erneut kurz nach der Wiederwahl Kagames im August 2010, wirken nicht wie ein gutes Omen. Doch Jacqui ist unbeirrt optimistisch. Für die Erfolgreichen, die das Land aufbauen, sind Pressefreiheit und politische Opposition im Moment wohl auch weit weniger wichtig als die Frage, mit welchen Geschäftsbedingungen man Investoren locken kann. Und für Jacqui ist die Schönheit des Landes dabei das beste Argument: »Es gibt hier dieses alte Sprichwort. Nachdem Gott sieben Tage Zeit zum Üben hatte, hat er sich an sein Meisterwerk gemacht und Ruanda geschaffen.« »Aber«, wende ich ein, »es gab eine Zeit, da hatte Gott Ruanda wohl vergessen...« »Ja, das ist wohl wahr. Da hat er uns verlassen, und das Land ist durch die Hölle gegangen. Aber wir müssen jetzt nach vorne blicken, in die Zukunft schauen.« Nach vorne blicken – da ist er wieder, dieser Satz, der in Ruanda klingt wie ein tägliches Gebet, ein Mantra, das die Nation auswendig gelernt hat.

Jacqui hat nach unserem Gespräch in ihrem Büro noch eine Überraschung für mich – sie will mir einen ihrer Geschäftspartner vorstellen: Manzi Kayihura, der mich unverhofft auf Deutsch mit einem fröhlichen »Guten Tag« begrüßt. Zwölf Jahre hat er als Flüchtling in Deutschland gelebt, studiert und gearbeitet. Nach Ruanda sei er gerne zurückgekehrt; »endlich hatte ich eine Heimat«, und er glaubt fest an den Aufstieg seines Landes: »Ja, man kann sagen, dass Kigali eine Art Playground of Globalization werden soll, ein Spielplatz für internationale Investoren. Wir wollen ausländisches Kapital ins Land holen und machen es jedem, der hier Geschäfte machen will, so einfach wie möglich. Keine große Bürokratie, niedrige Löhne, zuverlässige Mitarbeiter.« Kapital statt Hilfsgelder, das ist Kagames Vision. Und die mangelnden politischen Freiheiten, das unerbittliche autokratische Durchregieren des Präsidenten, stört das Manzi nicht, der die deutschen Freiheiten erlebt hat? Er sieht das anders. »Ich bin sicher politisch reif genug, um mir eine Oppositionspartei in Ruhe anzusehen, und wenn sie ein besseres Programm hat als die Regierung – bitteschön, dann wähle ich sie gerne. Aber es gibt hier keine ernstzunehmende Opposition, nur flamboyante Leute mit merkwürdigem Hintergrund, denen ich das Land nicht anvertrauen würde. Und neunzig Prozent dessen, was die Regierung macht, finde ich absolut richtig. Warum sollte ich dann jemand anderen wählen?« Wichtiger sei jetzt, dass die Wirtschaft nach vorne gebracht wird. Nach vorne schauen …

»Ein typischer Tutsi? Alles Quatsch!«

Und, frage ich Manzi, wie ist das heute mit der Unterscheidung in Tutsi und Hutu, die ja offiziell regelrecht verboten ist? »Natürlich haben die Leute nicht vergessen, was ihnen von wem angetan wurde, vor allem nicht auf dem Land, wo jeder jeden kennt. Aber hier in der Hauptstadt ist es nicht so, dass sich alle kennen, zumal so viele aus dem Ausland zurückgekehrt sind. In den Reisepässen steht ja auch nicht mehr drin, welcher Volksgruppe man angehört. Das war sowieso immer ein eher theoretisches Konstrukt. Es gibt keine kulturellen oder religiösen Unterschiede zwischen Hutu und Tutsi, und man kann es uns meistens auch nicht ansehen. Angeblich sind Tutsi groß und schlank, die Hutu kleiner und gedrungener. Aber sehen Sie mich an. Ich bin über zwei Meter groß, ich bin also ein typischer Tutsi. Doch mein jüngerer Bruder ist ziemlich klein und eher rundlich und viel dunkler, obwohl wir dieselben Tutsi-Eltern haben. Man würde ihn also für einen Hutu halten. Insofern ist das alles doch sowieso Quatsch.«

Trotzdem bleibt der Eindruck, dass es heute vor allem Tutsi sind, die in Ruanda das Sagen haben, während die »schuldigen« Hutu an der Hypothek des ruandischen Völkermords schwer tragen. Dass auch Hutu gelitten haben, wird weitgehend unter den Teppich gekehrt. An der offiziellen Gedenkstätte in Kigali ist davon zum Beispiel keine Rede, noch nicht mal von den gemäßigten Hutu-Politikern, die umgebracht wurden, weil sie bei der Tutsi-Verfolgung nicht mitmachen wollten.

Manzi erzählt noch, dass es heute, in den gebildeten Gesellschaftsschichten der Stadt, viel weniger darauf ankomme, ob man Hutu oder Tutsi sei, sondern mehr, wo man aufgewachsen ist. Viele Ruander, vor allem Tutsi, aber auch Hutu, haben die Heimat ihrer Eltern erst als Erwachsene kennengelernt, ihre Jugend wurde geprägt vom Leben im Exil. Wer lange im westlichen Ausland gelebt hat, sei sich kulturell näher als Ruandern, die in afrikanischen Nachbarländern aufwuchsen. »Dann weiß man zum Beispiel: Eine Partnerschaft würde eher schwierig, auch wenn beide Tutsi sind. Da tun sich eher kulturelle Gräben auf. Eine Hutu-Frau, die in Deutschland oder Belgien gelebt hat, ist mir doch viel näher als eine Tutsi, die in Nigeria aufgewachsen ist.

Das Tutsi-Sein verbindet vielleicht historisch, aber nicht im Alltag, im persönlichen Miteinander.«

Ruandas »Golden Girls«
Durch die vielen zurückgekehrten Exilanten gebe es in Kigali inzwischen aber ein richtig »kosmopolitisches Lebensgefühl«, schwärmt Manzi. Was er damit meint, erleben wir am Abend, als wir mit ihm und Jacqui in ihr Lieblingsrestaurant gehen, ins »Republica«. Hier trifft sich Ruandas Intelligenzija. Afrikanisch eingerichtet, schick, aber lässig, ohne jenen neureichen Touch, den man in den Luxushotels Kigalis beobachten kann, wenn die High Society der Stadt dort abends die Hotelbars belagert. Auf der Terrasse, von der aus man über die beleuchteten Hügel Kigalis blickt, treffen wir Jacquis Freundinnen. Sie alle gehören zu den Top-Geschäftsfrauen des Landes. Sechs quirlige, lachende und auffallend schöne Frauen sitzen da an einem Tisch und bespötteln liebevoll ihre Freundin, die mit dem deutschen Kamerateam im Schlepptau anmarschiert kommt (»Uii, Jacqui goes to Hollywood!«). Ein eingeschworener Frauenkreis – selbstironisch nennen sie sich die »Golden Girls Ruandas«. Was durchaus keine Anspielung auf den Kontostand dieser Erfolgsfrauen ist, wie ich im ersten Moment dachte, sondern sich tatsächlich auf die alte amerikanische Fernsehserie bezieht. »Weil wir halt nicht mehr die Jüngsten sind und so zusammenglucken wie die Golden Girls. Wir überlegen auch immer, wer von uns welchem der TV-Charaktere entspricht.« Wie Mitte/Ende fünfzig sehen sie allerdings alle nicht aus, so faltenfrei wie ihre Gesichter sind, hätte ich keine von ihnen älter als vierzig geschätzt. »Afrikanische Gene«, erwidern sie auf mein Kompliment. »Da seid ihr Europäerinnen echt schlechter dran.«

Zufrieden sind sie auch mit ihrer Regierung und erst recht stolz darauf, dass in Ruanda die Hälfte der Parlamentssitze von Frauen besetzt werden – »kein Land der Welt hat so viele Frauen in der

Politik wie Ruanda«. Auch in dieser Hinsicht ist Regierungschef Kagame ein geschickter Machthaber: Hast du die Frauen auf deiner Seite, gewinnst du schon mal bei der Hälfte der Bevölkerung Pluspunkte. Kagame setzt außerdem darauf, dass bei einer starken Beteiligung von Frauen in Politik und Wirtschaft die Korruption deutlich niedriger ist – ein Umstand, auf den auch internationale Organisationen immer wieder hinweisen und beklagen, dass in so vielen Ländern dieser Welt eine positive wirtschaftliche Entwicklung allein dadurch gehemmt wird, dass man auf Kraft und Intelligenz der halben Bevölkerung verzichtet.

Ruandas Frauenpower hängt aber wesentlich auch mit dem Genozid zusammen: Es wurden viel mehr Männer als Frauen getötet, und als später die Tutsi-Rebellenarmee anrückte, flohen wiederum vor allem die Männer. Die Frauen blieben mit den Kindern zurück und packten an. Sie übernahmen die Landarbeit, gründeten Unternehmen, kümmerten sich um Waisenkinder. Viele leben heute noch alleinerziehend. So gesehen erlebten Ruandas Frauen eine Rollenveränderung ähnlich wie die Trümmerfrauen im Nachkriegsdeutschland: Männerarbeit machen, alleine Entscheidungen treffen, Familienoberhaupt sein. Außerdem wurde in dem intellektuell ausgebluteten Land jeder kluge Kopf gebraucht; auch deshalb gelangten so viele gut ausgebildete Frauen in Spitzenpositionen. Etwa die Hälfte der Unternehmen ist in weiblicher Hand. Entwicklungshilfe-Experten sehen dies als einen wesentlichen Faktor für den Wiederaufbau des zerstörten Landes. Der Präsident machte also aus der Not eine Tugend. Er selbst wird mit den Worten zitiert: »Ein Land, das Frauen fördert, erweist nicht den Frauen einen Gefallen, sondern sich selbst.« Auch dafür erhielt er eine Auszeichnung: den »Africa Gender Award« 2007.

»Weil wir müssen«

Auf meine Frage, was denn nun Ruandas größter Schatz sei, antwortet Jacqui: »Die Menschen.« Nicht die Gorillas, bei aller Liebe, und so toll sie für die Touristen sein mögen, aber nein: »Unser Schatz sind die Menschen dieses Landes. Wir sind diszipliniert, fleißig, tapfer – seht doch nur, was wir in sechzehn Jahren erreicht haben. Und wir haben bei null angefangen!« Auch Manzi sagt: »Du kannst dir nicht vorstellen, wie es hier vor sechzehn Jahren aussah. Hier war nichts, das Land lag am Boden, alles zerstört, das war Ground Zero.« Und doch: So schön sie sind, all die Zukunftsvisionen, von Jacquis Naturschätzen bis zur Regierungsvision einer Internet-Dienstleistungsgesellschaft, aber wie können die Menschen hier überhaupt wieder zusammenleben? Wenn man doch weiß, was die Nachbarn getan haben. Wie geht das bloß? »Weil wir müssen«, sagt Manzi, schweigt dann eine lange Weile und starrt mit verlorenem Blick in das Rotweinglas, das er in seiner Hand schwenkt, im Kreis herum in die eine und dann in die andere Richtung, mit seinen Gedanken anscheinend weit weg. Sein Schweigen dehnt sich aus. Ich schweige auch und erwarte eigentlich keine Antwort mehr bei diesem heiklen Thema – bis er dann doch wieder den Kopf hebt und mich anblickt: »Versteht doch! Wir müssen einfach. Wir müssen. Das ist doch unsere einzige Chance.«

BROTKORB FÜR DIE WELT? – ÄTHIOPIEN

Frühsport in Addis Abeba
Manchmal kann es ja durchaus überraschend sein, wenn sich Klischees bestätigen. So wie morgens früh um sechs Uhr in Äthiopien, der Heimat von weltberühmten Läufern wie Abebe Bikila oder Haile Gebrselassie. Mitten in der Millionenstadt Addis Abeba liegt der große Paradeplatz, die »Arena Mescal«. Der Platz ist fast so groß wie der Alexanderplatz in Berlin, und zusammen mit den ihn umgebenden Gebäuden sieht er aus wie ein typischer Paradeplatz im sozialistischen Stil, inklusive »Winke«-Balkon für die Staatsführung. Dem gegenüber liegen die Zuschauertribünen fürs Volk, auf denen die Menschen wie in einer antiken Arena auf Steinstufen sitzen können. Und auf dieser Tribüne herrscht Hochbetrieb: Sie ist die beliebteste Joggingstrecke von Addis Abeba. Statt zu sitzen, laufen Hunderte frühmorgens Kilometer um Kilometer auf den schmalen Schotterpfaden zwischen den Stufen entlang. Wenn man zwischen den Sitzreihen im Zickzack einmal bis zu den höchsten Rängen hoch- und wieder herunterläuft, hat man rund zehn Kilometer geschafft – was sich natürlich beliebig oft wiederholen lässt! Viele laufen nur vor der Arbeit, um fit zu bleiben. Andere trainieren professionell in Sportgruppen und in beeindruckendem Tempo. Einige im durchaus schicken Joggingdress, die meisten aber tragen altmodische, sichtlich abgewetzte Trainingsanzüge, wie ich sie als Kind in den siebziger Jahren im Sportunterricht anhatte:

jene engen blauen oder roten Anzüge aus Synthetikfasern, die immer ein bisschen kratzten. Nur daran merkt man, dass wir in einem Drittweltland sind und nicht bei einer westlichen »Wer-hat-das-coolste-Outfit«-Laufparade. Ansonsten könnte der emsige Joggingbetrieb hier auch im New Yorker Central Park oder am Hamburger Alsterufer ablaufen.

Als wir mit unserer Kamera und unserem äthiopischen Dolmetscher losmarschieren, um mit einigen Läufern ins Gespräch zu kommen, erleben wir die Bestätigung eines weiteren Äthiopien-Klischees. Die Äthiopier, so heißt es gerne auch in Reiseführern, seien gegenüber Ausländern ganz überwiegend ein freundliches und zugängliches Volk – und genauso begegnet man uns hier auch: fröhlich, neugierig und auskunftsfreudig. Aufgeschlossene Gesprächspartner zu finden, ist hier deutlich leichter als bei einer Straßenumfrage in Deutschland! Etwa ein junges Mädchen in leuchtendroter Jogginghose, das mit seinem Sportclub trainiert. Täglich rennt sie die Zehn-Kilometer-Strecke, eine berühmte Läuferin würde sie gerne werden. »Das ist gut für unser Land, wenn wir so viele gute Läufer haben. Das dient dem Ansehen Äthiopiens in der Welt«, erklärt sie. Ich frage, ob denn hier nur die Sportler in Bewegung seien oder ob sie in ihrem Land insgesamt eine Aufbruchsstimmung spüre? »Oh ja! Das ganze Land ist auf dem Sprung; hier tut sich was.« Auch einer ihrer Mitläufer, der sogar schon bei Wettbewerben in Asien Medaillen gewonnen hat und auf der hiesigen Laufstrecke ein Prominenter ist, sieht das Laufen nicht nur als Volkssport: »Wir rennen der Armut davon.«

Schreiend Pink und dicht gedrängt
Bittere Armut ist auch in der Hauptstadt allgegenwärtig. Viele Häuser haben weder Kanalisation noch fließend Wasser. Und doch wirkt Addis Abeba mit seinen rund dreieinhalb Millionen Einwohnern auf uns nicht wie ein einziges Armenhaus, wie ein

düsterer Elends-Moloch, sondern ausgesprochen quirlig, geschäftig und farbenfroh. Die kleinen Boutiquen etwa, die ihre Auslagen samt Schaufensterpuppen gern komplett in einer einzigen Farbe dekorieren, zum Beispiel in schreiend Pink. Für Farbtupfer sorgen auch die gelben Gewänder der vielen Priester, die wir in den Straßen sehen. Und überall entstehen neue Gebäude, große verspiegelte Büro- und Hotelkästen. Ähnlich wie in Ruandas Kigali scheint die Innenstadt von Addis Abeba eine einzige Baustelle zu sein. Sichtbarer Ausdruck des Wirtschaftswachstums Äthiopiens, das bemerkenswert in die Höhe geschnellt ist. In den letzten fünf Jahren lagen die Wachstumsraten bei durchschnittlich zehn Prozent. Damit gehört das nordostafrikanische Land zu den am schnellsten wachsenden Volkswirtschaften der Welt. Äthiopien hat ungefähr so viele Einwohner wie Deutschland, ist aber rund dreimal so groß.

Schicke Stadtviertel, Millionärsgegenden gibt es auch in Addis Abeba. Allerdings laufen sogar dort Esel und Kühe über die Straßen. Selbst in der Metropole merkt man also, dass Äthiopien durch und durch ein Agrarland ist. »Hier wohnen Government Officials«, bemerkt unser Fahrer Teddy, als wir an den Villen entlangfahren. »Typisch Afrika«, denke ich: Während in deutschen Villenvierteln vor allem Industrielle, Vorstandsvorsitzende oder Fußballstars wohnen, sind es in vielen afrikanischen Ländern die Regierungsleute, die in Palästen hausen. Als Minister geht es einem in Deutschland zwar auch gut, aber schwerreich wird man mit diesen Jobs ja nicht. In Afrika hingegen scheint sich das Regierungsgeschäft vielerorts ganz besonders zu lohnen, jedenfalls für das Spitzenpersonal. Wer regiert, ist reich; oder: Wer reich ist, regiert. Zugleich sind manche Länder zu arm, um einfache Abgeordnete und Beamte halbwegs ordentlich zu bezahlen – womit der Korruption Tor und Tür geöffnet werden.

Die meisten Villen, die ich in Addis Abeba gesehen habe, sind moderne Bungalows mit großen Glasfronten, manche auch im englischen Landhausstil, aber keine schnörkeligen Kolonialhäuser wie in vielen anderen afrikanischen Reichenvierteln. Auffällig ist, dass diese großen Häuser, anders als in Europa oder Amerika, nicht von gleichermaßen großen Grundstücken umgeben sind, sondern dicht aneinandergedrängt stehen. Die zugehörigen Securityguards können sich in ihren jeweiligen Pförtnerlogen quasi die Hände schütteln.

»In unseren Städten lebt man gerne eng«, erläutert Firew Ayele, unser äthiopischer Dolmetscher und Reiseführer. Und das gilt offenbar für Hütten und Hochhäuser genauso wie für die Paläste im Villenviertel. Bei der Erschließung von Baugrund trage die Regierung dem äthiopischen Lebensstil inzwischen mehr Rechnung als früher, erzählt Firew. Früher seien Hüttenviertel abgerissen und die Leute in großen Häuserblocks zusammengepfercht worden. »Das hat aber nicht funktioniert.« Die Menschen seien daran gewöhnt, auch mitten in der Stadt im Hinterhof oder auf dem Dach eigene kleine Gärten zu bepflanzen, Tiere zu halten und »Teff« zu stampfen, eine Hirsesorte, traditionelles Grundnahrungsmittel in Äthiopien. Also pflanzten und stampften sie auch in den hellhörigen Hochhauswohnungen, was nachbarschaftlichen Unmut auslöste. Insgesamt konnten die Menschen ihren Alltag nicht mehr so leben, wie sie es gewohnt waren; sie waren in diesen Wohnungen quasi »eingesperrt«. Vielleicht ein bisschen so, als würden in Deutschland plötzlich Balkone, Terrassen und Schrebergärten geschlossen. »Inzwischen werden die neuen Sozialwohnungen so gebaut, dass es draußen einen Gemeinschaftsbereich, einen Innenhof, gibt, wo jeder kochen und stampfen, pflanzen und Wäsche waschen und sich treffen kann.« Seitdem sei der Abriss der traditionellen Stadtviertel nicht mehr so konfliktbeladen wie früher.

Kaffee und Kanister

Dass es in Äthiopien vielerorts dicht gedrängt zugeht, merken wir in Addis Abeba auch auf dem berühmten »Mercato«, einem der größten Märkte auf dem afrikanischen Kontinent. Fünfzigtausend Menschen, Käufer wie Händler, sind hier an großen Markttagen unterwegs, erzählt Firew. Ein äthiopisches Sprichwort besagt, dass man auf dem Mercato praktisch alles kaufen könne – außer einer menschlichen Seele. Zwischen den Menschenmassen kurven Autos, Minibusse und Eselkarawanen, ein ungeheuerliches Gewühl, das jeden Schritt zum Abenteuer macht. Hektisch ist es, und es herrscht überhaupt kein Verständnis für andächtig verweilende ausländische Besucher, die irgendwo plötzlich stehenbleiben – wo doch hier niemand, der bei Verstand ist, irgendwo plötzlich stehenbleibt. Man rennt, man läuft, man duckt sich hastig vor entgegenkommenden Menschen mit querstehenden Brettern oder großen Kanistertürmen auf dem Kopf. Den Place de la Concorde in Paris zu überqueren, ist dagegen eine vergleichsweise gemütliche Angelegenheit! Auf dem Mercato hat man seine Augen und Ohren besser überall gleichzeitig, jederzeit bereit, einem Esel oder einem Minibus, der mit quietschenden Reifen urplötzlich losfährt, aus dem Weg zu springen. Die Luft flimmert vor Abgasen und Staub, es ist laut, es ist stickig, es ist chaotisch, es ist bunt, kurzum: Es ist herrlich!

Ganze Straßenzüge und Viertel sind bestimmten Waren gewidmet: Gewürzen, Textilien oder dem berühmten äthiopischen Kaffee. Auf dem Mercato erleben wir aber auch einige der seltenen Situationen, in denen wir unsere Kamera hastig zusammenpacken und das Weite suchen müssen. Händler sind eine eigene Spezies – überall auf der Welt sind Märkte keine ganz unproblematischen Drehorte für Kamerateams. Die Stimmung kann schnell umschlagen: von extrem freundlich zu extrem unfreundlich. Firew behält wie immer den Überblick und warnt rechtzeitig vor: »Okay, let's go. Sofort!« Aber wir haben auch viele nette

Begegnungen, wie mit dem Textilhändler, der fließend englisch spricht und überraschenderweise weiß, dass in meiner Heimatstadt Köln ein großer Dom steht. Sämtliche seiner weißen Tücher drapiert er mir um die Schultern, durchscheinende weiße Schals, die Äthiopiens christliche Frauen typischerweise beim Kirchgang über den Kopf legen und damit ähnlich verschleiert aussehen wie die muslimischen Frauen. »Salaam, hello sister«, so schallt es mir von vielen Ständen entgegen. Man fällt auf als Europäer(in) – aber die Grundstimmung ist auf dem Mercato nicht abweisend, sondern neugierig, so wie ich unseren Besuch in Äthiopien insgesamt in warmer Erinnerung habe.

Neben zu Erwartendem, wie den grünen Kaffeebohnen, werden auf dem riesigen Mercato auch ganz andersartige Waren angeboten: Zum Beispiel zigtausende alte gelbe Speiseölkanister, die notdürftig gereinigt und dann als Wasserkanister weiterverkauft werden. In einem Land, in dem die wenigsten Menschen über fließendes Wasser verfügen, gehören solche Wasserbehälter zu den wichtigsten Alltagsutensilien. Die Kanister sind leichter und praktischer als die schweren traditionellen Tonkrüge, mit denen das Wasser in den ländlicheren Gegenden oft kilometerweit getragen werden muss. Vieles, was wir in Europa auf den Müll werfen, taucht hier als Handelsware wieder auf. Vor allem Elektroschrott. Alte Toaster, Ventilatoren oder Lampen. Aus alten, abgeschnittenen Elektrokabeln schälen fleißige Hände das Kupfer heraus, um es wiederzuverwenden. Der Mercato ist also auch eine riesige Recycling-Anlage. Für uns, die wir aus einer Wegwerfgesellschaft kommen, sind das eindrückliche Beobachtungen. In dieser Hinsicht lernen wir in Europa aber allmählich von den Afrikanern. Das Interesse an alten Elektrogeräten, speziell an jenen Bauteilen, die aus Gold oder Kupfer sind, erwacht inzwischen auch bei uns angesichts knapper und damit teurer werdender Rohstoffe. Auf dem Mercato in Addis Abeba weiß man um diese Schätze schon seit Langem. Überhaupt fiel uns auf, wie wenig Unrat in Addis Abeba auf den Straßen liegt. »Die Leute finden für alles eine Zweitverwendung, hier landet nicht viel im Müll«, sagt Firew dazu. Und den Rest, den würden die Esel oder Ziegen fressen.

Spaghetti und Latte Macchiato

Der Name »Mercato« stammt noch aus der kurzen italienischen Besatzungszeit (1935 bis 1941), die im Straßenbild von Addis zwar nur wenige, aber dafür durchaus auffällige Spuren hinterlassen hat. Dazu gehören zum Beispiel eine Reihe Villen, die in ihren Pastelltönen genauso an der italienischen Riviera stehen könnten. Sie werden heute als diplomatische Vertretungen oder Regierungsbüros genutzt. Interessanter fanden wir unsere Entdeckung, dass in den Restaurants typisch äthiopische Gerichte gerne zusammen mit Spaghetti serviert werden. An einem Abend hat uns auch Firew, unser äthiopischer »Stringer«, bekocht, als wir mitten im ländlichen Nirgendwo übernachteten, weit entfernt von irgendetwas Restaurant- oder Garküchenähnlichem. Eigentlich hatten wir uns darauf eingestellt, nur ein paar Kekse zu verdrücken, was bei wohlgenährten Europäern ja durchaus kein Problem sein sollte, Wasser hatten wir schließlich genug. Doch Firew Ayele, unser immer unfassbar durchorganisierter, keine Unpünktlichkeit duldender Dolmetscher, Begleiter und obendrein hochgebildetes wandelndes Äthiopienlexikon, hatte natürlich längst vorgeplant. Wir hätten es eigentlich wissen müssen, dass Firew mal wieder alles im Griff haben würde …

Nicht nur, dass er es schaffte, in der Ortschaft, in der wir übernachteten, spätabends noch einige Dosen kühles äthiopisches Bier aufzutreiben – wo auch immer er das her haben mochte, zwischen Ziegenherden und Wellblechhäusern. Von unseren Herbergsvätern, langbärtigen Muslimen, sicher nicht. Sie waren ihren zahlenden Gästen gegenüber zwar sehr höflich, aber die hastige gemeinsame Morgenwäsche von weiblicher Reporterin und männlichem Kamerateam am einzigen Waschbecken mitten im Hof nahmen sie dann doch etwas befremdet zur Kenntnis.»Kein Problem«, hatte Firew aber versichert, als ich ihn vorab fragte, wie ich mich als einzige Frau in der Gruppe denn schicklicherweise zu verhalten hätte, in dieser kleinen Herberge gleich neben der Dorfmoschee: »Kein Problem. Geh dich ruhig waschen. Wir sind hier doch nicht in Arabien, sondern in Äthiopien!«

Es gibt differierende Angaben zu den Religionszugehörigkeiten im Vielvölkerstaat Äthiopien, in dem mehr als achtzig verschiedene Sprachen gesprochen werden. Grobe Schätzungen gehen davon aus, dass die Bevölkerung im Wesentlichen halb christlich (überwiegend orthodox) und halb muslimisch ist. Dabei gilt Äthiopien nach wie vor als ein im Bereich der Religionen vergleichsweise tolerantes Land, in dem Christen und Muslime meist in friedlicher Koexistenz leben.

Nicht nur das nach knapp acht Stunden heißer Autofahrt hochwillkommene kalte Dosenbier organisierte Firew. Im Kofferraum hatte er außerdem »sicherheitshalber« zusätzlichen Proviant mitgenommen und zauberte auf dem Gaskocher in der winzigen Küche der Herberge innerhalb kürzester Zeit ein wahrhaft köstliches Mahl: erst eine scharfe Linsensuppe und dann Spaghetti al dente mit Gemüsesoße, die er durchaus nicht als ein »italienisches Gericht« extra für uns Europäer ansah, sondern als normale Alltagsküche: »Lieblingsgericht meiner Kinder« (und so ähnlich betrachtete er uns wohl auch).

Tatsächlich haben wir ausgerechnet in Äthiopien, mit dem wohl die meisten Menschen zuerst den Begriff »Hungerland« assoziieren, das beste Essen auf unserer Drehreise durch Afrika genossen. In Addis gibt es eine Vielzahl guter Restaurants (und übrigens auch Clubs und Diskotheken, die ich mir gerne mal angesehen hätte, aber dazu waren wir abends einfach zu müde). In unserem Lieblingsrestaurant »Romina« – natürlich eine Empfehlung von Firew – saßen wir um eine große offene Küche gruppiert, das Lokal in dunkelroten Erdtönen gehalten und von einem bunt gemischten, städtischen Publikum frequentiert. Darunter junge Frauen und Männer, die wiederum ein Klischee bestätigten, nämlich die außergewöhnliche Schönheit vieler Äthiopier.

Die Gerichte, viel frisches Gemüse und Fleisch, in mundgerechte Stücke geschnitten, in der Pfanne heiß gegart und pikant gewürzt, wurden in großen Steingutschalen serviert. Dazu wird in Äthiopien typischerweise Brot aus hauchdünnem Sauerteig gereicht, der zu schlanken Rollen gewickelt ist. Aus dem Brot werden kleine Stücke gerissen und damit Fleisch, Soße und Gemüse umwickelt und zum Mund geführt, was ungemein elegant aussieht, wenn man die Technik beherrscht. Bei uns am Tisch sah es nicht so elegant aus. »Das Besteck-Brot sieht aus wie Servietten«, stellte ich fest. Firew nickte amüsiert und erzählte uns, wie er einst mit amerikanischen Touristen essen ging, die das Brot prompt aus dem Korb nahmen, auseinanderwickelten und sich auf den Schoß legten. Noch besser gefiel uns seine Geschichte von einer belgischen Touristengruppe, mit der er eine Flusswanderung unternommen hatte. Zur Mittagspause kamen sie in ein kleines Dorf, und Firew organisierte ein Fischessen bei einer alten Frau in einer schlichten Hütte. Der gegrillte Fisch wurde serviert, dazu reichte die alte Dame Tonschalen, in denen Zitronenscheiben schwammen. Höflich griffen die Belgier zu und tranken die Schalen aus. »Dabei«, kicherte Firew, »war das doch nur das Wasser für die Handwäsche nach dem Fisch!« Eine Tischsitte, die gerade kulinarisch versierten Belgiern sicher nicht unbekannt war. Doch so viel Esskultur hatten sie in Äthiopien wohl nicht erwartet…

Kulinarisch noch mehr beeindruckt hat uns die Kombination von äthiopischem Kaffee, der zu Recht weltberühmt ist, mit italienischem Zubereitungsstil. Die Äthiopier haben die italienischen Besatzer zwar vertrieben, aber das behalten, was ihnen als ausgewiesenen Kaffeekennern gefiel: »Espresso« und »Macchiato«. Nicht nur in Addis Abeba habe ich als leidenschaftliche Kaffeetrinkerin in dieser Hinsicht einige der besten Geschmackserlebnisse überhaupt gehabt, so würzig und aromatisch, so absolut perfekt war dort der Kaffeegenuss. Auch auf dem Land, in der sprichwörtlich kleinsten Klitsche, mit Plumpsklo und zerbrochenen Plastikstühlen, konnten wir überall einen »Macchiato« bestellen. Wenn sonst keine Verständigung möglich war, bei diesem Stichwort nickte jeder äthiopische Kaffeehausbesitzer sofort zustimmend. In den größeren Ortschaften wurden dazu noch Hefeteilchen gereicht, ähnlich unseren deutschen Rosinenschnecken. Den Zustand der Gläser, in denen der Kaffee typischerweise serviert wird, durfte man sich zum Teil zwar nicht näher ansehen (wer in hygienischen Dingen zimperlich ist, sollte generell keine Fernreisen unternehmen), aber der Inhalt war umwerfend, inklusive perfekter Milchschaumkrone. Und die Äthiopier mögen Cafés. Unter Schirmen auf bunten Stühlen am Straßenrand zu sitzen, Kaffee zu trinken – das ist ein so verbreitetes Volksvergnügen wie in Deutschland, Italien oder Frankreich. Berühmt ist auch die traditionelle »Kaffee-Zeremonie«, die in Äthiopien zelebriert wird wie in Japan die Tee-Zeremonie.

Blühende Landschaften

Das Klischee, wonach Äthiopien das Land der schnellen Läufer ist, hatte sich uns ja schon am ersten Morgen bestätigt. Doch ein anderes Äthiopien-Bild, das wohl viele Menschen im Kopf haben, wird bereits wenige Kilometer außerhalb von Addis Abeba gebrochen: Äthiopien präsentiert sich uns nicht als trockene Steppe, sondern als ein hügeliges, tiefgrünes Land. Schon beim Anflug auf die äthiopische Hauptstadt hatte der erste Blick aus dem Flugzeugfenster mich überrascht: Im Abendlicht zog der Flieger eine lange Kurve über den rund dreitausend Meter hohen Mount Entoto, an dessen Fuße sich die Stadt Addis Abeba schmiegt, eine der höchstgelegenen Metropolen der Welt, mit entsprechend mildem Klima. Bei diesem ersten Blick sah ich vor allem ein strahlendes, sattes Grün, als würde ich gleich in Irland landen. Natürlich gilt das nicht für alle Gegenden Äthiopiens und nicht für alle Jahreszeiten. Wir besuchten das Land im März, am Ende der sogenannten kleinen Regenzeit. Der größte Teil Äthiopiens ist Hochland – in den höchsten Regionen mit Gebirgsketten über viertausend Meter, eine alpine Landschaft, sozusagen. Die Vegetation ist vielfältig: Es gibt Wälder, Seen, große Flüsse, aber auch karge Savanne und im Norden die tiefgelegene brütend heiße Danakilwüste. Wir waren in den zentralen Regionen Äthiopiens unterwegs, und auf dieser Reise war die Farbe Grün für mich geradezu beherrschend – und immer wieder verblüffend. Aufgrund unserer Recherchen im Vorfeld war ich darauf theoretisch zwar vorbereitet, und trotzdem hatte ich diese äthiopischen Klischeebilder im Kopf: braun, trocken, Wüste, Hunger. Es ist erstaunlich, wie stark das Unterbewusstsein von solchen kollektiven Stereotypen geprägt ist. Erst der eigene Augenschein bringt sie ins Wanken. Und so drückte ich mir die Nase am Flugzeugfenster platt und war irgendwie ein bisschen fassungslos. Nicht nur über das, was ich sah, sondern auch darüber, dass es mich so erstaunte.

Äthiopien präsentiert sich uns dann auch noch als eine blühende Landschaft im wahrsten Sinne des Wortes: in den Gewächshäusern von Holeta, rund fünfunddreißig Kilometer außerhalb der Hauptstadt. Addis Abeba heißt übersetzt »die neue Blume« – und am Stadtrand wachsen tatsächlich Millionen Blumen. Denn hier liegen gleich mehrere gigantische Rosenfarmen. Der Anbau von Schnittblumen ist nicht nur in Äthiopien ein wichtiger Wirtschaftszweig. Auch in anderen afrikanischen Ländern, zum Beispiel in Kenia, gibt es riesige Blumenfelder. Häufig geht das mit schweren Nebenwirkungen für die Umwelt einher, wenn die Pflanzen den Böden mehr Wasser entziehen, als gut für das ökologische Gleichgewicht ist, oder Dünger und Pestizide in Seen und Grundwasser gelangen. Und nicht zuletzt sind die Arbeitsbedingungen auf solchen Plantagen vielerorts katastrophal.

Der uneingeschränkte König des blühenden Industrieparks vor den Toren Addis Abebas ist Ramakrishna Karuturi, der größte indische Investor in Äthiopien, Vorstand eines Mega-Konzerns. Er ist einer der neuen Schatzsucher in Afrika. Die Inder haben den Kontinent längst als Kapitalanlage entdeckt und mischen kräftig mit beim Run auf Afrikas Bodenschätze.

Afrikas neue Schatzsucher

In großen Teilen Afrikas ist der Wettlauf ausländischer Investoren, darunter Saudis, Chinesen und Koreaner, in vollem Gang. Und in Äthiopien ist der größte Bodenschatz der Boden selbst. Dafür interessieren sich gerade Länder, die selbst nicht genug fruchtbaren Boden haben. Die äthiopische Regierung lockt mit zusätzlichen Anreizen: lange Pachtverträge, Steuerfreiheit in den ersten fünf Jahren, niedrige oder gar keine Exportzölle. Laut einer Studie, die auf Angaben der *Ethiopian Investment Agency* beruht, stiegen die ausländischen Investitionen in den Agrarsektor Äthiopiens von 135 Millionen US-Dollar im Jahre 2000 auf 3,5 Milliarden 2008, das ist ein Drittel der gesamten ausländischen Direktinvestitionen. Besonders stark war der Anstieg seit 2006. Dabei werden die klassischen Sektoren wie Blumen und Obst, in denen bislang vor allem Investoren aus Europa und Israel aktiv waren (die ihrerseits den europäischen Markt bedienen), zunehmend erweitert durch den Anbau von Getreide und Agrartreibstoffen sowie durch Viehhaltung, meist für die Ausfuhr in die Golfstaaten. Mit der Verlagerung auf großflächige Viehzucht und flächenintensiven Ackerbau steigt der Landbedarf sprunghaft an. Insgesamt wurden nach – unvollständigen – Schätzungen zwischen

2004 und den ersten Monaten 2009 in Äthiopien über sechshunderttausend Hektar Land vergeben. Im Landwirtschaftsministerium werden mittlerweile professionelle Angebotsmappen mit Satellitenbildern und Bodenanalysen erstellt.

Historisch bedingt gehört in Äthiopien alles Land der Regierung. Das war schon während der kaiserlichen Feudalzeit so und auch später unter dem kommunistisch-sozialistischen Regime (1974 bis 1991). Die heutige Koalitionsregierung ist demokratisch gewählt, wird aber als »semi-autoritär« bezeichnet. Premierminister Meles Zenawi scheut zum Beispiel nicht davor zurück, politische Gegner wie die ehemalige Richterin und Oppositionspolitikerin Birtukan Mideksa ins Gefängnis stecken zu lassen. Nach der vorletzten Wahl 2005 hatte die Opposition die Regierung der Manipulation beschuldigt. In Addis Abeba kam es zu blutigen Straßenschlachten, fast zweihundert Demonstranten starben. Die Politikerin Birtukan wurde zusammen mit anderen schuldig befunden und zu lebenslanger Haft verurteilt. Unter dem Druck internationaler Proteste wurde Birtukan im Oktober 2010 freigelassen.

Wie vielen Ländern Afrikas fehlt es auch Äthiopien an einer demokratischen Tradition. Die *Revolutionäre Demokratische Front des Äthiopischen Volks* (EPRDF) herrscht schon seit 1991. Sogenannte Anti-Terror-Gesetze verbieten »jegliche Störung der öffentlichen Dienste«. Unter diesem Deckmantel, mit Verweis auf das terroristisch unterwanderte Nachbarland Somalia, wird politische Kritik in Äthiopien systematisch unterdrückt, auch wenn man sich den Anschein einer Demokratie gibt. So wurden zum Beispiel Universitätsprofessoren entlassen wegen angeblicher »politischer Agitation«. Ein Bericht der Menschenrechtsgruppe *Human Rights Watch* kritisiert, dass auf dem Land Lebensmittelzuteilungen oder Baugenehmigungen von der politischen Gesinnung abhängig gemacht werden. Der Geheimdienst beobachtet sorgfältig jede Aktivität der Opposition.

Eine freiheitliche Demokratie in unserem Sinne ist Äthiopien also nicht. Dazu passt, dass Firew bei unserem letzten gemeinsamen Abendessen in Addis Abeba einen leitenden Mitarbeiter des Informationsministeriums mitbrachte. Den Zensor sozusagen, dem er zweifellos auch im Vorfeld zu berichten hatte, was wir vorhatten. Als wir den Regierungsbeamten zum Dessert direkt fragten, ob er Probleme bekäme, wenn unser Bericht kritisch ausfiele, schüttelte er allerdings den Kopf: »Ich bin dafür zuständig, Drehgenehmigungen zu erteilen und zu wissen, wohin ihr fahrt. Aber was ihr daraus macht und mit wem ihr vor Ort sprecht, das kann ich ja eh nicht kontrollieren, und da bekomme ich auch keinen Ärger. Meine Regierung weiß, wie ausländische Journalisten arbeiten; wir sind nicht naiv. Es ist uns durchaus klar, dass eure Berichte nicht nur positiv sein werden.«

Und diese Haltung spiegelte sich in der Praxis: Manche Genehmigung wurde nicht erteilt, manche offizielle Interviewanfrage abgelehnt, aber bei den Dreharbeiten selbst waren wir dann frei und unbehelligt. Anders als wir es zum Beispiel später in Angola erleben sollten. Auch machten wir uns in Äthiopien keine Sorgen, dass bei der Ausreise unsere Filmkassetten zensiert würden, während wir das in Angola durchaus befürchten mussten und entsprechende Vorsichtsmaßnahmen ergriffen.

»Ich habe eine Farm in Afrika…«

Seit einigen Jahren verpachtet Äthiopiens Regierung also immer größere Flächen an Investoren, darunter Saudis, Chinesen oder Inder wie Karuturi: »In Indien wäre es wegen der historisch gewachsenen Eigentumsverhältnisse schwer möglich, so viel Land am Stück zu bekommen – hier in Äthiopien ist das kein Problem«, erklärt der Konzernchef. Reizvoll für ausländische Investoren sind auch die niedrigen Arbeitslöhne: Zum Teil verdienen die Frauen und Männer in seinen Gewächshäusern nur einen Dollar Tageslohn, weniger, als wir in Deutschland oft für eine einzige dieser Rosen zahlen. Karuturi ist einer der größten Rosen-Produzenten der Welt. Zu seinen Kunden gehören auch deutsche Supermarktketten. Vor Feiertagen wie Ostern oder Muttertag haben seine Arbeiter besonders viel zu tun. Und so erwerben wir hierzulande so manches Mal einen weitgereisten Strauß afrikanischer Billiglöhne, wenn wir uns darüber freuen, wie preiswert die Blumen sind.

Andererseits ist Karuturi für die Äthiopier ein wichtiger Arbeitgeber, der Jobs schafft. Vor sieben Jahren fing er an, in Äthiopien Land zu pachten, heute ist er neben einem saudi-arabischen Unternehmen der größte ausländische Agrarinvestor in Äthiopien. Der geschäftstüchtige Inder will es nicht bei den Schnittblumen belassen. Er hat weit größere Visionen, die man zugespitzt so formulieren könnte: Brot für die Welt aus Äthiopien! In den nächsten Jahren will seine Firma im großen Stil Getreide, Mais und Ölsaaten für Biokraftstoffe anbauen. Eine Milliarde Dollar will er investieren, behauptet Karuturi – »think big!« Das Land sei fruchtbar, die Pacht niedrig, Wasser und preiswerte Arbeitskräfte gebe es auch genug. Ramakrishna Karuturi gerät regelrecht ins Schwärmen. Äthiopien sei ein geradezu phantastischer Platz, um mit Landwirtschaft Geschäfte zu machen: »Äthiopien hat das Potential, ein Brotkorb der Welt zu werden!« Er hat von der Regierung bereits mehr als dreihunderttausend Hektar Land gepachtet. Eine Fläche fast so groß wie Mallorca. »Was wir hier machen, hat noch niemand gemacht. Wir leisten hier wahre Pionierarbeit. Die Verhandlungen mit den Politikern, mit der Regierung, aber auch mit Zulieferern und Kunden sowie die Beschaffung von Arbeitskräften – das ist alles nicht so einfach, wir stoßen dauernd an neue Grenzen.«

Mit seinen beiden Designer-Handys, eines immer abwechselnd am Ohr, steht der agile Geschäftsmann im Businessanzug inmitten seiner Gewächshaus-Rosen und ruft: »Das ist hier wie einst beim Goldrausch in Kalifornien! Man muss nicht besonders schlau sein, um in Äthiopien Landwirtschaft zu betreiben. Ich würde sogar sagen, dass man dumm wäre, es nicht zu tun. Es ist ein Geschenk! Es gibt achtzig Millionen Menschen, über hundert Millionen Hektar Land, die politischen Rahmenbedingungen stimmen, exzellentes Wetter, genug Wasser – was will man mehr?!« Als hätte ein äthiopischer Wettergott ihm zugehört, fängt es in dem Moment an zu regnen. Die Tropfen trommeln auf das Dach des Gewächshauses. Karuturi schaut nach oben und lächelt zufrieden: »Hört ihr das? Musik in den Ohren eines jeden Landwirts.«

Der Bevölkerungsdruck in Indien selbst und die Spekulation auf weltweit steigende Lebensmittelpreise machen den Getreideanbau im großen Stil zu einem verheißungsvollen Investment. Nahrungsmittel, so das Kalkül, werden künftig zu den begehrtesten Rohstoffen unseres Planeten gehören; der Bedarf könnte allein in den nächsten zwanzig Jahren um fünfzig Prozent steigen. Nicht nur Staaten bzw. staatlich unterstützte Konzerne, auch internationale Agrar-Fonds pachten und kaufen in Drittweltländern, allen voran in Afrika, Millionen Hektar Boden. Die große Frage wird sein, ob die afrikanischen Länder davon auch profitieren können. Oder ob die Profite zusammen mit den Rohstoffen ins Ausland gehen, während die Afrikaner für Grundnahrungsmittel auf den Weltmärkten immer höhere Preise zahlen müssen.

Kritiker dieser Entwicklung, zum Beispiel Vertreter der *Welternährungsorganisation* FAO, sprechen von »Landraub«, »Neo-Kolonialisierung« und »Agrar-Imperialismus«. Die Ausländer würden den Einheimischen das Land wegnehmen und sie ausbeuten. Das sieht der indische Investor naturgemäß anders. »Wir kommen hierher, investieren unser Geld, leben tatsächlich in Afrika und verbessern die Lebensqualität der Menschen. Was ist besser: Hier zu investieren oder einmal im Jahr zu Weihnachten einen barmherzigen Zwanzig-Dollar-Scheck auszustellen, weil man mal wieder eine Spendengala mit hungrigen Afrikanern gesehen hat?«

Auch den Vorwurf, dass er die äthiopischen Arbeiter mit Hungerlöhnen ausbeute, lässt Karuturi nicht gelten. Anfangs hätten sie die Löhne noch bestimmen können. Doch inzwischen gebe es nicht nur seine, sondern eine ganze Reihe Rosenfarmen vor den Toren Addis Abebas. Die Saudis zum Beispiel, die gleich nebenan ihre Gewächshäuser bauten. Durch die Konkurrenz hätten die äthiopischen Arbeiter in der Gegend inzwischen Alternativen und könnten sich aussuchen, für wen sie arbeiten. Das habe die Preise nach oben getrieben. Inzwischen bietet Karuturi seinen Arbeitern auf der Rosenfarm zusätzlich zum Lohn noch einen kostenlosen »Sunday-Lunch«, ein Sonntagsessen, an, um sie an seinen Betrieb zu binden. Doch die Konkurrenz schläft nicht, und deshalb soll es demnächst sogar jeden Tag Gratis-Essen geben. Das dafür notwendige Gemüse und Getreide wollen die Inder auf ihren neuen Ländereien ernten.

Der selbstbewusste indische Industrie-Magnat Karuturi erteilt uns eine Drehgenehmigung für seine neue Musterfarm in der Tiefebene bei Bako, einer Ortschaft etwa zweihundertfünfzig Kilometer westlich von Addis Abeba. Nur selten gewährt einer der neuen ausländischen Landherren solche Einblicke – sie wissen um die Negativschlagzeilen in der internationalen Presse, den Vorwurf des Ausverkaufs. Gerade weil Äthiopien sich durch seine lange Geschichte hindurch so erfolgreich gegen jegliche Kolonialisierungsversuche gewehrt hat, ist die »neue Landnahme« ein durchaus heikles Thema. Als mein Kollege Jens Nicolai den leitenden Beamter im Landwirtschaftsministerium interviewte, der als »Director for Agricultural Support« für die Landvergabe zuständig ist, las der Mann ausschließlich vorgefertigte Formulierungen von einem Zettel ab, um nur ja nichts Falsches zu sagen.

Stolzes Kulturland

Die Äthiopier sind stolz auf die jahrtausendealte Geschichte ihres Landes, die bis in die Antike zurückreicht – wenn man an dieser Stelle von den urzeitlichen Bewohnern absieht, etwa der mindestens drei Millionen Jahre alten »Lucy«, der berühmten Vormensch-Frau, die in Äthiopien gefunden wurde. Auch die biblische Königin von Saba war Äthiopierin, wenngleich ihre Existenz nicht belegt ist (sie soll um 1000 vor Christus gelebt haben). Der Beginn des äthiopischen Kaiserreichs mit einem zusammenhängend regierten Staatsgebiet wird auf das erste Jahrhundert nach Christus datiert; damit ist Äthiopien einer der ältesten Staaten überhaupt. Und eine der ältesten christlichen Kulturen der Welt. Das orthodoxe Christentum begann sich hier schon ab dem 4. Jahrhundert zu verbreiten. Im Norden des heutigen Äthiopiens war das sogenannte Reich von Aksum im späten Altertum eines der ersten christlichen Königreiche. Berühmtes Zeugnis der christlichen äthiopischen Hochkultur sind die im 12. Jahrhundert gebauten Felsenkirchen von Lalibela, die heute zum Weltkulturerbe gehören – und die ganz oben stehen auf meiner persönlichen Liste der Orte dieser Welt, die ich in diesem Leben unbedingt noch bereisen möchte. Abgesehen von seinen Naturschönheiten hat Äthiopien gerade kulturinteressierten Touristen enorm viel zu bieten; und im Norden, entlang der historischen Kulturzentren, soll auch die touristische Infrastruktur so entwickelt sein, dass Reisen dorthin relativ unproblematisch sind.

Nicht weniger bedeutsam ist Äthiopiens islamische Geschichte, die bis in die Zeit des Propheten Mohammed zurückreicht. Vor allem aber ist Äthiopien neben Liberia das einzige afrikanische Land, das in der Neuzeit nie von europäischen Mächten kolonialisiert wurde. Der erste Vorstoß durch Italien scheiterte 1896. Damals schlugen die Äthiopier die Italiener vernichtend. Auch der zweite Besatzungsversuch unter Mussolini (1935 bis 1941) scheiterte. Sogar Giftgas setzten die Truppen des faschistischen

Italiens ein, um bis nach Addis Abeba vorzustoßen. Hunderttausende Äthiopier ließen in diesen beiden Unabhängigkeitskriegen ihr Leben. Dass es gelang, die Invasoren zurückzuschlagen (teils mit britischer Unterstützung), war ein Triumph, der bis heute tief in der Volksseele verwurzelt ist.

Nicht weniger präsent im nationalen Bewusstsein sind die Dauerkonflikte mit den Nachbarländern Eritrea und Somalia und die damit einhergehenden Spannungen, die in den Grenzregionen äußerst explosiv und bis heute ungelöst sind. Das Gefühl der Bedrohung von außen scheint in Äthiopien durchaus verbreitet. Die Empfindung vieler seiner Landsleute drückte unser Reiseführer Firew so aus: »Am liebsten möchten die uns alle erobern. Wir brauchen eine starke Armee, damit wir Ruhe haben, damit wir uns entwickeln können.« Eine interessante Sichtweise, werden vom westlichen Ausland doch gerade die über Jahrzehnte hinweg exorbitant hohen Militärausgaben Äthiopiens als erhebliches Entwicklungshindernis gesehen.

Gerade vor diesem historischen Hintergrund stellt sich natürlich die Frage, ob heute neue Invasoren durch die Hintertür kommen, mit Pachtvertrag in der Tasche? Die äthiopische Regierung macht es ausländischen Investoren jedenfalls bewusst leicht und hat im Landwirtschaftsministerium eigens ein Büro für sie eingerichtet. Rund 1,6 Millionen Hektar Land haben die Äthiopier bis jetzt identifiziert, das sie gerne an zahlungskräftige Investoren verpachten wollen. In den nächsten Jahren soll noch einmal so viel Fläche dazukommen. Genehmigungen, die früher oft Monate oder sogar Jahre dauerten, werden nunmehr innerhalb kürzester Zeit erteilt. Entsprechende Bonität der Interessenten vorausgesetzt, die von den äthiopischen Botschaften im jeweiligen Land diskret überprüft wird. Das Interesse ist gewaltig. Denn das Problem der äthiopischen Landwirtschaft ist weniger die Qualität des Bodens; die ist vielerorts gut. Das Problem ist vor allem die mittelalterliche Form der regenabhängigen und ineffizienten Bewirtschaftung, mit der es die äthiopischen Kleinbauern nicht schaffen, aus den Böden herauszuholen, was in ihnen steckt.

Die wenigstens Bauern sind in der Lage, ihre Äcker zu bewässern, noch nicht mal dort, wo es Flüsse und Seen gibt. Ihre Ernte ist deshalb komplett wetterabhängig. Regnet es zur richtigen Zeit in ausreichender Menge, ernten sie genug. Spielt das Wetter nicht mit, beginnt die Zeit des Hungerns. Und dann beginnt auch die Zeit der Lebensmittellieferungen, zum Teil durch die äthiopische Regierung selbst, vor allem aber aus dem Ausland. Das Vertrauen darauf, dass notfalls die Hilfsorganisationen anrücken, habe dem Land nicht nur genutzt, meint Firew Ayele. Inzwischen sei die äthiopische Regierung dazu übergegangen, während der Dürreperioden Lebensmittel nicht einfach aus den staatlichen Beständen zu verteilen, sondern die Hilfsbedürftigen im Gegenzug zu Arbeitsdiensten zu verpflichten. »Damit sie wissen, dass sie das nicht umsonst bekommen, und sich mehr anstrengen, für die schlechten Zeiten selbst vorzusorgen.«

Und schlechte Zeiten gibt es in nicht wenigen Regionen des Landes immer wieder. Trotz Wachstum und Aufschwung gehört Äthiopien nach wie vor zu den zehn ärmsten Ländern der Erde. Bei der großen Hungersnot 1984/85 starben Hunderttausende, nach manchen Schätzungen sogar eine Million Menschen. Die legendären Live-Aid-Benefizkonzerte 1985 parallel in London und Philadelphia fokussierten vor allem auf diese entsetzliche Hungersnot in Äthiopien; spätestens seitdem hat sich das Image »Hungerland« weltweit in den Köpfen festgesetzt.

Große Ernährungsprobleme hat das Land auch weiterhin. Nach UN-Angaben sind derzeit mindestens fünf Millionen Äthiopier auf Unterstützung mit Nahrungsmitteln angewiesen. »In schlechten Zeiten reduzieren die Menschen erst die Mahlzeiten von drei auf zwei am Tag«, erklärt Judith Schuler vom UN World

Food Programm. »Irgendwann essen sie nur noch einmal am Tag. Oder noch seltener.«

Dass nach wie vor Millionen Menschen auf Nahrungsmittelhilfe angewiesen sind, will Äthiopiens Regierung aber nicht dokumentiert wissen, jedenfalls nicht zum Zeitpunkt unserer Reise im Frühjahr 2010. Das Land stand da kurz vor Parlamentswahlen, an deren Verlauf EU-Beobachter im Nachhinein deutliche Kritik übten, auch wenn das Ergebnis als solches (Sieg der Regierungspartei und ihrer Verbündeten) nicht in Frage gestellt wurde. Unser Kamerateam darf jedenfalls die großen Lebensmitteldepots einer Hilfsorganisation genauso wenig filmen wie die Verteilung der Nahrungshilfe. So ergibt sich die eigentümliche Situation, dass die europäischen Mitarbeiter einer großen internationalen Organisation, die sich durch ausländische Mittel finanziert, einem europäischen Kamerateam ihre Arbeit nicht zeigen dürfen. Die Hilfsorganisationen sehen sich als »Gäste im Land«, die auf gute Zusammenarbeit mit der Regierung angewiesen sind. Wir sind über dieses Maß an Unfreiheit dann doch etwas verblüfft. Jedenfalls vermittelt uns das eine Ahnung davon, unter welchem politischen Druck Helfer in den Empfängerländern stehen können.

»Lasst uns mit eurer Hilfe in Ruhe!«

Die vielschichtigen Probleme, mit denen sich die internationale Entwicklungshilfe gerade in Afrika konfrontiert sieht, sind schon lange zu einem hochumstrittenen Thema geworden. Inzwischen melden sich selbstbewusste afrikanische Wirtschaftswissenschaftler zu Wort, die den Industrieländern sogar ein provokantes »Lasst uns endlich mit eurer Hilfe in Ruhe!« entgegenrufen, wie zum Beispiel der junge kenianische Wirtschaftsexperte James Shikwati. Den Ländern, die am meisten Entwicklungshilfe-Gelder empfangen haben, ginge es besonders schlecht, klagt Shikwati. Ähnlich äußert sich der südafrikanische Wirtschaftswissenschaftler Themba Sono, der die »Politik der Sammelbüchse«

kritisiert und Afrikaner als Opfer einer Hilfe sieht, die den Kontinent letztlich nur rekolonialisiere, weil Afrika »wie ein Baby« behandelt werde. Afrikanische Kritiker weisen darauf hin, wie sehr es das Geschäft schlechter Regierungen erleichtere, wenn sie sich darauf verlassen können, dass im Notfall Hilfe von außen kommt. So wie sich auch die Bevölkerung mancherorts regelrecht darauf spezialisiert habe, mit geeigneten Projekten (»Wir bauen einen Brunnen«) Entwicklungshilfe zu akquirieren. Die Hilfe werde damit zu einem eigenen Wirtschaftszweig, was ja nicht Sinn der Sache sein kann. Gerade in Äthiopien, bemängeln Kritiker, sei die Erwartungshaltung an »Hilfe von oben« beziehungsweise Hilfe von außen besonders hoch. Früher waren es Kaiser und Feudalherren, dann das marxistische Staatsprinzip und heute eben die internationale Hilfe.

Umgekehrt, so das ernüchternde Fazit zahlreicher Beobachter, würden sich Entwicklungshilfeorganisationen und -behörden auf den afrikanischen Hunger verlassen, der ihre eigenen Jobs sichere. Harsche Kritik. Doch ob es eine Lösung sein könnte, die Hilfe einfach einzustellen? Wohl kaum. Extreme jeglicher Art sind erfahrungsgemäß selten zielführend. Dennoch kann sich die westliche Entwicklungshilfepolitik grundlegender Kritik nicht entziehen. Neben der Abhängigkeit, die in Empfängerländern entsteht, wenn sie sich auf Hilfe von außen zu sehr verlassen, wird vor allem die massive Korruption seitens einheimischer Regierungen und ihrer Bürokratien beklagt, in deren Kanälen Milliarden an Entwicklungsgeldern versickern. Oft versickern sie auch in den Taschen von Warlords, die Hilfstransporte nur gegen Wegzoll in Notstandsgebiete ziehen lassen. Kritisiert wird auch der Konkurrenzdruck der Hilfsorganisationen untereinander bei der Spendenakquise, so dass von einer regelrechten »Entwicklungshilfe-Industrie« die Rede ist. Und immer wieder wird auf die negativen, wenn nicht gar zerstörerischen Folgewirkungen manch gut gemeinter Aktionen und Projekte hingewiesen. Kaum ein Bereich der internationalen Politik ist jedenfalls so komplex wie die Entwicklungsökonomie. Schlicht gesagt: Gutes zu tun ist verdammt schwer!

Zumal auch so manche Organisationen und Aktivisten unterwegs sind, deren Hilfeleistungen nicht professionell durchdacht sind. Manchmal sind es ganz einfache Zusammenhänge, die vor Augen führen können, welche Fehler gemacht wurden. Wer zum Beispiel Getreide oder die in Europa eher ungeliebten Hühnerflügel verschenkt, zerstört damit die einheimischen Märkte. Welcher afrikanische Kleinbauer kann mit dem »Preis« von Geschenken mithalten? Wer mit milden Gaben konkurrieren muss, für den lohnt sich das Geschäft schon bald nicht mehr. Anderes Beispiel: Schulen zu bauen, ist prinzipiell immer eine gute Idee – nur sollte man dann dafür Sorge tragen, dass es genügend ausgebildete Lehrer gibt, die dort unterrichten, und das nicht nur einen Sommer lang. Auch Traktoren zu schenken, mag zunächst eine willkommene Gabe sein – doch muss es dann vor Ort auch Menschen geben, die diese Traktoren reparieren können; sonst stehen sie irgendwann nur noch auf dürren Feldern herum und verrotten. Das sind plakativ einfache Beispiele, Zusammenhänge, die jeder professionell arbeitenden Hilfsorganisation wohl bewusst sind. Und doch sind solche »guten Gaben« bis heute leider keineswegs die Ausnahme. Vor allem bei akuten Katastrophen, wenn spontan Hilfsbereite anfangen zu sammeln, »um etwas zu tun«. Nach dem großen Tsunami 2004 in Südostasien etwa tauchten Helfer auf, die in diesen tropischen Gebieten allen Ernstes europäische Wintermäntel und Wollpullover verteilen wollten. Selbst String Tangas sollen in Hilfspakete gepackt worden sein – auch nicht gerade ein Kleidungsstück, das streng muslimische Landfrauen auf Banda Aceh gerne öffentlich entgegennehmen.

Häufig sind es auch Prominente, die etwas tun wollen. Es gibt ja unendlich viele Bilder von westlichen Stars und Sternchen, umringt von afrikanischen Kindern. Das ist fast eine Art »Genrebild« geworden. Die ehrliche Anteilnahme möchte ich niemandem absprechen. Und Prominenz kann tatsächlich Aufmerksamkeit auf Notstände richten und damit hilfreich wirken. Für Hilfsorganisationen sind bekannte Gesichter als »Werbeträger« zur Spendenakquise wohl geradezu unverzichtbar geworden. Doch gelegentlich kann man sich schon fragen, ob es allen Prominenten, die nach Afrika geflogen werden, tatsächlich nur darum geht, armen Menschen zu helfen, oder ob nicht auch genauso dem eigenen Image geholfen werden soll? Zumindest könnten sich prominente Protagonisten wohl die Mühe machen, die Ursachen der jeweils beklagten Not zu hinterfragen: Ist da tatsächlich nur eine Dürre vom Himmel gefallen? Oder ist die Katastrophe hausgemacht? Werden Helfer womöglich regelrecht manipuliert? Auch wenn man daraus nicht die Konsequenz ziehen mag, Hilfe einzustellen, kann man solche Zusammenhänge trotzdem benennen, statt sie stillschweigend zu übergehen. Sich gänzlich »unpolitisch« zu gerieren, nach dem Motto: »Von Politik verstehe ich nichts, ich will nur den einfachen Menschen helfen« – das ist dann doch etwas zu einfach...

Vor diesem ganzen Hintergrund, und weil wir andere Seiten Afrikas im Auge hatten, wollte ich in unserer ZDF-Dokumentation auf keinen Fall das »Genrebild« der blonden Fernsehfrau umringt von armen afrikanischen Kindern sehen. Das sagte sich allerdings leichter, als es sich umsetzen ließ. Denn Kinder gibt es viele in Afrika, und kaum steigt man aus dem Auto, wird man schnell von ganzen Horden neugierig umringt, die mächtig Spaß daran haben, den fremdartig aussehenden Besuch anzugucken und anzufassen. Meine Kamerateams machten sich dann ihrerseits einen Spaß daraus, in solchen Situationen grinsend die Kamera einzupacken und mich meinem kinderreichen Schicksal zu überlassen: »Okay, wir machen dann mal Drehpause.«

Von der Schwierigkeit, Gutes zu tun

Wer Entwicklungshilfe leistet, muss sich jedenfalls vielen schwierigen Fragen stellen. Dazu gehört auch die grundlegende Frage, ob man mit Entwicklungshilfe nicht nur Notleidenden helfen, sondern zugleich politischen Druck auf Regierungen ausüben kann. Kann man gute Regierungsführung und die Einhaltung von Menschenrechten mit Entwicklungshilfe »erkaufen«? Wenn man nach fünf Jahrzehnten internationaler Entwicklungshilfe zu dem Schluss kommt, dass man das nicht kann, muss man andererseits nach den Konsequenzen dieser Einsicht fragen. Soll man hungernde Menschen sich selbst überlassen, nur weil sie das Pech haben, von korrupten, brutalen Regierungen beherrscht zu werden, die alle Aufforderungen zu »good governance« ignorieren? Oder soll man weiterhin den Menschen helfen, wohl wissend, dass damit auch Regimen und Kriegsherren geholfen wird, die diese Not mit verursachen? Und wie viel Einfluss haben westliche Geberländer heute überhaupt noch, angesichts neuer Investoren wie der Chinesen, die inzwischen praktisch überall in Afrika Geld investieren, ohne lästige Fragen nach Demokratie und Menschenrechten zu stellen?

Schlussendlich wird der westlichen »Entwicklungshilfe-Industrie« vorgeworfen, dass all die Milliarden der letzten Jahrzehnte wenig gebracht hätten. Die Armut ist jedenfalls weiter gewachsen. Auch hierzu gibt es durchaus unterschiedliche Denkschulen. Die einen meinen, dass nicht genug geholfen wurde: Verglichen mit den nationalen Budgets der Industrieländer sind die Etats für Entwicklungshilfe tatsächlich durchweg bescheiden. (In Deutschland macht die staatliche Entwicklungshilfe gerade mal 0,4 Prozent des Bruttosozialprodukts aus. Darin sind die privaten Spendenmilliarden aber nicht enthalten.) Die These, dass vom Guten zu wenig getan wird, halten andere für eine Mär. Richard Dowden etwa, britischer Journalist und Direktor der *Royal African Society,* sagt, dass allein Afrika in den letzten fünfzig Jahren etwa eine Billion Dollar Hilfsgelder erhalten habe, und vergleicht das mit dem US-Marshall-Plan für Europa nach dem Zweiten Weltkrieg. Die Marshall-Hilfe betrug damals dreizehn Milliarden Dollar, aufs heutige Preisniveau umgerechnet entspricht das wohl etwa fünfundsiebzig Milliarden Dollar. Doch obwohl Afrika so viel mehr »Marshall-Hilfe« erhielt, habe das nicht geholfen. Wenn man sich allerdings ansieht, wie viele Hunderte Milliarden heutzutage für finanzkrisengeschüttelte Banken oder einzelne Länder wie Griechenland zur Verfügung gestellt werden (wenn auch nur als Bürgschaften), kommen einem die tausend Milliarden Afrikahilfe auch wieder nicht so viel vor. So gesehen lassen sich solche Zahlen in beide Richtungen interpretieren: Die einen finden es viel, die anderen wenig.

Wie sinnvoll solche Vergleiche überhaupt sind, sei also dahingestellt. Auf jeden Fall aber ist der Anteil, den internationale Gelder in vielen afrikanischen Staatshaushalten ausmachen, sehr hoch, oft mehr als die Hälfte des nationalen Budgets. Insofern, sagen Kritiker, sei nicht zu wenig, sondern grundsätzlich falsch geholfen worden. Das wirft natürlich sofort die Frage auf: Was ist denn richtig, was ist falsch? »Hilfe zur Selbsthilfe«, »Nachhaltigkeit« und »Kohärenz« sind hier zentrale Schlagworte – sie zu formulieren ist allerdings bei Weitem einfacher, als sie umzusetzen. So wird immer wieder darauf hingewiesen, wie absurd es sei, afrikanischen Ländern einerseits Entwicklungsgelder zu überweisen, während man gleichzeitig die hoch subventionierten europäischen und US-amerikanischen Märkte gegen ihre landwirtschaftlichen Produkte abschottet. Dient Entwicklungshilfe also vor allem dazu, »unser« Gewissen zu beruhigen, während wir gleichzeitig sorgfältig auf unseren Vorteil achten, anstatt diesen Ländern tatsächlich Chancen zur Teilhabe an den globalen Handelsströmen einzuräumen? Doch warum ist es dann asiatischen Ländern gelungen, von der Globalisierung zu profitieren und die alten Industrieländer sogar in Bedrängnis zu bringen?

Afrika, mahnen Experten, hat nur dann eine echte Chance, wenn es seine Infrastruktur entwickelt, allen voran sein völlig unterentwickeltes Straßennetz sowie Flugverbindungen und Häfen. Daran hapert es bis heute gewaltig, was jeden Handelsverkehr hemmt. Am Aufbau solcher Strukturen waren die Kolonialmächte in den langen Jahren ihrer Regentschaft nie interessiert – geschweige denn am Aufbau demokratischer Institutionen. Und die afrikanischen Herrscher, die ihnen unmittelbar folgten oder von ihnen installiert wurden, zeigten daran meist auch wenig Interesse. Viele führten einfach das weiter, was die Kolonialherren so lange Zeit vorgemacht hatten: eine absolute Herrschaft zu errichten, sich gegen innere und äußere Feinde zu verteidigen, das Volk ebenso paternalistisch wie willkürlich zu unterdrücken und die eigenen Pfründen zu sichern. Eine sehr gute Beschreibung dieser Zusammenhänge bietet zum Beispiel der Afrika-Kenner Martin Meredith in seinem Buch »The State of Africa«.

Entsprechend gering ist oft die Erwartungshaltung der Regierten gegenüber den Regenten: Dass Regierungen einem »Gemeinwohl« zu dienen haben und danach beurteilt, kritisiert und kontrolliert werden, ist eine Vorstellung, die vielen Afrikanern und Afrikanerinnen fremd ist. Man erwartet »von oben« nicht viel Gutes und sieht zu, wie man alleine klarkommt. »Die Nation« ist oft kein Bezugspunkt, sondern ein Konstrukt, das mit den Lebenswelten und Bindungen der Menschen wenig zu tun hat. Was zählt, ist das Überleben der Familie, des Clans. Das sogenannte Nation Building ist in weiten Teilen Afrikas bis heute nicht gelungen.

Aber angesichts dieser komplexen Probleme darf auch nicht vergessen werden, dass die meisten afrikanischen Staaten erst seit rund fünfzig Jahren unabhängig sind. Das ist keine so lange Zeit, nach teils Jahrhunderten der Unterdrückung. Und auch die

Brutalität der Konflikte, mit denen Afrika die Welt immer wieder erschüttert, ist sehr relativ, wenn wir uns die Grausamkeit ansehen, die sich vor nicht allzu langer Zeit in unserem eigenen Land abgespielt hat. Das Grauen ist weiß Gott keine afrikanische Spezialität. Ein »Herz der Finsternis« schlug auch im Europa des 20. Jahrhunderts. Und angesichts der Ereignisse im ehemaligen Jugoslawien vor gerade mal fünfzehn Jahren darf man getrost vermuten, dass dieses Herz in unseren Breitengraden nach wie vor schlägt.

Kritik an der »Mitleidsindustrie«
Am Ende bleibt eine andere, grundsätzliche Frage: Kann man Länder überhaupt »von außen« entwickeln? Daran darf man zumindest Zweifel hegen. Wenn sich mit Geld allein Armut abschaffen ließe, müsste ein großer Teil unseres Planeten anders aussehen. Zu diesem ganzen Themenkomplex haben Experten, die dazu langjährig Einblicke hinter den Kulissen gewinnen konnten, eigene kritisch-differenzierende Bücher geschrieben. Nicht wenige äußern sich heute zunehmend selbstkritisch, manchmal fast resigniert. Aktuell erschienene Lektüre in diesem Zusammenhang sind zum Beispiel ein Buch von Rupert Neudeck (»Die Kraft Afrikas«) oder die Erfahrungsberichte der niederländischen Journalistin Linda Polman (»Die Mitleidsindustrie – Hinter den Kulissen internationaler Hilfsorganisationen«). Beide Bücher sind – wenn auch mit unterschiedlichem Blickwinkel – aus einer Insider-Perspektive geschrieben, auf der Basis eines reichhaltigen persönlichen Erfahrungshintergrundes, und setzen sich sehr kritisch mit Entwicklungshilfe auseinander.

Auf Leser, die sich mit der Helfer-Problematik bislang nicht näher beschäftigt haben, mag besonders das Buch von Linda Polman ernüchternd, vielleicht sogar schockierend wirken. Die niederländische Journalistin, die über viele Jahre die Arbeit von Hilfsorganisationen in afrikanischen Kriegsgebieten beobachtet hat, beschreibt anhand verschiedener Konfliktregionen, wie westliche Hilfe pervertiert und manipuliert werden kann. Sie kommt zu dem Schluss, dass ausländische Hilfe Kriege verlängern und damit das Leid letztlich sogar verschlimmern könne. Humanitäre Hilfe, so Polman, werde damit selbst zu einer Kriegswaffe. So wie umgekehrt Hungerkatastrophen oft nicht vom Himmel fallen, sondern »hausgemacht« sind.

An der großen Hungerkatastrophe in Äthiopien etwa, die 1985 das berühmte Live-Aid-Konzert zur Folge hatte, war nicht nur das Wetter schuld (»biblische Dürre«), sondern mindestens genauso die damalige äthiopische Regierung mit ihrer marxistischen Landwirtschaftspolitik und ihrem Feldzug gegen aufständische Gebiete. Die Regierung in Addis Abeba wollte die rebellischen nördlichen Provinzen »trockenlegen«. Regierungssoldaten riegelten Dörfer ab, wüteten mancherorts aufs Schlimmste, vergewaltigten, töteten, verbrannten Felder und Vieh. Handelswege brachen zusammen, so dass die unter Ernteausfällen leidenden Gegenden keine Nahrungsmittel aus anderen Landesteilen beziehen konnten. Auch plante die Regierung, große Teile der Bevölkerung aus dem aufständischen Norden in den kontrollierten Süden zu treiben. Am Ende halfen internationale Organisationen dem äthiopischen Regime dabei, ein gigantisches Umsiedlungsprogramm durchzuführen. Bei diesen Deportationen starben Zigtausende. Als die französische Organisation *Ärzte ohne Grenzen* es wagte, dagegen zu protestieren und auch die Rolle der Hilfsorganisationen in Frage zu stellen, wurde sie von der äthiopischen Regierung des Landes verwiesen.

Von den politischen Hintergründen der äthiopischen Not war jedoch keine Rede, als die Popstars der achtziger Jahre dazu aufriefen, den hungernden Äthiopiern zu helfen. Dieser Teil der Geschichte wurde praktisch komplett ausgeblendet, während der berühmte Hilfs-Song »Do they know it's Christmas?« die Hitparaden stürmte.

Ein grundlegendes Problem sehen Kritiker heute auch im Konkurrenzverhalten der in den letzten zwanzig Jahren sprunghaft gestiegenen Zahl von Hilfsorganisationen. Experten der UNO schätzen, dass es inzwischen weltweit rund siebenunddreißigtausend verschiedene Hilfsorganisationen gibt. Wenn eine Organisation gegen das Verhalten einer Regierung protestiert und die Hilfe einstellt, springt eine andere bereitwillig in die Lücke, klagt zum Beispiel Polman. So würden die Helfer zum Spielball korrupter Regierungen und brutaler Kriegsherren. Ihr Buch ist drastisch und zugespitzt und zugleich getrieben von der Frage: Wie könnte man es besser machen? Darauf Antworten zu finden, fällt allerdings auch ihr schwer. Man muss der niederländischen Kollegin nicht in allen Punkten folgen, zumal ihre Quellen gelegentlich unklar bleiben. Doch sie stellt prägnante Fragen. Zum Beispiel: »Angenommen, wir sind im Jahr 1943. Sie sind Mitarbeiter einer internationalen Hilfsorganisation. Das Telefon klingelt. Es sind die deutschen Nazis. Man fordert Sie dazu auf, Hilfsgüter in ein Konzentrationslager zu liefern. Aber nur unter der Bedingung, dass die deutsche Lagerleitung bestimmt, wer was bekommt, wie viel ans eigene Personal geht und wie viel an die gefangenen Juden. Was tun Sie?« Polman konfrontiert ihre Leser nicht nur mit solch provokanten Fragen, sondern sie spricht das aus, was auch mich als Journalistin bewegt: Wie weit kann man gehen in der Kritik an Helfern, ohne sich dem Vorwurf auszusetzen, man würde damit die Spendenbereitschaft senken und so die Verantwortung auf sich laden, dass notleidenden Menschen weniger geholfen wird? Eben deshalb ist dieser ganze Komplex ja nach wie vor ein so heikles Thema.

»Die dachten, ich spinne«
Auch auf unserer Afrika-Reise sehen wir manches, das uns irritiert mit Blick auf die »Selbstlosigkeit« von Hilfsorganisationen und die Effizienz von Entwicklungshilfe. Und zugleich anderes, das

auf uns sehr überzeugend wirkt. Zu den positiven Beobachtungen, von denen sich auf unserer Reise berichten lässt, gehört eine Fahrt in den Süden von Addis Abeba. In eine Gegend mit chronischer »Ernährungsunsicherheit«, wie es beschönigend heißt. Das Wort »Hunger« wird offiziell nicht gerne verwendet. Vielleicht auch, weil eine Hungersnot den Sturz von Kaiser Haile Selassie auslöste, der mit Unterbrechungen von 1930 bis 1974 regierte. Seitdem ist äthiopischen Regenten sehr bewusst, wie politisch heikel das Thema ist. Auch wenn Hungern zum Alltag so vieler Menschen gehört. In dem Dorf Ana Balesa zum Beispiel, wo Worike Womago lebt. Auf ihrem Feld baut sie Kartoffeln und Bananen an. Eine emsige Frau. Ruhig und selbstbewusst steht sie inmitten ihres Reiches. Doch vor fünf Jahren sah es hier noch anders aus. »Mein Mann hat getrunken und geraucht – und ich musste von Markt zu Markt laufen, um etwas zu verdienen. Das hat nicht einmal gereicht, um meine vier Kinder zu ernähren. Wir hatten nichts zu essen. Nichts anzuziehen. Da dachte ich: Warum soll ich überhaupt weiterleben? Uns ging es so schlecht, dass ich keinen Sinn mehr in meinem Dasein sah, mich sogar umbringen wollte.«

Doch die dreißigjährige Worike hatte ein Stück Land – und Glück. Die Dorfgemeinschaft wählte sie für ein gemeinsames Hilfsprojekt der äthiopischen Regierung und des World Food Programms aus. Experten brachten Worike auf einem Modellbauernhof die Grundzüge einer modernen Landwirtschaft bei, und sie bekam Nahrungshilfe für jeden Tag, den sie dort arbeitete. Sie lernte Grundprinzipien effizienter Landbestellung: Wie man mit einfachen Mitteln bewässert, mit natürlichen Methoden düngt. Heute blüht ihre kleine Landwirtschaft, sie erntet mehr, als sie für sich und ihre Familie braucht, und kann deshalb auch Waren verkaufen und »Profit« machen, statt nur von der Hand in den Mund zu leben. Inzwischen besitzt sie sogar einige Kühe und Schafe, hat nebenbei ihren Mann vor die Tür gesetzt und kann ihre Kinder zur Schule schicken.

»Ich habe ja selbst erlebt, wie wichtig Wissen ist. Ich habe im Dorf inzwischen sogar Nachahmer, die ich unterrichte, denen ich mein Wissen weitergebe. Anfangs dachten die, ich spinne. Aber sie haben gesehen, was ich erreicht habe. Für mich und meine Familie.« Das ist für Worike das Wichtigste: dass ihre Kinder etwa lernen. Bauern sollen sie nach Möglichkeit nicht werden, denn die Arbeit sei zu hart und bringe zu wenig. »Sie sollen es einmal besser haben als ich.« Worike ist ein Vorbild geworden, die wohlhabendste Frau des Dorfes. Das Misstrauen, mit dem sie anfangs begleitet wurde, sei allerdings nicht ganz untypisch für Äthiopien, erzählen Entwicklungshelfer. Firew, unser äthiopischer Stringer, drückt es weniger diplomatisch aus: »Wir Äthiopier sind konservativ und stur. Wir lassen uns nicht so schnell auf Neues ein. Bei uns gilt: Das haben wir schon immer so gemacht. Dagegen kommst du oft schwer an.« Zu den »unproduktiven« Traditionen, an denen gerade in ländlichen Gebieten festgehalten wird, gehört offenbar auch eine enorm hohe Zahl religiöser Feiertage, an denen nicht gearbeitet wird. Auch das ein heikles Thema, zu dem sich Entwicklungshelfer nur sehr zurückhaltend äußern.

Der wiederentdeckte Kontinent
Die Fragestellung, unter der wir auf dieser journalistischen Reise unterwegs waren, zielte allerdings nicht darauf, wie wirksam Entwicklungshilfe sein kann, sondern in eine ganz andere Richtung: Wir wollten beobachten, was heute mit den Reichtümern dieses wiederentdeckten Kontinents geschieht.

Eine Entwicklung, die noch vor zwanzig Jahren so kaum vorausgesehen wurde. Ich erinnere mich an meine Studentenzeit, als ich in Köln und Großbritannien Volkswirtschaft und Internationale Politik studierte. Das Ende des Ost-West-Konflikts war damals das beherrschende Thema. Die Welt wurde geopolitisch neu aufgeteilt, von einem »multipolaren internationalen System«

war die Rede, das sich nach einer Übergangszeit der US-amerikanischen Vorherrschaft (»unipolares System«) über kurz oder lang entwickeln würde. Diese Prognose, über die ich mit Anfang zwanzig eifrig meine Seminararbeiten schrieb, scheint sich inzwischen zu bewahrheiten. Wir erleben heute ein internationales System, das durch eine ganze Reihe mittlerer Großmächte geprägt wird, mit wechselnden Allianzen; während die USA nicht mehr jene uneingeschränkte Vormachtstellung einnehmen wie noch vor zwanzig Jahren. Auch hat sich die schon Anfang der neunziger Jahre aufgestellte Prognose erfüllt, dass nicht zwischenstaatliche Kriege, sondern innerstaatliche Konflikte und ein internationaler Terrorismus die größte Herausforderung des 21. Jahrhunderts sein würden. Wohl wahr! Als ich seinerzeit in Uni-Seminaren über »die Gefahren des Nuklearterrorismus« referierte, erschien mir das, lange vor dem 11. September 2001, noch sehr abstrakt.

Doch in zweierlei Hinsicht haben sich manche renommierten Experten damals geirrt. Erstens wurden vielerorts enorme Hoffnungen in die Vereinten Nationen gesetzt. Wenn der UNO-Sicherheitsrat nicht länger durch den Ost-West-Konflikt zwischen den USA und der Sowjetunion blockiert sei, so die Annahme, könnte die UNO als eine Art Weltpolizei in allen möglichen Konfliktgebieten dieser Erde Frieden stiften. Anfangs sah es auch danach aus. Die Zahl der UN-Missionen stieg zunächst geradezu sprunghaft an, auch in Afrika. Sogar zu sogenannten »friedenserzwingenden Maßnahmen« schien die UNO plötzlich in der Lage, etwa im Golfkrieg 1990/91, als eine internationale Truppe mit UN-Mandat unter Führung der USA und mit Zustimmung Moskaus eingriff. Doch die großen Erwartungen an die neuentdeckte internationale Organisation erfüllten sich nicht, das muss man leider nüchtern konstatieren. Das klägliche Versagen der UNO beim Völkermord in Ruanda 1994 ist dafür eines der bittersten Beispiele. Die Vereinten Nationen können nur so stark sein, wie ihre Mitgliedsländer es zulassen. Die Rolle einer Weltpolizei vermögen sie aus eigener Kraft nicht auszuüben.

Ein zweiter wesentlicher Irrtum lag, so denke ich aus heutiger Sicht, in der Einschätzung Afrikas. Afrika, so hieß es damals häufig in der wissenschaftlichen Literatur, sei nun nicht länger als Austragungsort für die Stellvertreterkriege der Systeme interessant und drohe damit politisch »marginalisiert« zu werden, wie es in der Akademikersprache kühl formuliert wurde. »Marginalisiert«, heißt also: vergessen, ignoriert, sich selbst überlassen. Das mag eine Zeitlang so ausgesehen haben, doch davon kann heute keine Rede mehr sein. Allein schon Afrikas Bodenschätze sind zu gewaltig, als dass der Rest der Welt diesen Kontinent übersehen könnte. Nach Schätzungen verfügt Afrika noch immer über neunzig Prozent der weltweiten Platinvorkommen, bei Chrom und Mangan hält der Kontinent achtzig Prozent der Weltanteile. Auch bei anderen Rohstoffen wie Diamanten, Kobalt, Gold, Uran, Erdöl, Kohle und Erdgas hat Afrika bedeutende Vorkommen. Ganz abgesehen von Acker- und Weideland und den vielfältigen Naturschönheiten, die für die internationale Tourismusbranche so attraktiv sind. Afrika ist heute eine der am schnellsten wachsenden Wirtschaftsregionen der Welt. Ein »Boom«, der vor allem in den letzten zehn Jahren einsetzte.

Die XXL-Farm
Allen voran die Chinesen haben den Kontinent wiederentdeckt. Oder Inder wie der Self-made-Milliardär Ramakrishna Karuturi. Während die Äthiopierin Worike ihr kleines Feld bestellt, plant der Großinvestor eine Farm in XXL. Mehr als dreihunderttausend Hektar hat Karuturi von der Regierung gepachtet. Das ist ungefähr die Fläche vom brandenburgischen Landkreis Uckermark. Die etwa zweihundertfünfzig Kilometer von der Hauptstadt zu seiner neuen Musterfarm sind fast eine Tagesreise. Die Straßen oft in schlechtem Zustand, mit tiefen Schlaglöchern, die zur War-

nung mit losen Steinen umlegt sind. Im Dunkeln möchte man diese Straßen ungern befahren. Zumal alle paar Meter Rinder, Ziegen oder Esel sorglos die Straße überqueren. Eingezäunte Viehweiden sehen wir praktisch keine, die Tiere streunen umher und suchen sich selbst ihr Futter, wo immer sie es finden, bis sie von ihren Besitzern wieder zusammengetrieben werden.

Auffällig ist, wie sich die Landschaft verändert, je weiter wir uns von Addis Abeba entfernen. Anfangs sind die Straßen im Hochland von Feldern und dunkelgrünem saftigen Weideland gesäumt, das Vieh ist wohlgenährt – auch die vielen Pferde, die wir auf den ersten hundert Kilometern noch sehen. Zumindest in dieser Gegend scheint Äthiopien ein Land der Reiter zu sein. Viele Äthiopier traben am Wegesrand entlang, auf Pferden, die aussehen wie Araber, zierlich und schlank, aber nicht abgemagert. Je länger wir fahren, desto weniger Pferde sehen wir, dafür umso mehr von den kleinen äthiopischen Eseln, die genügsam und mager in kurzen Trippelschritten ihres Weges stapfen, oft schwer beladen. Das Land ist weniger grün, die Straßen werden zu Sandpisten, das Vieh und ihre Besitzer dünner, die Kleidung der Menschen ärmlicher.

Auch Autos sehen wir immer seltener – und wir bekommen eine Ahnung davon, warum Äthiopien die Heimat der besten Marathonläufer der Welt ist. In der Hauptstadt Addis Abeba laufen die Menschen freiwillig. Aber auf dem Land gibt es gar keine andere Möglichkeit, Wasser zu besorgen oder Waren zu verkaufen. Auf den Landstraßen sehen wir feingliedrige, oft hochgewachsene Männer und Frauen schnellen Schrittes, viele schwer beladen mit Holzstapeln, großen Tongefäßen, Paketen. Teddy, unser Fahrer, zuckt mit den Achseln: »Das ist ein hartes Leben hier. Auf dem Land müssen die Menschen weite Strecken zurücklegen, jeden Tag. Einen Marathon zu laufen, das ist für die Leute hier kein Problem.«

Viele Stunden fahren wir so über Buckelpisten und Sandwege, durch magere Kuhherden und Lehmhütten-Dörfer in die zukünftige Kornkammer Äthiopiens – wenn es denn nach den Plänen des indischen Investors geht. Auf seiner Farm nahe der Ortschaft Bako sollte im November die erste Ernte eingefahren werden. In der Abenddämmerung kommen wir an, finden unsere kleine Herberge, die einzige »Peensiiyon« am Ort. Firew geht voran, besichtigt die Unterkunft und kommt dann mit schiefem Grinsen zu unseren Wagen zurück: »Es gibt nur ein Zimmer mit Bad.« Die Männer zeigen alle sofort auf mich: »Das kriegt natürlich unsere Frau.« Die kollegiale Geste »meiner« Gentlemen ist zwar lieb – aber völlig überflüssig. Zu meinem Zimmer gehört zwar neben einer Matratze tatsächlich eine Art »Dusche«, aber aus dem Rohr in der Decke läuft kein Wasser. Das Einzige, was dort läuft, sind zwei Spinnen von markanter Größe.

Wasser gebe es nur aus einer Pumpe im Hof, erklären die Herbergsväter achselzuckend, und so tragen wir fröhlich Eimer zum Plumpsklo im Hintergarten, wann immer es uns dorthin zieht. Jens betätigt sich in unseren Kämmerchen als Heimwerker und haut mit einer Bierdose Nägel in die porösen Decken, an denen wir unsere mitgebrachten Moskito-Netze aufhängen. Ganz die sorgende Hausfrau zünde ich noch ein paar Anti-Moskito-Kerzen für uns an, die ich im Rucksack dabei hatte, »ums heimelig zu machen«, wie meine Kollegen spöttelnd feststellen.

Ein bisschen Lagerfeuer-Atmosphäre kommt später auf, als uns Firew bekocht und wir bis spät in die Nacht auf kleinen Plastikhockern zusammensitzen, uns gegenseitig unsere besten Reisegeschichten erzählen und natürlich über Afrika im Allgemeinen und Äthiopien im Besonderen philosophieren, während die Bierdosen kreisen, die Firew aus unergründlichen Quellen organisiert hat. Am nächsten Morgen machen wir uns mit entsprechend dicken Augen in aller Frühe auf den Weg, um die indische Farm zu suchen.

Mit einer eher vagen Wegbeschreibung ausgestattet, fahren wir noch vor Morgengrauen los. Konzernchef Karuturi hatte gesagt, seine Farm sei »ganz leicht zu finden«. Aber er hatte auch gesagt, die Fahrt von Addis aus würde nur rund vier Stunden dauern. Das kommt uns vor wie ein Witz; wir haben doppelt so lang gebraucht. Entweder lässt der Mann seinen Fahrer wie irre über die äthiopischen Offroad-Pisten rasen oder seine goldene Rolex geht anders als unsere Uhren. Die Straßen im Frühnebel liegen wie ausgestorben vor uns, nur Fußgänger sind unterwegs. Wenn sich aber doch mal zwei Fahrzeuge begegnen, kann man sich offenbar schnell näher kommen, als einem lieb ist – so wie uns das passiert an diesem Morgen. Kameramann Jochen Blum ist ausgestiegen, um eine junge Frau zu filmen, die mit einem großen Tongefäß auf dem Kopf die Straße entlangläuft. Während Jochen sich in sein Motiv verguckt und mit der Kamera auf der Schulter hinter ihr herrennt, woraufhin sie mit immer schnelleren Schritten kichernd voranschreitet, warten wir mit unserem Jeep am Straßenrand und genießen die kühle Morgenluft. Nebel steigt über den Grasflächen links und rechts der Straße auf, ein paar Wildhühner gackern – eine einzige Idylle.

Plötzlich kommt ein Trecker samt Anhänger tuckernd von hinten heran – und rammt uns mit seiner überhängenden Ladung. Rumms. Unser Fahrer Teddy, der bisher immer gelassen jede Kuh reaktionsschnell umkurvte, zeigt erstmals Nerven. Er ist stinksauer: »Wie kann der so blöd sein?«, flucht er. Während sich die Männer anschreien und Reiseführer Firew zu vermitteln versucht, lächeln die drei auf dem Anhänger sitzenden Frauen und ich uns entschuldigend an und zucken mit den Achseln: Ist doch alles nicht so wild, darin sind wir uns mit einem Blick sofort einig, in wortloser interkultureller Verständigung. Irgendwann haben die Männer genug Unfreundlichkeiten ausgetauscht, und man trennt sich wieder. Mehr als ein kleiner Kratzer ist an unserem Auto zum Glück nicht zu sehen – schon ist die afrikanische

Morgenlandschaft wieder friedlich. Und wir wissen jetzt zumindest, dass wir auf dem richtigen Weg sind: Denn Traktoren besitzen hier in der Gegend nur die Inder.

Indian Curry in Äthiopien
Eine Viertelstunde und zwei holprige rote Sandpisten später sind wir da. Mundoren Razack und Saschi Kumar, die beiden indischen Manager der Muster-Farm, erwarten uns bereits. Herr Razack ist der Chef. Ein leiser, ernsthafter Mann mit Schnauzer; in grauer Anzughose und hellem Hemd, eine Baseballkappe als Sonnenschutz auf dem Kopf, begrüßt er uns. Seit einem Jahr lebt der Inder hier, um das Investment des Karuturi-Konzerns in Gang zu bringen. Wir klettern gleich als Erstes zusammen auf eine Anhöhe, von der aus wir über die gepachteten Felder blicken können. Ackerland bis zum Horizont, soweit das Auge reicht. Von hier oben betrachtet, könnten wir auch irgendwo im hochsommerlichen deutschen Sauerland oder in der Eifel sein. Ich frage Herrn Razack, ob er überrascht war, als er zum ersten Mal nach Äthiopien kam: »Allerdings!«, nickt er. »Ich dachte immer, Äthiopien sei eine trockene, bräunliche Wüste, in der alle Menschen hungern. Dass es hier auch so aussehen kann, so grün, so fruchtbar – das hätte ich nie erwartet. Bei uns im Fernsehen sah Äthiopien immer ganz anders aus.«

Leicht fällt ihm sein Auslandsjob nicht. Eigentlich war Mr. Razack nur auf der Durchreise gewesen. Von Indien nach Kenia, wo der Karuturi-Konzern ebenfalls Gewächshäuser unterhält. Sein Chef fragte ihn, ob er sich nicht kurz auch noch das Gelände in Äthiopien ansehen könnte. Das war vor einem Jahr. Seitdem ist er auf der Farm. Und vermisst seine Familie. Frau und Kinder sind in Indien geblieben. Um sich wenigstens ein bisschen heimisch zu fühlen, hat er den beiden äthiopischen Frauen, die für ihn die Haushaltsarbeit erledigen, als Erstes beigebracht, wie man ein traditionelles indisches Essen kocht. Und so rollen die jungen

Afrikanerinnen kleine Teigtaschen und schnibbeln das Gemüse für ein klassisches südindisches Curry. Die Teigfladen werden auf einem Holzkohle-Grill in einer Sandkuhle hinter dem Haus gebacken. Ob sie denn die indische Küche auch schon probiert habe und wie sie ihr schmecke, frage ich die Köchin. Sie lächelt in vornehmer Zurückhaltung, ein kleines Zucken im Mundwinkel, und schweigt.

Herr Razack lädt die deutschen Besucher gleich ein, zu Cola und Curry: Lecker, aber so verdammt scharf, dass ich nach Luft schnappe. Bis dato hatte ich mir eingebildet, scharfes Essen zu mögen, und ich war schließlich auch schon mal ein paar Wochen durch Indien gereist. Doch dieses grüne Curry treibt mir die Tränen in die Augen. So bin ich erst mal außer Gefecht gesetzt und eine Weile sehr schweigsam, bevor ich meinem Gastgeber die nächste Frage stellen kann: Ob er es nicht eigenartig findet, auf einer riesigen Agrarfarm zu arbeiten, mit Lebensmitteln Profit zu machen in einem Land, in dem gleichzeitig gehungert wird? Der Inder schüttelt den Kopf. »Was wir machen, ist besser, als Nahrungshilfe zu spenden. Lebensmittel-Geschenke machen die Menschen faul, das bringt sie nirgendwohin, viel besser ist es, man gibt ihnen Arbeit.« Dass Nahrungsmittelhilfe Menschen »faul« macht, ist eine heftige Aussage für europäische Ohren – vielleicht kann das so unverblümt auch nur ein Mann sagen, der aus einem Land stammt, in dem selbst Millionen Menschen Hunger litten und heute noch leiden; auch wenn sich die Ernährungssituation in Indien in den letzten Jahrzehnten sehr verbessert hat. Gerade der enorme Bevölkerungsdruck zu Hause macht Äthiopien für indische Agrar-Investoren ja so interessant.

Insgesamt sechzehn Inder leben auf Karuturis Farm, sie sind sozusagen auf Montage mitten im afrikanischen Nirgendwo. Und fünfhundert Äthiopier arbeiten bislang auf den Feldern des Inders, in zwei Schichten, rund um die Uhr. Von diesen fünfhundert arbeiten viele aber nur als Tagelöhner nach Bedarf und nicht als Festangestellte, die regelmäßig im Einsatz sind. Wer modernste landwirtschaftliche Maschinen einsetzt, braucht nicht mehr so viele Hände. Allein in den Dörfern in direkter Nachbarschaft leben über dreitausend Menschen. Eine gewaltige Jobmaschine ist die Farm der Inder in der Gegend bisher also nicht. Herr Razack hat Betriebswirtschaft studiert, stammt selbst aus einer Farmer-Gegend in Südindien und hat dreißig Jahre Erfahrung in der Agrarwirtschaft. Er ist Karuturis wichtigster Mann hier, ausgestattet mit Pioniergeist und hart im Nehmen. Unwillkürlich fragen wir uns: Welcher deutsche Top-Manager wäre wohl bereit, für ein ertragreiches Investment mehrere Jahre so zu leben wie die Inder hier? In einem Holzbungalow, der ungefähr die Ausmaße eines größeren Wohnwagens hat, ohne Badezimmer mit fließend Wasser, nur mit einem kleinen Generator ausgestattet – und einer Satellitenschüssel fürs indische Fernsehprogramm. Leider funktioniert die Schüssel noch nicht, erklären uns die indischen Manager, während sie den Kopf hin- und herwiegen und etwas verlegen lächeln.

Nicht die einzigen Hindernisse, die Karuturis Männer zu überwinden haben. Wir haben von Attacken aufgebrachter Bauern gehört. Sie warfen Steine auf die Securityguards, die das Gelände bewachen. Als wir Herrn Razack darauf ansprechen, drückt er sich sehr diplomatisch aus: »Anfangs hatten wir noch etwas Probleme mit den Äthiopiern, aber inzwischen sehen sie, wie gut es auch für sie ist, dass wir hier sind. Wir bieten Jobs – und sie lernen von uns.« Saschi Kumar, seine rechte Hand, fügt hinzu, dass früher hier keiner Mais angebaut habe, »inzwischen sehen sie bei uns, wie das geht. Hier galt bisher auch, dass nur die schwarze Erde fruchtbar sei. Jetzt sehen sie, dass man auch die schlechtere rote Erde bepflanzen kann, wenn man sie richtig bewässert«.

Chance oder Ausbeutung?
Doch vom großen Know-how-Transfer, auf den ja auch die äthiopische Regierung setzt, ist in der Nachbarschaft der Karuturi-Farm bislang nicht viel zu sehen. Selbst wenn sich die Zukunftsvisionen der Inder und die damit verbundenen Hoffnungen der äthiopischen Regierung eines Tages bewahrheiten sollten – viele Menschen profitieren hier nicht davon, im Gegenteil: Die Landnahme durch die Ausländer macht sie erst mal noch ärmer. Wie in dem kleinen Dorf, das direkt an das Karuturi-Gebiet angrenzt. Ein paar runde strohgedeckte Hütten; auf den kleinen Feldern davor treiben die Männer ihre dürren Ochsen an, die mühselig den Holzpflug durch die Furchen ziehen. Wir begegnen dort dem vierzigjährigen Fekadu. Mit einer Hacke in der Hand steht er vor seiner Lehmhütte. Als wir ihn fragen, was er von den Indern nebenan hält, verdunkelt sich sein Gesicht. Sein Land hätten sie ihm weggenommen: »Ich hab da, wo wir jetzt nicht mehr hindürfen, ein Rapsfeld gehabt. Guter Boden war das. Und mein Vieh hat dort gegrast, alle hatten wir unser Vieh dort.« Eine Entschädigung habe er von der Regierung nie bekommen: »Wir wurden einfach weggescheucht, damit die Inder hier Platz haben.«

In Addis Abeba hatten wir den Director of Agricultural Support auf die Vertreibungen angesprochen. Doch der verwies auf die äthiopische Bürokratie. Bauern, die für das von ihnen genutzte Land einen offiziellen Pachtvertrag mit der Regierung hätten, bekämen auch eine Entschädigung. Wer jedoch keinen Pachtvertrag hat, habe sein Vieh dort illegal geweidet. Und warum sollte die Regierung illegale Bauern entschädigen? Um solche bürokratischen Details hat sich Fekadu nie gekümmert, und so steht er nun mit leeren Händen da. Sechs Kinder muss er durchfüttern, und seine Frau ist schon wieder schwanger. Er ruft sie aus der Hütte heraus, um sie uns vorzustellen, eine schmale hochgewachsene Person in weißem Gewand, die Hand in den Rücken gestützt; ihre nächste Niederkunft scheint kurz bevorzustehen.

Seine Kinder hängen Fekadu an den Beinen, mit großen Augen, lachend. Sie verstehen nichts von den sorgenvollen Gesprächen der Erwachsenen und finden uns Ausländer einfach nur aufregend-lustig. Das Tollste ist mein digitaler Fotoapparat, auf dessen Display man die Bilder direkt ansehen kann. Juchzend begutachten sie die Fotos, die ich von ihnen knipse. Noch mehr Erfolg hat nur die rosa Blümchen-Haarklammer aus unserem Mitbringsel-Bestand, die ich Fekadus Tochter ins Haar stecke, während der Vater stolz lächelt und der glucksenden Kleinen über die schmutzige Wange streichelt. Fünf Jahre alt ist sie, ihre Augen sind entzündet, wie bei so vielen Kindern, die wir hier sehen. Ständig setzen sich Fliegen in die Augenwinkel, Fekadu verscheucht sie immer wieder, so gut es geht. Ein offenbar sehr liebevoller Vater – und ein hoffnungsloser Mann. Früher sei es ihnen besser gegangen, als er noch seinen Acker hatte. Jetzt bleiben nur das Vieh und ein Fleckchen Land neben der Hütte. Wäre es denn eine Alternative, bei Karuturi zu arbeiten? »Nein, der zahlt zu schlecht.« Acht Birr Tagelohn hätten sie ihm angeboten, umgerechnet rund vierzig europäische Cent. Damit wäre sein Leben noch schlechter, als es eh schon ist, erklärt er.

Über den niedrigen Lohn, der auf der Karuturi-Farm gezahlt werde, beschweren sich die Menschen auch in der nächstgrößeren Ortschaft, in die wir fahren. Wir wollen uns umhören. Was sagen und denken die Leute in der Gegend über die neuen Landpächter in ihrer Nachbarschaft? Von der Hauptstraße nach Bako biegen wir ab und kurven einen schmalen versteckten Weg hoch. Firew hat von den Dorfbewohnern gehört, dass hier eine größere Siedlung liegen soll, und tatsächlich sind wir plötzlich mitten in einem überraschend großen Ort. Nicht eines der typischen Dörfer, die nur aus einem Dutzend Hütten bestehen, sondern fast schon ein kleines Städtchen aus Steinhäusern. Eine richtige Kirche mit Kirchturm gibt es, gelb angestrichen, der Marktplatz daneben liegt zunächst sonntäglich-verschlafen da, als wir ankommen; Menschen sind kaum zu sehen. Doch innerhalb von Sekunden hat sich die Ankunft der Ausländer mit ihrem Jeep und ihrer Kamera herumgesprochen, und der Platz füllt sich schlagartig mit einer aufgeregten Menschenmenge. »China, China«, rufen uns einige Kinder entgegen – für sie scheint jeder Nicht-Afrikaner aus China zu kommen. Kein Wunder: Die Chinesen sind ja auch in Äthiopien sehr aktiv, vor allem im Straßenbau.

Die »Chinesen« werden nun aufgeregt umringt – was für eine herrliche Abwechslung zur sonntäglichen Langeweile! Die Kinder sind begeistert, wie immer; aber sind es die Erwachsenen auch? Selbst wenn ich mit bekanntem Gesicht in Deutschland daran gewöhnt bin, gelegentlich angestarrt zu werden – wenn es dann plötzlich viele hundert Augenpaare sind, die einen anstarren, ist das im ersten Moment doch ein etwas mulmiges Gefühl. Was, wenn die Stimmung kippt, weil einige Erwachsene beschließen, dass Fremde hier nichts zu suchen haben, oder plötzlich das Gerücht umgeht, wir kämen in schlechter Absicht? Unser Kamerateam hatte in ähnlichen Situationen in anderen afrikanischen Ländern schon sehr ungemütliche Momente erlebt, als plötzlich Steine flogen. Doch hier fliegen an diesem Morgen keine Steine, die Menschen sind im wahrsten Sinne des Wortes »erdrückend« freundlich.

Auch um der Menschenmenge ein wenig zu entkommen, marschieren wir zunächst in einen kleinen Friseursalon. Die Wände grüngestrichen mit einem großen Spiegel, vor dem gerade ein Kunde den Kopf rasiert bekommt. Kunde und Friseur finden unseren Auftritt sichtlich amüsant und nehmen es mit großer Gelassenheit hin, plötzlich Protagonisten eines Fernsehinterviews zu sein. Jochen, unser Kameramann, wird später auf der Rückfahrt die berechtigte Frage stellen: »Wie wäre es wohl, wenn zwei Äthiopier mit Kamera einfach so bei Udo Walz in Berlin reinmarschieren, ihm ein Mikrofon unter die Nase halten und fragen, wie seine wirtschaftliche Situation so ist?« Wir müssen über diese Vorstellung in dem Moment zwar sehr lachen, aber sie trifft einen Kern: Die entspannte Selbstverständlichkeit, mit der so viele Äthiopier, denen wir auf unserer Reise begegnet sind, mit plötzlich auftauchenden Fremden umgehen, ist berückend.

Meine Frage, »wie ihre wirtschaftliche Situation ist«, wird im äthiopischen Friseurladen dann eher positiv beantwortet: Die wirtschaftliche Lage in den letzten Jahren sei insgesamt besser geworden, übersetzt Firew – »es gibt mehr Jobs«, und dazu hätten auch die Inder beigetragen. Direkt vor der Tür zum Friseurladen hören wir allerdings auch andere Stimmen. Ein junger Mann in rotem T-Shirt schüttelt empört den Kopf, er regt sich richtig auf: »Mein Bruder arbeitet für die; die zahlen nur zwölf Birr! Das ist wirklich Ausbeuterei! Wenn man bedenkt, was alles kostet! Eine Portion Shurong kostet mich fünf Birr. So gesehen sind zwölf Birr Tageslohn praktisch nichts. Meine Familie kann ich damit nicht ernähren.« Zwölf Birr entspricht ungefähr sechzig Cent Lohn. Der Beutel Shurong, ein typisches äthiopisches Grundnahrungsmittel aus gerösteten Erbsen, kostet umgerechnet etwa zwanzig Cent...

Auf dem Marktplatz treffen wir später noch einen mageren Mann im abgetragenen schwarzen Sonntagsanzug, der den Lohn auf Karuturis Farm auch geradezu unverschämt niedrig findet. »Da beackere ich lieber mein eigenes Land.« Grundsätzlich hat er aber nichts gegen fremde Investoren und zeigt sich erstaunlich pragmatisch: »Wenn wir selbst nicht stark genug sind, das Land richtig zu bewirtschaften, ist es okay, wenn Ausländer das tun. Da hab ich grundsätzlich nichts gegen. Das kann uns ja vielleicht helfen.«

Holpriger Weg in die Moderne
Der Hauptteil der Arbeit wird auf der indischen Farm jedoch nicht von äthiopischen Händen, sondern von einem modernen Maschinenpark erledigt, darunter dreißig Traktoren, importiert aus den USA. Amerikanische Traktoren für die Inder in Afrika. Das ist wahrlich Globalisierung! Wir haben eine offizielle Dreherlaubnis für Karuturis Fuhrpark – nur weiß der Securityguard, der ihn bewacht, davon nichts. Er steht neben einem Wellblechdach, das von zwei Holzstäben gehalten wird, und schützt die Einfahrt. Eine dürre, hochgewachsene Gestalt, die zerrissenen Hosenbeine schlackern ihm um die dünnen Beine. Aber er hat ein Sturmgewehr im Arm, eine AK47 (auch bekannt als »Kalaschnikow«), und insofern das Sagen. Es entbrennt eine kurze Diskussion zwischen ihm und Dolmetscher Firew, der uns dann signalisiert, weiterzufahren. Irgendein komisches Bauchgefühl lässt mich dabei in den Seitenspiegel schauen – und kurz die Luft anhalten: Als wir losfahren, richtet der Wärter doch allen Ernstes sein Gewehr auf unser Auto! Unser Fahrer Teddy hat das im selben Moment gesehen wie ich und stößt einen wilden äthiopischen Fluch aus. Wir halten an, rollen langsam rückwärts, quasi in Zeitlupe, um die Situation nur ja nicht weiter eskalieren zu lassen – und dann geht die Diskussion von Neuem los. Diesmal mit einem schreienden Wärter, der wild mit seinem Gewehr herumfuchtelt. Herr im Himmel! Wir wollen doch nur ein paar Traktoren besichtigen und haben wenig Lust, uns dafür beschießen zu lassen. Das Missverständnis klärt sich erst auf, als die von uns über Handy alarmierten indischen Manager dazukommen. Der Wärter war wohl versehentlich nicht informiert worden. Außerdem behauptet er steif und fest, wir hätten ein Gewehr im Anschlag gehabt. Damit meinte er wohl unsere Kamera, die Jochen wie immer drehbereit im Arm hält.

Doch nicht nur die Kommunikation, auch die Technik hat hier ihre Tücken. Bis wir auf Karuturis Farm die erste indische Monster-Maschine »in action« sehen, werden sechs lange Stunden unter der äthiopischen Sonne vergehen. Der Regen, der in der Nacht gefallen war, hat den GPS-gesteuerten Hightech-Traktoren zugesetzt. Und bei dem großen Pfluganhänger streikt die Hydraulik. Eine neue Batterie soll aus dem zwanzig Kilometer entfernten Bako geholt werden. Das ginge ganz schnell: »Ten minutes.« Doch »ten minutes« sind in Afrika eine sehr dehnbare Zeitangabe. Fünf Stunden später kommen die äthiopischen Arbeiter unverrichteter Dinge zurück: »No battery in Bako.«

In der Zwischenzeit haben wir mit unserem anfangs noch so misstrauischen Wärter regelrecht Freundschaft geschlossen. Nun ja, manche von uns. Unser Fahrer Teddy braucht lange, um seine Empörung zu überwinden. Dass »seine« Ausländer mit einer Waffe bedroht wurden, findet er ungeheuerlich. Und so verbringen mein Kollege Jens Nicolai und ich einige Zeit damit, Teddy und den Wärter samt seiner Kalaschnikow sorgsam im Auge zu behalten, während die beiden Männer umeinander herumschleichen wie Tiger im Käfig und im Minutentakt Unfreundlichkeiten austauschen. Firew agiert schließlich mal wieder als Vermittler und kommt mit dem ausgemergelten jungen Mann ins Gespräch. Er erfährt, dass er Kindersoldat im Eritrea-Krieg war, verwundet wurde und aus der Armee ausschied. Jetzt hat er diesen neuen Job an der Waffe – und der ist auch hart. Er stammt nicht aus der Gegend, ist einsam und sei von den Dorfbewohnern aus der Nachbarschaft mehrfach bedroht worden.

Als wir die trockenen Toastbrotscheiben, die Firew als eiserne Reserve noch im Kofferraum hat, mit ihm teilen, reißt er sie uns fast aus der Hand und schiebt sich gierig gleich mehrere Scheiben gleichzeitig in den Mund. Das zu sehen, diesen offensichtlichen Hunger, der so ganz anders ist als unser harmloser Hunger nach ein paar Stunden Arbeit, schneidet einem in die Seele. Spätestens danach sind wir keine feindlichen Eindringlinge mehr, sondern sogar willkommen in seiner traurigen heißen Einöde. Um uns etwas zurückzugeben, bietet er uns sein Wellblechdach mit einem Stein als Sitzplatz an, »damit ihr im Schatten sitzen könnt«. Da sitze ich dann, sein Gegengeschenk würdigend, indem ich mich ausgiebig bedanke, und schaue die vorbeiziehenden Bauern und Kinder an, die ihre kleinen Viehherden an den amerikanischen Hightech-Traktoren vorbeitreiben. Ob hier tatsächlich jemals die Moderne ausbricht?

Brot für die Welt aus Äthiopien?
Am Ende gelingt es nach einem indisch-äthiopischen Kraftakt doch noch, eine der riesigen Landmaschinen zu starten. Kaum wollen wir triumphierend aufs Feld fahren, gibt es jedoch neue Probleme mit der Hydraulik. Die indischen Manager und ein halbes Dutzend äthiopischer Arbeiter raufen sich die Haare – und geben sich größte Mühe. Schließlich soll den ausländischen Journalisten vorgeführt werden, wie hier mitten im agrarischen Mittelalter die Zukunft gestartet wird. Leicht ist der Weg nicht, den die Inder hier beschreiten, so viel ist uns spätestens jetzt klar geworden. Eine weitere schweißtreibende Stunde später ist es schließlich soweit: Der Riesen-Pflug setzt sich endlich in Gang und gräbt Furche um Furche die schwere schwarze Erde um. Schon bald soll der Mais gesetzt werden. Auch Reisfelder wollen sie anlegen, außerdem wird mit dem Anbau von Agrartreibstoffen experimentiert. »Brot für die Welt« aus Äthiopien. Angebaut von der zweiten Welt in der dritten Welt – und teils weiter in die erste Welt exportiert, aus der zugleich Lebensmittelhilfen importiert werden…

Während die ausländischen Investoren Nahrungsmittel aus Äthiopien exportieren, um Gewinne zu machen und die Versorgung der eigenen Bevölkerung zu sichern, werden an die äthiopische Bevölkerung ja weiterhin Nahrungsmittel von der UNO und anderen Hilfsorganisationen verteilt. Der Getreidestrom läuft also in beide Richtungen: auf der einen Seite raus aus dem Land, auf der anderen Seite als Hilfslieferung wieder herein. Eine geradezu paradoxe Parallelität in Zeiten der Globalisierung. Vielleicht ist das nur eine Übergangszeit, aus der Äthiopien gestärkt hervorgehen wird, als ein Land, das genug Potential hat, nicht nur seine eigene Bevölkerung zu ernähren. Vielleicht wird diese Rechnung aber auch nicht aufgehen, und Äthiopien bleibt, was es ist: ein Land, in dem gehungert wird, obwohl es so reich sein könnte. Ich mag dazu keine Prognose abgeben. Beides scheint möglich. Nur eines ist klar: Die fruchtbare Erde Äthiopiens ist kein unentdeckter Schatz mehr. Der globale Wettlauf um Afrikas Böden ist längst in vollem Gange.

HINTER DEN KULISSEN VON SAFARI UND SAVANNE – KENIA

Safiri Salama!
Als ich aussteige, ruft mir Taxifahrer John »Safiri Salama!« hinterher, begleitet von seinem dröhnenden Lachen, mit dem er auf unserer nächtlichen Fahrt durch Nairobi konsequent verhindert hatte, dass bei seinem Fahrgast Unruhe aufkam. John war sozusagen mein guter Geist, während rings um uns die Wassermassen auf den Straßen höher stiegen. Der Begriff »wolkenbruchartige Regenfälle« hat für mich in Afrika eine neue Dimension bekommen. »Guck dir unsere Straßen an«, schimpfte John. »Würden eure Straßen in Europa so aussehen, nur weil es ein bisschen regnet?« Dass es »ein bisschen regnet«, war zwar heftig untertrieben, aber er hatte natürlich recht: Die deutsche Kanalisation hätte diese Wassermengen noch verkraftet, in Nairobi hingegen wurde die Autofahrt innerhalb kürzester Zeit zur Bootsfahrt. »Die Rettungswesten finden Sie unter Ihrem Sitz«, rief John, während er sein klappriges Taxi durch eine Senke steuerte, in der das Wasser einen Meter am Auto hochschwappte. Mit einem weniger gut gelaunten Fahrer wäre mir da vielleicht doch irgendwann etwas mulmig geworden.

Und zum Abschied ruft er mir also noch sein fröhliches »Safiri Salama!« zu. »Melde dich, wenn du mal wieder hier bist. Ich fahr dich überall sicher hin, wie du weißt.« Was in Nairobi durchaus nicht immer eine Selbstverständlichkeit ist. Überschwemmte Straßen sind noch das kleinere Übel. Berichte über bewaffnete

Raubüberfälle auf Autofahrer gibt es reichlich. Die Chance, überfallen zu werden, ist in Städten wie Nairobi oder Johannesburg mit ihrer extremen Armut zweifellos größer als in Freiburg oder Düsseldorf. Das lässt sich nicht beschönigen. Doch am gefährlichsten ist das Leben in diesen Städten nicht für wohlhabende Weiße, zumal wenn sie als ausländische Touristen nur kurz im Land sind, sondern für schwarze Afrikaner, die in Slums leben. In erster Linie sind sie es, die als Opfer in die hohen Kriminalitätsraten eingehen.

»Safiri Salama! – friedliche Reise!«, ist jedenfalls ein freundlicher Wunsch, den man gerne hört, und wir hören ihn in Kenia häufig auf unserer Suche nach jenen Schätzen, die alle Welt mit Afrika verbindet: Löwen, Zebras, Giraffen, Elefanten ... Das Tania-Blixen-ich-hatte-eine-Farm-Sehnsuchtsafrika, bis heute die Fototapete für ungezählte Herzschmerz-TV-Dramen. Im Abendlicht über die Savanne Kenias zu blicken, ist tatsächlich von einer geradezu unwirklichen Schönheit. Man kann sich nicht entscheiden, ob man seinen Blick auf den schneebedeckten Kilimandscharo lenkt oder auf die Elefantenherde im Vordergrund. Alles, was man zuvor in Büchern gelesen oder im Fernsehen gesehen hat, wird der Safari-Tourist bestätigt finden: Das besondere afrikanische Licht, frühmorgens oder in der Abenddämmerung, ein schweres goldenes Licht, das ich nirgendwo sonst auf der Welt je so gesehen habe. Dazu der erdige Geruch, der in der Luft hängt, die ungewohnten Geräusche exotischer Tiere, vor allem aber die atemberaubende Weite von Himmel und Land, an der sich deutsche Augen, an Hochspannungsleitungen und Autobahnen gewöhnt, kaum sattsehen können. So ging es mir jedenfalls vor Jahren auf meiner allerersten Reise nach Schwarzafrika beziehungsweise Sub-Sahara-Afrika (der Begriff »Schwarzafrika« ist vielen Europäern geläufiger und wird weithin verwendet, da er jedoch noch aus der Kolonialzeit stammt, kann man ihn als politisch nicht korrekt kritisieren). Damals kurvte ich als Touristin mit meinem Mann kreuz und quer durchs südafrikanische Kwa-Zulu-Natal. Ein eigentümlicher »Jagdtrieb« kann einen unvermutet erfassen, wenn man erst mal anfängt mit den kamerabewaffneten Safari-Touren. So ging es mir jedenfalls, als ich zum ersten Mal auf eine Safari ging, im Hluhluwe-Umfolozi-Park in Südafrika. Christof und ich sind mit unserem Mietwagen damals fast acht Stunden am Stück wie manisch durch die afrikanische Landschaft gefahren und konnten einfach nicht aufhören, weil hinter jeder Ecke eine andere Begegnung lockte, hier ein Elefant, dort eine Gruppe Zebras. Wir haben gar nicht gemerkt, wie die Zeit verging. Eine Safari kann ein magisches Erlebnis sein.

Ein afrikanischer Traum, den man allerdings vielerorts mit einer Menge anderer Menschen teilt! Im berühmten Amboseli-Nationalpark in Kenia etwa, den ich auf der Drehreise für die ZDF-Doku »Afrikas Schätze« besuche, ist morgens um sechs Uhr und nachmittags um vier Rushhour. Wo immer Elefanten grasen, stauen sich die Minibusse. Das gleiche Bild findet sich in der östlichen Massai Mara: Auch da drängeln sich gerne mal dreißig Jeeps um einen Löwen. Und dabei hat sich der Tourismus in Kenia noch nicht mal wieder vollständig erholt; zur Zeit ist es in den Nationalparks sogar noch vergleichsweise »leer«. Als im Zuge der umstrittenen Präsidentschaftswahlen Ende 2007 in Kenia schwere politische Unruhen ausbrachen, blieben die Touristen bis auf Weiteres weg. Erst allmählich kommen sie wieder.

Andrew Nightingale, einer der wenigen weißen Kenianer, die im Land geboren und aufgewachsen sind, weiht unser Fernsehteam in den »Safari-Mythos« ein: »Safari bedeutet in Suaheli Reise. Jeder, der durch Afrika reist, geht also auf eine Safari. Den Touristen verkauft man heute den Traum von einer Safari. Aber so eine Safari dauerte früher mehrere Monate. Heute hingegen kommen die Touristen ins Land gerauscht, haben manchmal nur ein paar Tage Zeit, wollen alles zack-zack sehen, alles mitnehmen, statt Afrika in afrikanischem Tempo wirklich zu erleben.« Andrew, mit olivgrünem Schlapphut, ironischem Lächeln und forschendem Blick ausgestattet, arbeitet seit vielen Jahren im Tourismusgeschäft, gelegentlich auch für Filmproduktionen, betreibt nebenher eine eigene Rinderfarm und eine kleine Lodge. Ihm widerstrebt die Hektik der Ausländer zutiefst. Seine Worte wählt er mit Bedacht und unterbricht, während er den Jeep durch die Massai Mara lenkt, gelegentlich das Fernseh-Interview, um schweigend ein paar Antilopen den Weg kreuzen zu lassen, bevor er weiterspricht und für die »Entdeckung der Langsamkeit« plädiert. Eines kann man in Afrika tatsächlich sehr schnell: Sich von knapp kalkulierten Zeitplänen verabschieden und lernen, in einen anderen Modus umzuschalten. »This is Africa, und jetzt mal gaaaanz langsam...« Ein bisschen wirkt das wie im Yoga-Kurs: Ohmmmm. Am Ende unserer Drehreise durch Afrika sind wir jedenfalls alle etwas anders getaktet, haben mehr Gleichmut entwickelt, wenn die Dinge nicht so klappen, wie erhofft, oder lange Wartezeiten entstehen.

Wie wenig allerdings der Safari-Tourismus mit »afrikanischem Tempo« zu tun hat, kann man in der Massai Mara kurz nach Sonnenaufgang erleben. Wenn der Nationalpark seine Tore öffnet, beginnt die tägliche Jagd nach den »Big Five«: Löwe, Büffel, Nashorn, Elefant und Leopard. Im Eiltempo kurven die findigen einheimischen Minibusfahrer durch den Park und informieren sich über ihre Funkgeräte gegenseitig, wo gerade Tiere gesichtet wurden. Dorthin stürzen dann alle – wie ein Wespenschwarm auf einen Grillteller. Die Sehnsucht ihrer Kundschaft nach einer erfolgreichen Safari im Schnelldurchlauf wird so massenhaft befriedigt. Vor allem in den Monaten der großen Tierwanderungen, wenn Millionen Gnus, Antilopen und Zebras von der Serengeti in die Massai Mara ziehen, kommen mit ihnen auch über hunderttausend Touristen, um dieses berühmte Schauspiel zu sehen. Zu den Nebenwirkungen gehören, dass die vielen Minibusse und schweren Jeeps das empfindliche Grasland platt fahren, ihre Abgase in die Luft blasen, Tiere aufschrecken oder sie bei der Jagd stören. Zeitweise müssen Areale komplett für den Safari-Tourismus gesperrt werden, damit sie sich erholen können.

Afrika als Fernsehprogramm
»Die meisten Menschen«, seufzt Andrew, »konsumieren Afrika wie zuhause das Fernsehprogramm. Klar gibt es in Kenia auch Leute, die verstehen, was hier vor sich geht, und die mit einem neuen Bewusstsein versuchen, die Dinge voranzubringen. Doch unterm Strich ist das ein zweischneidiges Schwert. Wir können ja nicht sagen, dass wir das Geld der Touristen dringend brauchen, um das Wildlife zu schützen, und auf der anderen Seite die Touristen rausschmeißen, weil sie Natur und Tierwelt stören. Man bewegt sich da auf einem schmalen Grat. Es ist schwierig, die richtige Balance zu finden.«

Manchmal beobachten wir in Kenia sogar Safari-Wagen, deren Insassen sich verhalten, als seien sie auf Sauftour am Ballermann. Mit nacktem Oberkörper stehen sie zusammengepfercht auf ihren XXL-Jeeps, bierdosenschwenkend wie beim Junggesellenabschied. Im Amboseli-Park hält einmal direkt hinter uns ein solcher zebragestreifter »Party«-Jeep, dessen Fahrer noch nicht mal den Motor ausschaltet, während am Straßenrand die Elefanten grasen. Ein paar Minuten halte ich das aus, um schließlich auszusteigen, mit erhöhtem Puls zu dem Mega-Jeep hinzumarschieren und den Fahrer zu fragen, ob das denn sein muss, den Elefanten die Abgase ungehemmt in den Rüssel zu blasen, und warum er den lauten Motor nicht ausstellt. Angesichts der fuchtelnden blonden Furie, die sich da vor ihm aufbaut, tut er das vor lauter Schreck zwar auch, doch kurz darauf fährt der Wagen an uns vorbei, und die Touristengruppe »grüßt« im Vorbeifahren mit lautem Gegröle und Stinkefinger. Tja. Unser Fahrer Ken Naikuni, ein Massai, tätschelt mir halb beruhigend, halb amüsiert die Schulter. »You can't help it«, sagt er, »das bringt nichts, die sind so. Das sind europäische Veranstalter, die einen All-inclusive-Cluburlaub anbieten. Die bringen ihre Kunden erst nach Mombasa, da gibt's dann eine Woche Strandurlaub, bei dem die Touristen das Club-Gelände nie verlassen und keinen Cent in Kenia lassen. Danach werden sie dann noch mit eigenen Flugzeugen des Veranstalters hierhin geflogen, um vorm Frühstück ein paar Elefanten serviert zu bekommen. Als Kenianer mag ich das auch nicht, aber so ist das nun mal. Du wirst das nicht ändern, also reg dich nicht auf.«

Klasse statt Masse?
Das andere touristische Extrem, einsamen Öko-Tourismus auf höchstem Niveau, erleben wir auf der nächsten Station unserer Reise. Unser Ziel ist eine Luxuslodge am Fuß der Chyulu Hills, östlich vom Amboseli-Park. Die Fahrt dorthin gestaltet sich allerdings hindernisreich. Nach den starken Regenfällen sind die Sandpisten so verschlammt, dass wir trotz Vierradantrieb steckenbleiben. Die Räder drehen durch, es geht weder vor noch zurück, und so hängen wir erst mal eine ganze Weile im afrikanischen Nirgendwo, während sich auf Kens breiter Stirn dicke Schweißtropfen bilden. Aber kein Fluch kommt ihm über die Lippen, während er immer wieder aufs Neue vergeblich den Motor startet. Immerhin funktioniert zeitweise das Handynetz, so dass wir die eine oder andere SMS in die deutsche Heimat schicken können. Anfangs sind die noch sehr fröhlich, »huhu, wir stecken gerade in einsamer Savanne fest«, später dann nicht mehr ganz so heiter. Mit viel Geduld und Fahrkunst gelingt es Ken schließlich doch noch, den Wagen aus der braunen Schlammbrühe zu befreien. »Ich bin zu langsam gefahren«, ärgert er sich, »hab unterschätzt, wie tief das ist.« Triumphierend und mit Vollgas brausen

wir nun durch alle weiteren Schlamm- und Schlaglöcher hindurch, gelegentlich begleitet von ein paar Straußen, die mit indigniertem Blick neben unserem Wagen herrennen. Die Auffahrt zu einer Luxuslodge stellt man sich gemeinhin etwas weniger zünftig vor, doch »normale« Gäste fliegen hier ja auch standesgemäß per Kleinflugzeug ein.

In der Lodge selbst stehen alle Zeichen auf »Grün«, vom ökologisch abbaubaren Shampoo über die solarbetriebenen Lampen bis zum Naturstein-Privatpool, der zu jeder Suite gehört. Mit »schlackernden« Augen spazieren wir über das Gelände. Bestimmt hundertfünfzig Quadratmeter groß ist ein »Zimmer«, das uns gezeigt wird; genau genommen sind es mehrere Zimmerfluchten, die Front durchgehend verglast, so dass man Tag und Nacht, vom Liegestuhl oder Himmelbett aus, in die Wildnis und auf den Kilimandscharo am Horizont blickt. Von ihrem Freiluft-Bad aus können die Gäste unter der Dusche stehend beobachten, wie die Elefanten an der nahegelegenen Wasserstelle planschen. Versprochen wird Luxusurlaub mit gutem Gewissen – ein neuer Tourismustrend für das »obere Segment« der Reisebranche.

Hinter dem Konzept stehen die Südafrikaner Richard Bonham und Colin Bell, einer der größten und erfolgreichsten Investoren des Kontinents. Klasse statt Masse, nennt er seine Vision. Colin, der selbst bei Weitem nicht so elitär aussieht, wie seine Geschäftsphilosophie klingt, mit kurzen Khaki-Hosen und strubbeligem Bart, führt mich über die Anlage. »Das hier können sich aber nur sehr wenige Menschen leisten?!«, bemerke ich, während wir an einer Elefantenskulptur lehnen und den Blick über die Ebene zum Kilimandscharo schweifen lassen. »Sicher, aber die Nachfrage ist trotzdem überraschend groß. Sehen Sie, es geht doch um Erlebnisse. Unsere Kunden arbeiten alle hart, und wenn sie freie Zeit haben, dann möchten sie auch etwas Besonderes erleben. Geld ist da nur das Mittel, das man gegen schöne Lebenserfahrungen eintauscht.« Die schönen Lebenserfahrungen kosten 1300 Euro die Nacht für ein Paar im Doppelzimmer – das reduziert die potentielle Kundschaft deutlich, sollte man meinen. »Durchaus nicht«, sagt Colin und lächelt milde, »wir sind sehr gut ausgebucht.«

Die »ultimativen Naturerlebnisse«, die dafür geboten werden, beginnen mit einem romantischen Buschfrühstück. Auf einem Lagerfeuer wird Kaffee und Rührei bereitet, ein hölzerner Waschtisch im Kolonialstil ist dekorativ in der afrikanischen Landschaft platziert, der Frühstückstisch unter einer großen schattenspendenden Akazie aufgebaut, am Horizont grasen im goldenen afrikanischen Morgenlicht ein paar Zebras, während das strahlendweiße Tischtuch leicht im Wind flattert. Man rechnet damit, dass jeden Moment Meryl Streep und Robert Redford händchenhaltend um die Ecke biegen. Frischer Obstsalat, Müsli und gekühlter Sekt erwarten den Afrika-Urlauber, alles sorgfältig zubereitet von schwarzen Händen in weißen Handschuhen. Gemanagt wird auch diese Lodge von weißer Hand, wie fast alle Tourismusbetriebe in Afrika. Doch während in den meisten anderen Lodges die einheimischen Anwohner einfach ausgeschlossen oder gar vertrieben wurden, haben die Investoren hier das Land von den Massai offiziell gepachtet. Nach eigenen Angaben überweisen sie an einen Zusammenschluss der Dorfgemeinschaften jährliche Pachtgebühren, unabhängig von der Auslastung der Lodge, und beteiligen sie darüber hinaus am (schwankenden) Umsatz. Etwa dreihunderttausend Dollar gingen so pro Jahr an die Anwohner, sagen sie. Die Massai sollen mitverdienen, vorausgesetzt, sie schützen die Tierwelt, anstatt Löwen oder Elefanten zu jagen – das ist der Deal. Die Lodge finanziert außerdem die Ausbildung junger Massai-Männer zu Wildschützern.

Mit ihren Investitionen verfolgen Colin Bell und seine Geschäftspartner eine grundsätzliche Idee: Wenige Touristen auf sehr viel Land, dadurch weniger Umweltschäden und mehr Artenschutz, den sie mit den Hoteleinnahmen unterstützen. Mit einem Fonds zum Schutz der Löwen etwa, aus dem Einheimische entschädigt werden, wenn Löwen ihr Vieh gerissen haben. Nachhaltigkeit durch Exklusivität ist die Zukunftsvision, die hier lukrativ vermarktet wird. Nicht mehr als zwanzig Gäste halten sich gleichzeitig auf den hundertfünfundzwanzigtausend Hektar Land auf; das Areal ist damit fünfmal so groß wie der staatliche Amboseli-Park, durch den jedes Jahr rund hunderttausend Touristen strömen. »Sehen Sie diesen Luxus-Tourismus denn als Vorbild für ganz Afrika?«, frage ich Colin Bell und erwarte eigentlich eine abwehrende Reaktion. Doch weit gefehlt: »Genauso ist es! Und dieser exklusive Tourismus wird sich hoffentlich in Kenia immer mehr durchsetzen. Also wenige Gäste in großen Gebieten. Anstatt überall vierzig, fünfzig Minibusse reinzulassen.« Ähnliche Konzepte werden schon länger in Botswana verwirklicht. Doch was bedeutet das am Ende? Afrikas Schönheit nur noch für Großverdiener, ganz wie in den Zeiten des Empires? Und kann die einheimische Bevölkerung davon tatsächlich so viel mehr profitieren, oder zementiert diese Form von Tourismus die herrschenden Besitzverhältnisse letztlich nicht genauso wie die Massen-Safaris? Schließlich arbeiten auch auf dieser Lodge Einheimische nur in untergeordneten Positionen und für kleines Geld. Die »Balance« zu finden, von der Andrew sprach, ist auch in dieser Hinsicht offenbar schwierig.

Natürlich gibt es in Kenia, Tansania oder Südafrika noch andere Möglichkeiten, dem Massentourismus aus dem Weg zu gehen, ohne deshalb direkt eine Super-Luxuslodge à la Colin Bell zu buchen. Wer will und sucht, findet auch individuelle Unterkünfte, statt in großen ausländischen Hotelketten zu landen. Und doch wirken viele Nationalparks wie ein afrikanisches Disney-Land, wie Outdoor-Zoos, deren Beitrag zum Erhalt der Artenvielfalt von Naturschützern zunehmend in Frage gestellt wird. Denn trotz der Naturparks ist die Zahl der Wildtiere in Afrika massiv zurückgegangen. Der Löwenbestand zum Beispiel, schätzen Tierschutzorganisationen, ist in den letzten zwanzig Jahren um hundertsiebzigtausend auf weniger als dreißigtausend Tiere geschrumpft. »Serengeti darf nicht sterben« scheint insofern heute nicht weniger aktuell zu sein als in den fünfziger Jahren, trotz all der Schutzzonen, die eingerichtet wurden.

Von Tieren und Menschen

Ironischerweise könnte Afrikas spezielle Tierwelt, die Menschen aus aller Welt anzieht, einer der Gründe dafür sein, dass sich über die Jahrtausende hinweg menschliche Gesellschaften auf dem afrikanischen Kontinent anders entwickelt haben als in Europa und Asien. Forscher wie der amerikanische Evolutionsbiologe Jared Diamond vertreten jedenfalls die These, dass ein wichtiges Hemmnis für die Entwicklung sesshafter arbeitsteiliger Gesellschaften der Mangel an domestizierbaren Tieren gewesen sei. In seinem mit dem Pulitzer-Preis ausgezeichneten Buch »Arm und Reich – Die Schicksale menschlicher Gesellschaften« geht er der Grundsatzfrage nach, warum die Spanier die Inkas erobert haben und nicht umgekehrt die Inkas Spanien. »Warum«, fragt ihn ein Häuptling in Papa-Neuguinea, »seid ihr so reich und wir so arm?« Die Antworten, die Diamond im Rahmen seiner evolutionsbiologischen Betrachtungen liefert, sind interessant und dabei zutiefst anti-rassistisch.

Mit Blick auf Afrika führt er aus, dass sich zu prähistorischen Zeiten in großen Teilen des Kontinents kein Tier fand, das sich für die Menschen als Haustier verwenden ließ: Anders als der indische Elefant lässt sich der afrikanische Elefant in der Regel nicht zum Lasttier abrichten. Anders als eurasische Esel und Pferde lassen sich Zebras nicht zähmen und reiten. Dieser klimatisch bedingte Mangel an domestizierbaren Tieren (und Kulturpflanzen) in Sub-Sahara-Afrika habe Folgen gehabt: Wer kein Zugtier hat, kann auch keine Güter in großer Zahl über weite

Strecken transportieren und hat kaum Anreiz für die Erfindung des Rads. Indianische Keramiken aus präkolumbischen Zeiten lassen zwar vermuten, dass das Rad nicht nur in Eurasien erfunden wurde, sondern unabhängig davon auch auf dem noch »unentdeckten« amerikanischen Kontinent. Doch mangels geeigneter Lasttiere wurde das Rad von den indigenen Völkern Mittelamerikas nicht als Transportmittel eingesetzt. Die Azteken benutzten es offenbar nur für Kinderspielzeug: Räder finden sich an kleinen Tonfiguren, die sich über den Boden schieben ließen.

Ohne Zugtiere tut sich der Mensch schwerer mit der Entwicklung von Ackerbau und Vorratsbildung, also mit dem Übergang von der Jagd- und Sammelwirtschaft zur Agrarwirtschaft. Sie wiederum ist Voraussetzung für die Entwicklung der Schrift, weil erst dann nicht mehr alle Mitglieder einer Gesellschaft unmittelbar mit der Lebensmittelproduktion beschäftigt sein müssen und so, banal ausgedrückt, überhaupt erst Zeit zum Schreiben finden. Wer kein Reittier hat, entwickelt außerdem keine berittene Armee und ist den Eroberern aus anderen Kontinenten entsprechend unterlegen. So gesehen haben die schönen Tiere Afrikas, die unzähmbaren Zebras, Büffel und Giraffen, die von unzähligen Touristen bewundert werden, vielleicht ihren Teil dazu beigetragen, dass Europäer Afrika kolonialisierten und nicht umgekehrt die Afrikaner in Europa einfielen. An diese These musste ich jedenfalls so manches Mal denken, während wir mit unserer Kamera durch die kenianischen Nationalparks kurvten.

»Es gibt auch langweilige Elefanten«

Heute sind die exotischen Tiere natürlich einer der großen Schätze Afrikas. Elefant, Löwe & Co bestimmen unser positives Afrika-Bild genauso, wie unser negatives Afrika-Bild von Armut, Aids und Kriegsflüchtlingen beherrscht wird. Häufig scheint es sowieso nur diese beiden Bilder zu geben: das Herzschmerz- oder das Horror-Afrika. Entweder: »Ich hatte eine Farm« oder: »Herz der Finsternis«. Das Afrika in der Mitte, mit einem normalen Alltagsleben, das unserem gar nicht so fremd ist, findet in europäischen Köpfen und Medien weit weniger statt. So wie auch Mitglieder der afrikanischen Mittelklasse vergleichsweise selten zu sehen sind. Frauen wie Norah Njiraini zum Beispiel. Nach ihrer College-Ausbildung wollte sie eigentlich etwas »in Richtung Management« machen, wurde aber von ihrer Schwester überredet, beim »Elephant Trust« einzusteigen. Wildpark statt Büro? Anfangs war sie skeptisch. Mittlerweile ist sie seit vierundzwanzig Jahren hauptberufliche Elefantenschützerin im berühmten Amboseli-Park, wo einige der größten Elefantenherden Afrikas beheimatet sind.

Norah, Tochter einer Massai und eines Kikuyu, leitet wissenschaftliche Untersuchungen, beobachtet und zählt die Tiere und kennt rund neunhundert von ihnen namentlich! »Sie sind leicht zu unterscheiden – wie Menschen auch. Und sie haben unterschiedliche Charaktere. Es gibt lustige, temperamentvolle, intelligente, dumme und langweilige Elefanten«, erzählt Norah. »Langweilige Elefanten?«, frage ich verblüfft. »Year«, sie lacht laut, »manche sind einfach langweilig, die laufen immer nur den anderen hinterher und interessieren sich für nichts. Wie manche Menschen, mit denen auch nicht viel anzufangen ist.« Mit roter Baseballkappe, kurzen Haaren und kurzen Hosen begrüßt sie uns vor ihrem Büro; als »no-nonsense«-Frau würde man sie im Angelsächsischen beschreiben: zupackend, pragmatisch, humorvoll, mit Leib und Seele dem Schutz »ihrer« Elefanten verschrieben.

Wenn eines der Tiere stirbt, sei das für sie »wie der Tod eines Familienmitgliedes; ich bin dann persönlich in Trauer«. Elefanten können rund sechzig Jahre alt werden – und begeben sich zum Sterben übrigens nicht, wie manchmal behauptet wird, auf Elefantenfriedhöfe, sagt Norah. »Das ist ein Mythos und völliger Blödsinn. Sie sterben im Alter daran, dass sie nicht mehr kauen können, weil die Zähne abgeschliffen sind. Sie verhungern also, können, derart geschwächt, ihrer Herde nicht mehr folgen und sterben da, wo sie gerade sind. Kein sterbender Elefant hat dann noch Lust und Kraft, irgendwelche mythischen Plätze aufzusuchen.« 2009 musste Norah viele ihrer Familienmitglieder begraben. Kenia erlebte eine der schlimmsten Dürreperioden seit Jahrzehnten. Drei Jahre lang hatte es nicht mehr genügend geregnet. Allein im Amboseli-Park starben bis zu dreihundert Elefanten. »Es war ein Grauen«, erzählt sie; »Tag für Tag die toten Tiere, überall im Park hing der Leichengeruch.« Jetzt sind nur noch rund tausendzweihundert Elefanten übrig. Und nicht nur die Elefanten starben. Es starben auch achtzig Prozent der grasfressenden Huftiere im Park (Gnus, Zebras, Gazellen), so dass die fleischfressenden Jäger (Löwen, Geparden, Hyänen) nicht mehr genug zu Fressen fanden. Die Nahrungskette zerriss.

Für Elefantenschützerin Norah Njiraini waren die Verluste ein schwerer Schlag. »Das war schlimm. Wirklich schlimm. Man muss dazu wissen, dass es in jeder Elefantenfamilie ein Leittier gibt, die älteste Kuh, die sagt, wo es langgeht, die den größten Erfahrungsschatz hat, sich auch nach Jahren noch an alte Wege zu weit entfernten Futter- oder Wasserstellen erinnert. Wenn so ein Leittier stirbt, ist die Familie verloren. Keiner trifft mehr Entscheidungen, keiner bestimmt, was die anderen machen sollen. Sie sind hilflos. Es war so traurig für mich, denn ich fühle mich als Teil dieser Familien und musste mitansehen, wie ich sie verliere.« Zwischen lauter Elefantenschädeln stehen wir, als sie das erzählt. Norah und ihre Kollegen haben sie auf einem kleinen Rasenstück vor ihrem Büro aufgeschichtet, an jedem hängt ein Zettel mit dem Namen des verstorbenen Elefanten. »Emily« zum Beispiel, an der Norah besonders hing. So sind sie nun doch alle auf einer Art Friedhof versammelt.

Begegnung im Morgengrauen

Noch in den achtziger Jahren wurde für das Jahr 2010 das Aussterben des afrikanischen Elefanten prophezeit. Er gilt weiterhin als bedrohte Art. Dass es das größte lebende Landsäugetier heute überhaupt noch gibt, ist auch Menschen wie Norah zu verdanken. Früh am Morgen fahren wir gemeinsam auf die Pirsch – leider nicht in ihrem gewohnten Jeep, der sei in Reparatur. »Das ist blöd«, sagt sie, »gerade heute, wo ihr da seid und filmen wollt. Die Elefanten kennen meinen Wagen, und sie erkennen mich auf weite Entfernung am Geruch. Dass ich plötzlich in einem anderen Auto sitze, wird ihnen nicht gefallen; dann kommen sie vielleicht nicht so nah.« Dunkle Regenwolken hängen über der Savanne, lange fahren wir kreuz und quer durch den Park, ohne überhaupt einen Elefanten zu sichten. Von ein paar Hyänen und Wildvögeln abgesehen, lassen sich an diesem Morgen auch sonst keine Tiere blicken, obwohl sie im Amboseli-Park auch auf weite Entfernungen recht gut zu entdecken sind, denn es gibt wenig Bäume, das Gelände ist flach, mal staubig, mal sumpfig. Die letzte Dürre hat den Tierbestand tatsächlich spürbar dezimiert. Schließlich stoßen wir doch noch auf eine große Herde mit bestimmt fünfzig Elefanten. Mit Norah an unserer Seite und einer Sondererlaubnis der Parkverwaltung dürfen wir aussteigen, um die Tiere zu filmen. Normalerweise müssen Touristen im Wagen bleiben. Elefanten wirken nicht so gefährlich wie Löwen, doch sie sind unberechenbar und sorgen auf Safaris häufiger für Zwischenfälle als viele andere Tiere. Während sich unser Kameramann begeistert auf die schönen Motive stürzt, holt Norah ihr Fernglas heraus und zählt die Herde.

»Kennen Sie wirklich jeden einzelnen Elefanten?«, frage ich. »Ja, klar, die kenne ich alle, jede Familie. Da hinten rechts, das ist Elkana, und da links, das sind Elin und ihre Kälber.« Worin die größte Gefahr für die Elefanten im Amboseli-Park besteht, will ich wissen. »Solange die Tiere hier im Park sind, sind sie halbwegs sicher, da gibt es nicht ganz so große Probleme. Probleme gibt es vor allem, wenn sie den Park verlassen. Wenn sie Richtung Tansania ziehen, werden sie von Wilderern gejagt. Das passiert hier zwar auch, aber außerhalb des Parks sind die Elefanten besonders gefährdet.« Während Norah mit mir redet, dreht sie den Elefanten den Rücken zu, und unser Kameramann Jürgen Heck ist durch sein Objektiv sowieso im Tunnelblick, völlig auf seine Bilder konzentriert. Und so scheine ich die Einzige zu sein, die etwas irritiert bemerkt, wie ein Elefant mit wedelnden Ohren zielstrebig auf uns zumarschiert kommt. Zaghaft mache ich Norah darauf aufmerksam: »Ähh, da kommt einer näher – sollen wir vielleicht lieber wieder ins Auto steigen?« Sie blickt über ihre Schulter: »Nö, wir können hier bleiben. Die Elefanten haben uns nicht gesehen. Aber sie können uns riechen.« »Sie haben uns nicht gesehen?« »Nein, wenn wir hier dicht am Auto stehen bleiben, können sie uns nicht wirklich sehen. Sie sehen nur die Umrisse des Autos. Aber sie wissen natürlich, dass wir hier sind. Und sie riechen, dass ich dabei bin. Also keine Sorge.« Ob ein Elefant sie schon mal angegriffen habe? Norah wiegt den Kopf, »nicht wirklich. Aber sie mögen es generell nicht besonders, wenn wir aus dem Auto aussteigen. Probleme gibt es eigentlich nur mit den Bullen, wenn sie sexuell aktiv sind, in der Brunft. Dann werden sie sehr aggressiv, da muss man aufpassen. Die Kühe sind meistens unproblematisch, außer sie haben das Gefühl, ihre Kälber seien bedroht«. Sie schiebt mich näher an die Kühlerhaube heran. »Wir bleiben hier, dann ist das in Ordnung.« Tatsächlich zieht der Elefant – in ein paar Metern Abstand – an uns vorbei. In Südafrika hatte mir ein Wildschützer mal erzählt, dass die Bullen zwar gefährlicher seien, dass aber Elefantenkühe, wenn sie angreifen, auf leisen Sohlen herankommen und ohne Vorwarnung sofort zuschlagen. Anders als die Bullen, die häufig erst mal mit großem Getröte und Scheinattacken ihren Ärger kundtun. Ich persönlich habe vor Elefanten jedenfalls gehörigen Respekt.

An diesem Morgen mit Norah sind die Tiere aber alle friedlich und zufrieden, und so beobachten wir weiter die Herde, zu der auch eine Reihe Elefantenbabys gehören, die wie Miniaturen drollig zwischen ihren Müttern und Tanten hin und her trippeln. Alle Tierbabys sind niedlich, doch kleine Elefanten sind als Fotomotiv unschlagbar.

Wem gehört das Paradies?
Dabei gehen viele Touristen davon aus, dass die Elefanten »einfach so da sind«, weil sie halt nach Afrika gehören. Doch tatsächlich kämpfen Mensch und Tier hier um denselben Lebensraum. »Wenn es trocken ist im Park, müssen die Elefanten weiterziehen«, erklärt Norah. »Hier leben aber viele Menschen, sie haben Häuser gebaut oder Farmen angelegt. Deshalb müsste die Regierung eigentlich einen Korridor einrichten, den die Herden für ihre Wanderungen nutzen können, um zu ihrem Futter zu kommen. Stattdessen siedeln immer mehr Menschen im Lebensraum der Elefanten. Und dazu die ganzen Hotel-Lodges. Überall entstehen rund um den Park neue Lodges. Es gibt kaum noch Platz, wohin die Tiere ausweichen können. Es ist Wahnsinn, dass unsere Regierung diesen Wildwuchs an Besiedelung und Bebauung weiterhin zulässt.«

Vor allem weil die einheimische Bevölkerung rasant gewachsen ist, kommen sich Mensch und Wildtiere immer mehr in die Quere. In den letzten Jahrzehnten hat sich Kenias Bevölkerung sogar verdreifacht. Ernährung und medizinische Versorgung sind besser geworden, die Kindersterblichkeit ist gesunken, die Lebenserwartung gestiegen. Zugleich ist das Wohlstandsniveau aber so niedrig geblieben, dass der für Industrieländer typische Geburtenrückgang in Kenia ausgeblieben ist. Und nicht zuletzt hat sich auch die Einstellung zum menschlichen Leben geändert: Jahrtausendelang war es »normal«, dass während schlimmer Dürreperioden nicht nur die Tiere, sondern auch die Menschen starben. Keiner half, keiner griff ein. Das Leben im Busch war für Tier und Mensch gleichermaßen unerbittlich. Das ist natürlich längst keine akzeptable Form mehr, ökologische Gleichgewichte aufrechtzuerhalten. Und so breitet sich der Mensch aus und macht den Tieren ihren Lebensraum streitig. Anfang des 20. Jahrhunderts lebten geschätzt hundert Millionen Menschen in ganz Afrika. Heute sind es über eine Milliarde. Mehr Menschen mit mehr Vieh brauchen mehr Wasser und Weideland. Für die Wildtiere bleibt immer weniger Platz, zumal sie für die Mehrheit der Einheimischen kaum einen unmittelbaren Nutzen haben. Von gewildertem Buschfleisch und toten Elefanten abgesehen, deren Elfenbein wertvoll ist, wenn man es (illegal) verkauft. Wer hat Vorrang? Mensch oder Tier? Wem gehört dieses Paradies?

Seit der Dürre hat sich der sogenannte »Human-Wildlife Conflict« rund um die kenianischen Nationalparks noch verschärft. »Es ist wieder schlimmer geworden, es gibt wieder mehr Konflikte zwischen Anwohnern und Wildtieren«, erzählt uns Senior Ward George Osuri, der oberste Wildhüter des Amboseli-Nationalparks. Wir haben einen Termin in seinem Büro und fühlen uns dort ein bisschen wie auf Staatsbesuch. Mehrere Uniformierte haben wir passiert, die uns streng musterten. Seine Sekretärin bittet meine Kollegin Kirsten und mich, in einem Vorzimmer Platz zu nehmen. Ranger-Chef Osuri begrüßt uns dann mit einem kräftigen Händedruck, der Mann ist eine durchaus imposante Erscheinung. Die Aura eines hochdekorierten Generals umweht ihn, und auch sein Duktus ist militärisch. Seine Antworten kommen wie aus der Pistole geschossen, kurze Sätze, klare Ansage, keine Umschweife, während er einem ohne Wimpernschlag in die Augen schaut. Plötzlich platzt ein Mitarbeiter in unser Interview und schlägt die Hacken zusammen, bevor er die Verhaftung eines Wilderers meldet – was dem Gesamteindruck einer effizienten Tierschutzbrigade natürlich durchaus zuträglich ist.

Dass manche der Wildhüter in Kenias Parks auch heute noch selbst in den illegalen Elfenbeinhandel verwickelt sind, ist ein Vorwurf, den man hinter vorgehaltener Hand hören kann. Ranger Osuri will von solchen Verstrickungen nichts wissen, jedenfalls nicht bei seinen Leuten. Er beklagt allerdings, dass die Jagd auf Elefanten insgesamt wieder zugenommen habe, seitdem einige afrikanische Länder Elfenbein aus ihren staatlichen Beständen verkaufen dürfen. In regelrechten Tresoren lagern tonnenweise Stoßzähne verstorbener Elefanten. Viele afrikanische Länder sitzen so auf Bergen von Elfenbein. 2008 haben einige Staaten, zum Beispiel Südafrika, durchgesetzt, dass sie im Rahmen des internationalen Artenschutzabkommens aus diesen staatlichen Beständen Elfenbein offiziell verkaufen dürfen. Viele Tierschützer sehen das mit großer Skepsis. Sobald es legalen Handel gebe, ziehe erfahrungsgemäß auch der illegale Handel wieder an, er docke sozusagen an den offiziellen Markt an, und sei es mit gefälschten Herkunftszertifikaten. Deshalb wehrt sich Kenia gegen weitere Lockerungen, wie sie vom Nachbarland Tansania angestrebt werden. Tansania hingegen argumentiert, dass man die Erlöse aus dem legalen Elfenbeinverkauf für den Elefantenschutz einsetzen könne: Schließlich würden Elefanten ja auch eines natürlichen Todes sterben. Warum dann nicht ihre Stoßzähne verkaufen und mit dem Geld den lebenden Elefanten helfen? 2010 wurde Tansanias Antrag abgelehnt. Afrikas Regierungen sind sich bei dem Thema ähnlich uneins wie Naturschützer. Ranger Osuri ist allerdings sicher, dass die Rechnung »legaler Elfenbeinverkauf hilft Elefanten« nicht aufgeht.

Überraschend kritisch ist Osuri aber auch gegenüber seiner eigenen Regierung, obwohl er selbst für eine staatliche Behörde arbeitet. Er äußert sich jedenfalls deutlicher, als ich es erwartet hätte, und fordert Kenias Regierung nachdrücklich auf, mehr für die Anwohner des Amboseli-Nationalparks zu tun. In die einheimischen Gemeinden verirrt sich kaum ein Tourist, von geführten

Besuchen in ausgewählten Dörfern abgesehen. Die Massai sehen von den zahlungskräftigen Touristen insofern nicht viel mehr als die Köpfe hinter den Windschutzscheiben. An den Schranken zum Park belagern alte Frauen und junge Mädchen die Touristenbusse und versuchen, mit einfachen Armbändern und Holzschnitzereien wenigstens ein paar Cent zu verdienen. Vom Geschäft mit den Nationalparks und den Wildtieren profitieren sie kaum. Und während der Dürre starben nicht nur die Wildtiere im Park, erklärt Ranger Osuri. Auch das Vieh der angrenzenden Farmer und Hirten verhungerte. Die Massai hätten insgesamt achtzig Prozent ihrer Kühe und Ziegen verloren und viele Familien damit ihre gesamte Existenz. Wenn dann noch Löwen aus dem Nationalpark über ihre Herden herfallen, ist mit dem Verständnis für Tierschutz endgültig Schluss.

Aus lauter Verzweiflung holten die Wildhüter sogar Zebras aus anderen Landesteilen Kenias, um den Löwen im Amboseli-Park Futter zu liefern. In Transportern wurden die verstörten Zebras angeliefert. Essen auf Rädern sozusagen. Denn ihr einziger Zweck bestand darin, eine Weile orientierungslos im fremden Parkgelände herumzuirren, bis der nächstbeste Löwe dankbar zubiss. Schön fanden die Wildhüter diese makabre und den Zebras gegenüber reichlich unfaire Form der Futterbeschaffung auch nicht, aber es erschien ihnen immer noch besser, als wenn die Löwen das Vieh der Massai fressen. Eine Lösung auf Dauer können solche Aktionen natürlich nicht sein.

»Unsere Regierung sollte endlich wieder anfangen, die Leute zu entschädigen, wenn sie Vieh durch geschützte Wildtiere verlieren«, fordert Osuri. Ein solches staatliches Kompensationsprogramm sei Ende der achtziger Jahre per Parlamentsbeschluss eingestellt worden, weil es zu viel Korruption gegeben hatte. Die Kompensationszahlungen versickerten oft schon auf dem Weg von Nairobi zu den Nationalparks oder verschwanden spätestens dort in den Taschen von Funktionären und Lokalpolitikern.

Die grüne Lunge – verschenkt und verschachert
Die Korruption in Kenia ist in der Tat legendär, auf allen politischen und wirtschaftlichen Ebenen. Sie gehört zu den traurigen Erbschaften von Jomo Kenyatta, dem ersten Ministerpräsidenten nach der Unabhängigkeit 1963 und späteren Staatspräsidenten. Seine Nachfolger standen ihm in der Hinsicht allerdings in nichts nach. Kenyatta gelang es zwar, das Land zu stabilisieren und ausländisches Kapital anzuziehen. Anders als andere Kolonien versank Kenia nach der Unabhängigkeit nicht in Chaos. Doch zum korrupten Regierungssystem, das Kenyatta etablierte, gehörten diverse Landreformen, im Zuge derer er selbst zum größten Landbesitzer Kenias aufstieg. Außerdem verschenkte er Ländereien an politische Freunde und Unterstützer. Wo früher dichter Regenwald wuchs, entstanden willkürlich landwirtschaftliche Nutzflächen, die entsprechend viele Siedler anzogen. Wie Präsident Kenyatta und sein Nachfolger Daniel arap Moi nutzten auch zahlreiche Lokalpolitiker die Landvergabe, um Wählerstimmen zu kaufen, häufig entlang ethnischer Zugehörigkeiten. Politiker beschenkten also jene Volksgruppe, der sie selbst angehörten. Die Zugehörigkeit zu Volksgruppen und Clans spielt in Kenia eine starke Rolle, während die Identifikation mit »der Nation« schwach geblieben ist. Man konzentriert sich auf seine Familie, seinen Volksstamm, seine Ethnie, so wie es jahrzehntelang auch die kenianischen Politiker taten, wenn sie Land vergaben. Das ist auch der Hintergrund, vor dem in Kenia die blutigen Unruhen nach der umstrittenen Präsidentschaftswahl Ende 2007 ausbrachen.

Aus deutscher Sicht mag es frappierend sein, dass ethnische Fragen so im Zentrum der Politik stehen. Dass in der Bundesrepublik Deutschland mit Helmut Kohl sechzehn Jahre lang ein Pfälzer das Land regierte, wurde bei uns zwar immer wieder süffisant kommentiert – »der Pfälzer« –, aber wegen dieser Zugehörigkeit des Kanzlers zu einer regionalen Landsmannschaft wäre kein

Hesse oder Nordrhein-Westfale auf die Idee gekommen, sich übervorteilt und diskriminiert zu fühlen. Die entscheidenden nationalen Konfliktlinien verlaufen bei uns entlang politischer Parteien, nicht entlang einzelner Volksgruppen, zumal die verschiedenen Regionen durch den deutschen Föderalismus stark vertreten sind. Doch man stelle sich vor, nur mal als Gedankenspiel, die deutsche Verfassung hätte dem Kanzler ein Landvergaberecht eingeräumt und der Pfälzer Kohl hätte im großen Stil hessische Ländereien an Weinbauern aus der Pfalz vergeben. Da wäre auch schnell Schluss gewesen mit dem bundesrepublikanischen Frieden. Undenkbar, natürlich. Und doch spielen auch im politischen System Deutschlands landsmannschaftliche Fragen durchaus eine Rolle! Man erinnere sich daran, wie in Bayern die Frage gestellt wurde, ob ein Franke Ministerpräsident sein könne... Natürlich will ich hier keine direkten Vergleiche ziehen zwischen regionalen Eigenheiten in Deutschland und blutigen ethnischen Konflikten in Afrika. Und doch finde ich es immer wieder interessant, auf das vermeintlich Fremde einen vertrauten Bezugsrahmen zu legen. Die Unterschiede können dadurch schärfer konturiert werden oder aber schrumpfen, wenn man sich selbst im Fremden wiedererkennt. Die Themen, die den Unruhen in Kenia zugrunde liegen, nämlich Landbesitz, Heimat, Flucht und Vertreibung, sind uns Deutschen jedenfalls wahrlich nicht fremd. Als Anfang 2008 die Gewalt zwischen Kikuyu, Luo und Kalenjin eskalierte, kam das nicht urplötzlich. Die Lunte, die dort entzündet wurde, war über Jahrzehnte gelegt worden. Hinzu kommt, dass die verschiedenen Volksstämme nicht regional voneinander abgegrenzt leben, sondern – als Folge von Vertreibungen oder staatlich geförderten Ansiedlungen – oft Tür an Tür wohnen, was Konflikte noch verschärfen kann.

Die Wahlgeschenke diverser kenianischer Politiker haben in der Vergangenheit auch erheblich dazu beigetragen, dass der Mau-

Wald, die grüne Lunge Kenias, nach und nach in großem Stil abgeholzt wurde. Ein Drittel des Waldes ist bereits verschwunden – mit gravierenden ökologischen Folgen: Der Mauwald funktioniert klimatisch wie ein Wassertank, von dem Millionen Kenianer existenziell abhängig sind. Die Bäume kühlen die warme Luft ab, so dass reichlich Regen fällt, der aber nicht sofort wieder versickert, sondern im Waldboden aufgefangen wird wie von einem großen Schwamm. Im Mau-Wald entspringt rund ein Dutzend großer Flüsse, die früher ganzjährig die großen Seen der Region speisten. Auch der Mara-Fluss, der die Massai Mara und die Serengeti bewässert, hängt vom Reservoir des Mauwaldes ab. Über die Flüsse gab der Mau-Wald in den Trockenzeiten langsam Wasser ins ganze Land ab, selbst während harter Dürrezeiten trockneten die großen Flüsse nicht gänzlich aus. Doch Umweltschützer registrieren immer niedrigere Wasserstände und seltenere Regenfälle. Und wenn dann Regen fällt, rauscht er über nackte, erodierte Böden und sorgt für Überschwemmungen, ohne dass damit ein natürlicher Wasserspeicher gefüllt wird, der später von Nutzen ist. Die Abholzung des Mau-Walds wirkt insofern, als würde ein Wasserhahn zugedreht oder aber vorübergehend Wasser in ein Fass ohne Boden geschüttet.

Bei der letzten Dürre trockneten erstmals auch Flüsse im Mau-Wald gänzlich aus. Infolgedessen wurde selbst in der Hauptstadt Nairobi das Wasser knapp. Auch das große Tiersterben 2009 in den Nationalparks, am Ende einer dramatisch langen Dürrezeit, hängt deshalb mit der Abholzung dieses riesigen Waldgebietes unmittelbar zusammen. Wenn aber in den Tierparks anstelle glücklicher Löwen stinkende Kadaver herumliegen, bleiben auch die Touristen weg, womit eine der wichtigsten Einkommensquellen Kenias versiegt.

Diese Zusammenhänge hat die Regierung in Nairobi mittlerweile erkannt und ist dazu übergegangen, den Mau-Wald zur Schutzzone zu deklarieren und Zigtausende Menschen zu vertreiben – die Regierung spricht lieber von »Umsiedlungen«. Nachdem der Mau-Wald jahrzehntelang mit freundlicher Unterstützung kenianischer Politiker abgeholzt wurde, greift die Regierung nun hart durch. Eine Verzweiflungstat mit bitteren Folgen. Plötzlich müssen die Menschen Wälder und Felder verlassen. Das trifft zum einen die Siedler, die im Zuge der Bevölkerungsexplosion in immer größerer Zahl Bäume fällten und Felder bestellten, wozu sie ja auch von Politikern jahrelang eingeladen wurden. Zum anderen werden aber auch die alten Waldvölker vertrieben. Ureinwohner, die seit Jahrhunderten im Mau-Wald lebten, und das durchaus im Einklang mit der Natur. Waldhonig und Beeren sammelten sie, ein bescheidenes, aber selbstbestimmtes Dasein – damit ist nun Schluss. Regelrechte Flüchtlingscamps sind entstanden, Zeltlager, in denen die Menschen, von Hilfsorganisationen notdürftig versorgt, vor sich hin vegetieren, ohne zu verstehen, was ihnen widerfahren ist. Warum sie nicht mehr in ihre Heimat dürfen, und wo und wie sie künftig leben sollen. Aus selbstständigen Dorfgemeinschaften sind so Bettlergemeinschaften geworden – die andere Seite des Umweltschutzes, der in Kenia staatlicherseits nun so eifrig betrieben wird. Und die andere Seite der Vetternwirtschaft, die zuvor jahrzehntelang betrieben wurde.

Jagd auf die Wilderer

Die Korruption blüht in Kenia bis heute auch beim Geschäft mit den Naturschutzparks. Die Befürchtung, dass finanzielle Hilfen und Entschädigungen versickern wie der Regen im trockenen Savannen-Boden, scheint da durchaus berechtigt. Ranger Osuri im Amboseli-Park glaubt zwar, dass man das Problem lösen könnte – wie, erklärt er uns allerdings nicht und weicht auf Nachfragen aus. Er weiß selbst, wie schwierig das Thema ist. Aber ohne finanzielle Unterstützung für die Einheimischen, die rund um die Nationalparks siedeln, ließe sich der Wildschutz auf Dauer nicht durchsetzen, auch nicht mit noch so vielen Kontrollen, betont er.

»Ohne Kompensationszahlungen können wir den Konflikt nicht lösen. Die Leute sind wütend und verzweifelt, wenn sie ihre Tiere verlieren oder wenn Elefanten über ihre Äcker trampeln. Wenn wir ihnen dann kein Geld als Entschädigung geben, werden sie Elefanten und Löwen aus Rache töten. Oder sie wildern, um an Buschfleisch zu kommen. Das erleben wir ständig.« Wilderer würden regelmäßig festgenommen, »in letzter Zeit fast täglich«.

Wir erleben eine solche Szene später durch Zufall, als wir mit Elefantenschützerin Norah unterwegs sind und Wildhüter George Osuri auf einer seiner Patrouillen im Park wiedertreffen. Während wir drei neben unseren Jeeps in der Savanne zusammenstehen und über Elefanten plaudern, kommt plötzlich ein Wagen angeschossen, und Ranger Osuri wird mit einem Male sehr geschäftig und abweisend. Auf der Ladefläche des Range Rovers, der neben uns hält, krümmen sich zwei magere Gestalten, die Hände auf dem Rücken gefesselt, neben ihnen liegen zwei Speere, einer der Männer hat ein blaugeschlagenes Auge. »Sind das Wilderer?«, frage ich Osuri. Er nickt kurz und wedelt dann mit der Hand vor unserer Kamera. »Stop filming!« Wie hart gegen Wilderer vorgegangen wird, möchte man lieber doch nicht dokumentiert haben.

Massai als Fotomotiv

Oft sind die Wilderer Massai. Die Massai – kein anderer afrikanischer Volksstamm ist so berühmt, nicht zuletzt dank Tania Blixens »Jenseits von Afrika« oder dem deutschsprachigen Bestseller »Die weiße Massai«. Sie umweht der Mythos, stolze, todesmutige Krieger zu sein, die keinen Schmerz kennen und bis heute nicht bereit sind, sich an die Moderne anzupassen. Die farbenfroh gekleideten Massai-Krieger sind jedenfalls fester Bestandteil der kenianischen Postkartenidylle. In den Lodges stehen sie auch gerne als lebendes Fotomotiv mit Speer in der Hand neben dem kalten Buffet. Ich selbst hatte vor meiner ersten Reise nach Kenia den leisen Verdacht, dass die derart ausstaffierten »Krieger« reine Folklore seien, die mit dem realen Alltag dieses Volksstammes heutzutage überhaupt nichts mehr zu tun hätten. Tatsächlich sind es in den Hotelanlagen häufig keine echten Massai, die in pittoresken Trachten herumspazieren, sondern Kenianer aus anderen Landesteilen, die damit etwas Geld verdienen. Aber: Als wir ein Massai-Dorf fernab vom Tourismus besuchen, tragen Männer wie Frauen dort tatsächlich nach wie vor die traditionelle Tracht, mit einem schräg gebundenen rotkarierten Tuch über der Schulter, üppigem Halsschmuck, die Ohrläppchen zu großen Löchern geweitet, mit Tattoos und Narben an Gesicht und Körper sowie langen Holzruten in der Hand, mit denen sie ihr Vieh antreiben.

Über schmale Pisten quer durch die Savanne fahren wir, um zu dem versteckt gelegenen Dorf zu gelangen. »The real thing, kein Touristendorf«, versichert Ken, der längst nicht mehr nur unser Fahrer ist, sondern auch Dolmetscher, Kenia-Erklärer und obendrein ein fantastischer Organisator. »I see«, ist Kens Lieblingsausdruck; dann nickt er bedächtig, legt den Kopf schräg, überlegt einen Moment, greift zum Handy: »Let me make some calls« – und bald darauf unterbreitet er uns einen Plan. Auch ist er so manches Mal unser Korrektiv zu den Aussagen, die wir vom einen oder anderen unserer Gesprächspartner zu hören bekommen. Zum Beispiel in dem Massai-Dorf. Als ich den Dorfvorsteher frage, was er über die Elefanten im benachbarten Park denkt, liefert der eifrige junge Tierschützer, der bei dieser Gelegenheit als Dolmetscher fungiert, eine etwas eigenartige Übersetzung: »Die Elefanten sind Teil unserer Familie, sie gehören zu uns.« Hm. Das klingt hübsch, scheint mir aber doch eine erstaunlich poetische Aussage zu sein für einen Massai, der erst kürzlich eine Kuh verloren hat, die von Elefanten niedergetrampelt wurde. »Was hat er wirklich gesagt?«, frage ich danach Ken. Er verdreht die Augen und grinst: »Also, von ›family‹ war keine Rede. Der Massai-Mann hat gesagt, dass er die Elefanten durchaus mag, solange sie weit weg sind. Aber wenn sie sein Vieh töten oder im Dorf herumtrampeln, dann mag er sie nicht mehr. Dann wird er wütend...« Nach dieser Erfahrung greifen wir lieber auf Ken als Dolmetscher zurück, zumal er nicht nur gut Englisch spricht wie viele Kenianer, sondern ein exzellentes Englisch. Und er ist selbst ein Massai.

Die Massai sind in Kenia die wohl größten Verlierer der letzten Jahrhunderte. Erst wurde ihnen von den Kolonialherren Land weggenommen. Dann drangen andere Siedler in ihren Lebensraum, weil die Vulkanerde am Fuße des Kilimandscharos so fruchtbar ist. Immer mehr Land, auf dem die Massai über Jahrhunderte ihre Tiere geweidet hatten, wurde zu Farmland. Auch die Massai wurden sesshaft, anstatt wie früher als Nomaden umherzuziehen. Und schließlich kamen auch noch die Wildparks dazu, die für die Einheimischen Sperrzonen sind. Im Amboseli-Park dürfen sie ihr Vieh nur in der Trockenzeit zu bestimmten Wasserlöchern bringen – in der Praxis halten sie sich aber nur bedingt daran. Manche unerlaubt weidenden Kuh- oder Ziegenherden, von Massai-Kindern gehütet, haben wir im überschaubaren Amboseli-Park gesehen. Ken schüttelt seufzend den Kopf, als wir an den Kindern vorbeifahren. »Sieh nur, wie nahe sie der Elefantenherde da drüben kommen. Das ist gefährlich, doch die Kinder haben kein Gefühl für Gefahr, und wenn etwas passiert, gibt es Ärger, und ihre Eltern geben natürlich den Elefanten die Schuld.«

Ohne Vieh ist ein Mann kein Mann
In früheren Zeiten hatten die Massai oft viel größere Viehherden als heute. Wer fünfzig oder gar hundert Rinder sein Eigen nennt, kann es verkraften, wenn sich hin und wieder ein Löwe eines der Tiere holt. Besitzt ein Massai hingegen nur noch wenige Tiere, ist jeder Verlust eine Katastrophe. So wie für Dorfvorsteher Ole Katange. Vier Kühe hat er zuletzt durch Elefanten und Löwen verloren. Für den Massai-Mann ist das in jeder Hinsicht

1 Das Hector Peterson Memorial in Soweto erinnert an den Aufstand gegen Südafrikas Apartheid-Regime. Hector Peterson war ein zwölfjähriger Schüler, der 1976 von Polizisten erschossen wurde.

2 »Fass bloß nichts an!« – mit Stadtführer Jimmy Ntintili auf einem Markt für »magische Utensilien« in Johannesburg.

3 Diese Hütten in Ruandas Hauptstadt Kigali sind Überbleibsel einer ärmlichen Siedlung. Um sie herum entstehen neue Bürogebäude und Konferenzzentren.

4 In der Innenstadt von Kigali wachsen überall neue Gebäude aus dem Boden. Die vielen Großbaustellen sind sichtbarer Ausdruck der »Vision 2020« des ruandischen Präsidenten.

5 Jacqui M. Sebageni gehört zu den erfolgreichen Geschäftsfrauen Ruandas. Frauen haben in dem zentralafrikanischen Land eine starke Stellung.

6 Neugebaute Idylle in Kigali: ein Wohnviertel für Ruandas Mittelschicht.

7 Gorilla-Silberrücken »Agasha«. In Ruandas Nationalpark kann ein Berggorilla im Laufe seines Lebens mit dem Tourismus vier Millionen Dollar »verdienen«.

8 Mit Gorillaführer Diogéne Kwizera in den Virunga-Vulkanbergen. Der ehemalige Buschkrieger kann mit den seltenen Berggorillas sogar sprechen.

9 Kaffeepause in einem Internetcafé in Kigali: Daddy Ruhorahoza, Redakteurin Kirsten Hoehne und Kameramann Jürgen Heck (v. l. n. r.).

10 Das Hotel »Mille Collines« in Kigali wurde durch den Kino-Film »Hotel Ruanda« berühmt. Dort versteckten sich während des Völkermords über tausend Menschen.

11 Auf den Landstraßen fällt auf, wie dicht bevölkert Ruanda ist. Schon im Morgengrauen sind überall viele Menschen unterwegs.

12 In Addis Abeba: Dolmetscher Firew Ayele, der sich als wandelndes Äthiopien-Lexikon erweist und das Journalisten-Team mit preußischer Disziplin durch sein Heimatland lotst.

13 Frühsport in Addis Abeba: Die »Arena Mescal« in Äthiopiens Hauptstadt ist eine beliebte Jogging-Strecke.

14 Der »Mercato« in Addis Abeba ist einer der größten Märkte Afrikas.

15 Pretty in Pink: eine typische kleine Boutique in Addis Abeba.

16 Indische Investoren bearbeiten ihre gepachteten Äcker in Äthiopien mit modernen landwirtschaftlichen Maschinen aus den USA. Die fruchtbare Erde ist Äthiopiens größter Bodenschatz.

17 Äthiopische Kleinbauern schaffen es mit ihren mittelalterlichen Methoden nicht, aus den Böden herauszuholen, was in ihnen steckt.

18 So friedlich war die Begegnung anfangs noch nicht: Kamera-Assistent Frank Harroider, Redakteur Jens Nicolai, der Securityguard des indischen Fuhrparks in Äthiopien und Kameramann Jochen Blum (v. l. n. r.).

19 Die Äthiopier sind große Kaffeekenner und lieben ihre zahlreichen Straßencafés.

20 Begegnung in Kenia: Gespräch mit zwei Massai, die vom Safari-Tourismus in ihrem Land nicht profitieren können.

21 Zwei Welten treffen aufeinander: Filmaufnahmen im Amboseli-Nationalpark, in dem Masssai-Kinder unerlaubt Viehherden weiden.

22 Solch traditionelle Massaidörfer gibt es in Kenia nach wie vor. Doch viele Massai pflegen längst einen modernen »westlichen« Lebensstil.

23 Dolmetscher und Fahrer Ken Naikuni zum Beispiel ist ein durch und durch moderner Massai, für den ein Leben in Lehmhütten schon lange nicht mehr in Frage kommt.

24 Buschfrühstück in einer Luxuslodge in Kenia. Hier setzt man auf »Klasse statt Masse«.

25 Kaffeekochen für die Safari-Idylle »jenseits von Afrika« – perfekte Fototapete für das Sehnsuchts-Afrika.

26 Blick auf den Kilimandscharo im Amboseli-Nationalpark in Kenia.

27 Der Amboseli-Park ist berühmt für seine großen Elefantenherden. Ihr Überleben ist aber weiterhin gefährdet.

28 Im Gespräch mit Elefantenschützerin Norah Njiraini vom »Amboseli Trust for Elephants«.

29 Fast wie in Saint-Tropez: Restaurant im Yachthafen von Luanda, beliebter Treffpunkt der Reichen.

30 Müllberge mitten in der Innenstadt von Luanda gehören zum normalen Straßenbild.

31 Eingang zum Slum »Samba« in Luanda. Die rot-schwarz gestrichene Wellblechhütte ist die Repräsentanz der staatlichen Regierungspartei.

32 Begegnung mit der angolanischen Modedesignerin Lucrecia Moreira in einem Schönheitssalon in Luanda. Die Designerin will Angolas Frauen an ihre afrikanischen Wurzeln erinnern, die im betont westlichen Lebensstil der Hauptstädter kaum sichtbar sind.

33 Das Zentrum von Luanda, der Hauptstadt Angolas, mit einem Propaganda-Plakat des Präsidenten José Eduardo Dos Santos, der seit über dreißig Jahren regiert.

34 An der Quelle des ungleich verteilten Reichtums: Mit dem angolanischen Ingenieur Francisco Neto auf der Ölplattform »Dalia«.

35 Der historische Bahnhof in Mosambiks Hauptstadt Maputo wurde während der Kolonialzeit von Gustave Eiffel gebaut.

36 Lodge in Mosambik: Das ehemalige Bürgerkriegsland setzt große Hoffnungen in die Tourismus-Branche.

37 Fischerfrauen an einem der Traumstrände von Mosambik.

38 Ein kleiner Dorfladen in Mosambik. Die Einheimischen haben bislang wenig Chancen, am Tourismus in ihrem Land mitzuverdienen.

39 Die riesigen Walhaie in der Bucht von Tofo ziehen Touristen nach Mosambik.

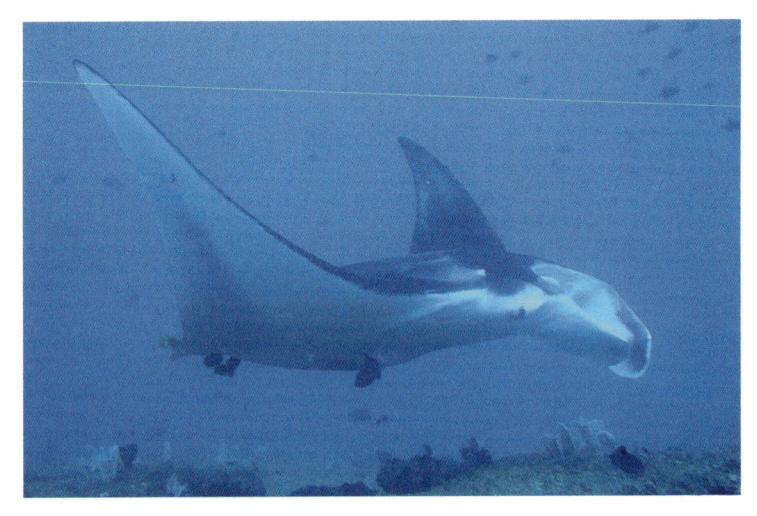

40 Ein Mantarochen am Manta Reef. Die Unterwasserwelt Mosambiks blieb während des langen Bürgerkriegs unversehrt, ist heute aber durch Überfischung gefährdet.

41 Mit dem Schlauchboot geht es zünftig hinaus aufs Meer. Der Tauchtourismus ist an Mosambiks Küsten ein wachsendes Geschäft.

42 Marietta Slomka vor einem Fischschwarm am Manta Reef in Mosambik.

43 Die Realität hinter der romantischen Sansibar-Kulisse: Die kleinen Fischer haben kaum Chancen, ihre Ware an die Touristen-Restaurants zu verkaufen.

44 Malerische Kulisse in Sansibar, der mythischen Gewürzinsel im Indischen Ozean.

45 Diamantenschürfer in Sierra Leone: Die meisten verdienen bei ihrer verzweifelten Suche keine 60 Cent am Tag. Für das westafrikanische Land sind die Diamanten mehr Fluch als Segen.

46 Dieses kleine äthiopische Mädchen wohnt direkt neben einer neuen Farm indischer Investoren. Bevor das Land an finanzstarke Ausländer verpachtet wurde, hatte ihr Vater dort sein Vieh geweidet. Die Familie leidet deswegen unter den neuen Verhältnissen. Wie aber wird die Zukunft dieses Kindes aussehen? Wird es in zwanzig Jahren eine junge Frau sein, die von dem Aufbruch in ihrem Land profitieren kann? Oder wird sie so arm bleiben, wie ihre Eltern es heute sind? Die neuen Wege, die Länder wie Äthiopien ausprobieren, führen ins Ungewisse. Sie bergen Chancen und Risiken zugleich. Ein äthiopischer Beamte sagte zu uns: »Vielleicht machen wir Fehler, aber dann machen wir wenigstens unsere eigenen. So wie bisher kann es jedenfalls auch nicht weitergehen. Sonst leben wir die nächsten hundert Jahre noch von Entwicklungshilfe.«

eine Katastrophe, ökonomisch und sozial. »Ohne Vieh bist du ein Niemand«, erklärt er mir. Allein um zu heiraten, braucht ein traditioneller Massai Vieh. Zwei Ehefrauen und fünf Kinder hat Ole Katange zu versorgen. Für jede Frau hat er vor der Hochzeit zehn Kühe bezahlt. »Das Vieh ist für uns wie für euch das Bankkonto. Wir Massai bringen kein Geld zu einer Bank, sondern wir kaufen Vieh. Wenn ich eine große Kuh verkauft habe, dann kauf ich für das Geld Ziegen oder zwei kleinere Kühe. Meine Herde ist mein Kontostand.«

Das Dorf, in dem wir ihm begegnen, besteht aus einem Dutzend Rundhütten aus Lehm, zwischen denen Wäscheleinen hängen, daneben eine kleine Viehweide. Zwei Dutzend Kinder kommen aufgeregt angerannt, als wir aus dem Jeep steigen. Ken und der Tierschützer, der uns den Kontakt vermittelt hat, gehen voraus, um unseren Besuch vorzubereiten. Ole Katange, in traditioneller Tracht gekleidet, ist der Anführer im Dorf. Wir begrüßen uns respektvoll und ausführlich, mit viel Händeschütteln und Kopfnicken und wechselseitigem Dank für die Begegnung. Sein Gesichtsausdruck bleibt die ganze Zeit hindurch sehr ernst, bis ich ihn frage, wie alt er ist – vierzig Jahre. Als mir darauf ein spontanes »ich auch« entfährt, richtet er seinen bis dahin ausweichenden Blick plötzlich direkt auf mich, bricht in fröhliches Gelächter aus und schüttelt mir gleich noch mal heftig die Hand. Mit unseren vierzig Jahren sind wir zwei in seinen Augen offenbar Leidensgenossen. Als ich dann auf seine Frage, wie viele Kinder ich denn hätte, den Kopf schüttele, schaut er für eine Sekunde zwar baff erstaunt, hakt aber nicht weiter nach. Sei es, weil er das als indiskret empfinden würde, sei es, weil er davon ausgeht, dass meine Lebenswelt sowieso komplett anders ist als seine und weitere Vergleiche sich damit erübrigen. Dass ihm eine Frau als Gesprächspartnerin und damit als »Gruppenführerin« vorgestellt wird, ist in seinen Augen wohl schon merkwürdig genug.

Nicht nur die Elefanten bereiten dem Massai-Mann Sorgen.

Kürzlich kam ein Löwe ins Dorf; deshalb sind wir hier, um uns diese Geschichte erzählen zu lassen. Ole Katange zeigt uns, wo der Räuber die Einfriedung um die Lehmhütten durchbrach. Eine angemessene Entschädigung habe er bisher nicht bekommen, klagt er. Er sieht müde aus – Nacht für Nacht wachen die Männer seitdem am Lagerfeuer, für den Fall, dass der Löwe zurückkommt. Tagsüber sind sie erschöpft und müssen sich trotzdem um ihr Vieh kümmern. Von der Regierung ist kein Geld zu erwarten, wenn überhaupt, gibt es nur Hilfe durch die privaten, spendenfinanzierten Kompensations-Fonds, vom Lions-Trust zum Beispiel oder vom Elephant-Trust. Der zahlt fünfzehntausend kenianische Schilling (umgerechnet rund hundertfünfzig Euro) für eine Kuh, fünftausend für ein Schaf. Für zerstörte Felder gibt es nichts, weil sich da nur schwer verifizieren lässt, ob tatsächlich Elefanten die Schäden angerichtet haben. Auf dem Markt sei eine Kuh aber viel mehr wert als die fünfzehntausend Schilling Entschädigung, beschwert sich Ole Katange. Im Grunde will er gar kein Geld, sondern eine gleichwertige Kuh – und das am besten gleich am nächsten Tag. Wie gesagt: Für ihn zählt nicht Geld, sondern Vieh. Wenn er für seine gerissenen Tiere nicht entschädigt werde, dann müsse er eben einen Löwen töten, sagt er.

Löwenjagd aus Rache
Dass die Massai heute noch Löwen, die ihr Vieh gerissen haben, aus Rache töten – und zwar Mann gegen Tier, nicht mit Schusswaffen, sondern mit Speer oder Pfeil und Bogen –, mag archaisch wirken. Allerdings hat der Löwe bei einem solchen Kampf eine durchaus faire Überlebenschance, anders als bei europäischen Großwildjägern, die mit Schusswaffen aus sicherer Entfernung zielen. Auf einer unserer Autofahrten erzählt Ken, wie ein solcher Löwenkampf abläuft. Als Kind hat er das selbst erlebt. Kirsten und ich hören gebannt zu, als er beschreibt, wie der Löwe

mit Scheinattacken austestet, welcher der ihn umringenden Männer am unsichersten ist, um diesen dann als Ersten anzugreifen. »Löwen sind schlau«, sagt Ken; »sie beobachten genau, mit wem sie es zu tun haben, und nicht selten gewinnt bei einer solchen traditionellen Jagd der Löwe und nicht der Mensch.« Von Rachegelüsten abgesehen ist die Löwenjagd für die Massai auch PR in eigener Sache, nach dem Motto: Wenn wir kein Geld bekommen, jagen wir eben eure Löwen, die ihr den Touristen präsentieren wollt. Fünf Löwen wurden im vergangenen Jahr im Amboseli-Park getötet. Für den kleinen Park ist das ein schmerzlicher Verlust. Doch solange den Massai die Wildtiere im benachbarten Nationalpark nicht nutzen, sondern schaden – warum sollten sie sich an ihrem Schutz beteiligen? Und so wird eben auch im behüteten Amboseli-Park gejagt und gewildert.

Während die Löwen vor allem den Massai mit ihrer Viehhaltung zu schaffen machen, sind die Elefanten das Hauptproblem für den Ackerbau der Farmer. Die Elefanten bleiben nicht in dem kleinen Park, sie wandern umher, ziehen bis nach Tansania. Und die Farmen sind ihnen dabei im Weg beziehungsweise willkommene Picknickstationen. Wie vor diesem Hintergrund eine Ausdehnung des Parkareals möglich sein sollte, ist schwer vorstellbar. Einzäunen lässt er sich jedenfalls nicht. Abgesehen davon, dass er dann kein Naturschutzgebiet mehr wäre, sondern nur noch ein umzäunter Zoo, ist der Park dafür auch von der Fläche her zu klein. Die Elefanten würden verhungern, wenn sie im Amboseli-Park eingesperrt wären; besonders in den Trockenzeiten müssen sie zu anderen Wasserlöchern und anderem Weideland ziehen können. Einzäunen lassen sich aber auch die Viehherden der Massai nicht oder die Ackerböden der kleinen Farmer. Keiner in der Gegend hier hat genug Geld, um die dafür notwendigen hohen Starkstromzäune zu bauen und zu warten. In den meisten Dörfern rund um den Amboseli-Park gibt es ja noch nicht mal Elektrizität. Solche Zäune schützen nur die Lodges im Park, damit die Touristen sicher sind, wenn sie vom Swimmingpool aus die Elefanten bewundern.

Im Massai-Dorf führt mich Ole Katange nun zu der jüngeren seiner zwei Ehefrauen. Sie empfängt mich in einer winzigen Lehmhütte, vielleicht zehn Quadratmeter zählt ihr Reich, das sie mit gefühlt fünf Millionen Schmeißfliegen teilt, die von der Viehherde nebenan herübersurren. Stockfinster ist es in der fensterlosen Hütte, in einer Ecke auf dem Boden liegen ein paar Decken. Viel mehr Besitztümer scheint es nicht zu geben. Dass eine Europäerin aus lauter Liebe diesen Lebensstil als »weiße Massai« adaptieren wollte, erscheint mir schon sehr erstaunlich, während ich die Hütte besichtige. »Die Leute dort empfinden das aber selbst nicht als elendig oder arm, auch wenn das auf euch vielleicht anders wirkt«, betont Ken, als wir später wieder im Auto sitzen und über unsere Eindrücke sprechen. »Das ist ihr Lebensstil, das ist ein normales traditionelles Massai-Dorf, eine bürgerliche Gemeinde, wenn du so willst. Kein Slum oder so etwas.« Natürlich leben nicht mehr alle Massai in Kenia in traditionellen Dörfern wie Ole Katange. Viele tragen stattdessen westliche Kleidung, pflegen einen modernen Lebensstil, essen lieber ein Sandwich, als das traditionelle Milch-Rinderblut-Gemisch zu trinken, und wollen auch nicht mehrere Frauen heiraten, geschweige denn genitalbeschnittene Frauen. Jene grausige Tradition, die im Urlaubsland Kenia nach wie vor sehr verbreitet ist. Was vielleicht auch nicht jedem Touristen bewusst ist, der von den malerischen Massai schwärmt...

Doch selbst ein so moderner Massai wie Ken Naikuni, mit dem wir so viele Autostunden gequasselt und gelacht haben, der so ganz und gar »wie wir« zu sein schien – selbst Ken ist am Ende des Tages immer noch ein Massai-Mann, wie er selbstironisch feststellt: »As a Massai, you need cattle, can't help it, this is in your blood.« Soll heißen: Ohne eigenes Vieh ist ein Mann kein Mann. Das sieht Ken nicht anders als der traditionell lebende Ole Katange. Die Arbeit in der Tourismusindustrie oder für einen ausländischen Fernsehsender ist schön und gut. Aber letztlich träumt Ken davon, sich irgendwann ganz auf die kleine Rinderzucht konzentrieren zu können, die er bisher nur nebenbei betreibt. »Das ist mein Lebensziel, das ist das, was ich wirklich machen möchte.« Als er durch die Arbeit für uns Andrew Nightingale in der Massai Mara kennenlernt, ist er von dessen Rinderherde so begeistert, dass die zwei Männer gleich stundenlang die Köpfe zusammenstecken und fachsimpeln. »Andrews Zuchtbulle ist phantastisch; ich will eine meiner Kühe von ihm besamen lassen.« Der massige Ken, der sonst immer die Ruhe in Person ist, gerät bei dem Gedanken schier aus dem Häuschen. So aufgeregt erleben wir ihn sonst nie! Allerdings, und das ist ein entscheidender Punkt, vielleicht der Kern vieler kenianischer Probleme: Ken ist zugleich ein Massai, der nicht mehr vier, fünf, sechs oder gar zehn Kinder haben will. Er und seine Frau haben sich bewusst dafür entschieden, nur zwei Kinder zu bekommen, um beiden eine gute Ausbildung finanzieren zu können. Vielen Kenianern, nicht nur den Massai, sind solche Überlegungen noch fremd. Geburtenkontrolle ist nach wie vor nicht populär. Und so wächst die Bevölkerung weiter, und so wachsen auch die Probleme weiter.

Wohin fließt das Geld?
Für die Entschädigung der vielen Menschen, die am Rande der Wildparks leben, gibt es jedenfalls nur von privaten Fonds Geld. Die sechzig Dollar Tagesgebühr hingegen, die jeder Tourist im Amboseli-Park zahlen muss, gehen an die kenianische Regierung, die die Gebühreneinnahmen auf alle Wildparks in Kenia verteilt. Zum Teil werden damit auch Schulen gebaut, sagt Wildhüter Osuri. Doch vor allem wird das Geld für Ranger ausgegeben, für die Bewachung der Parks also und den Kampf gegen Wilderer. Für die Anwohner, die in die Parks nicht mehr hereindürfen, bleibt wenig an staatlicher Unterstützung. Und Unterstüt-

zung kommt in der Regel auch nicht von den vielen Hotels und Lodges, die sich in und an den Nationalparks angesiedelt haben. Sehr eindringlich fällt das im Amboseli-Park auf: Norah und ihre Kollegen vom Elephant-Trust hocken auf dem Grundstück einer großen Lodge in heruntergekommenen kleinen Wellblechhütten, hinter Bäumen versteckt, so dass die Hotelgäste sie nicht wahrnehmen. Als wir nach unserer Elefantenpirsch dorthin zurückkehren, zeigt Norah naserümpfend auf das Gelände. »Sehen Sie sich das an«, sagt sie, »es sieht hier doch aus wie in einem Slum.« Ihre Organisation würde gerne bessere Hütten und ein vernünftiges Büro bauen, doch die Lodge habe ihnen das verboten. Die Bauarbeiten könnten die Hotelgäste stören. Die Lodge, die einer indischen Hotelkette gehört, spende keinen Cent für den Elefantenschutz, bedauert Norah. Zugleich wirbt das Hotel mit den Elefanten. »Elephant View« steht auf einem Holzschild gleich neben dem Swimmingpool. Die Touristen fragen meist nicht, wie es um den Schutz dieser Elefanten bestellt ist, während sie ihre Digitalkameras zücken. Und die Investoren sorgen sich offenbar wenig, ob es auch in zwanzig Jahren noch Elefanten am Fuße des Kilimandscharos gibt.

Doch wenn die Kenianer selbst vom Elefantentourismus finanziell kaum profitieren – wie wollen die Wildhüter sie davon überzeugen, dass Elefantenschutz sinnvoll ist? »Tja«, sagt Ranger Osuri. »Genau das ist ja unser Problem. Wir müssen es schaffen, dass wir selbst, wir Kenianer, vom Tourismus profitieren.« Ob er sich denn wünschen würde, dass die Safari-Hotels mehr zur Entwicklung im Land und zum Tierschutz beitragen? »Ja klar. Wir ermutigen die Tourismus-Industrie durchaus, sich stärker zu engagieren. Sie könnte mehr dazu beitragen, die Entwicklung der benachbarten Gemeinden voranzubringen. Wir halten es jedenfalls für richtig, dass die Menschen hier davon profitieren sollten, wenn mit ihrem Land Geld verdient wird.« Was in Europa eine Selbstverständlichkeit wäre, gilt in Afrika (wie in vielen anderen Teilen der Welt) nicht. Die Massai etwa haben keine Urkunden, die sie als Landbesitzer ausweisen. Woher auch? Von den Kolonialherren, die Afrikas Stammesgebiete beschlagnahmten? »Wem gehören denn eigentlich all die Lodges?«, frage ich den Ranger. »Die meisten gehören privaten Investoren.« – »Aus Kenia oder aus dem Ausland?« – »Einige sind aus Kenia, andere von außerhalb.« Große Investoren sitzen zum Beispiel in Indien, Saudi-Arabien, Südafrika oder der Schweiz. »Meistens fließt der Gewinn also ins Ausland?« Osuri nickt. »Das stimmt, ja. Der meiste Gewinn fließt in der Tat ins Ausland, und das ist natürlich schlecht für die Leute hier im Land.«

Sehnsuchtsziel Sansibar
Wie schwierig es in Afrika für Einheimische ist, überhaupt im Tourismusgeschäft Fuß zu fassen, lässt sich exemplarisch auch auf Sansibar beobachten, der mythischen Gewürzinsel im Indischen Ozean, vierzig Kilometer vor der ostafrikanischen Küste. Sansibar gehört als weitgehend autonomer Teilstaat zu Tansania. Auf dem aus mehreren Inseln bestehenden Archipel mischen sich arabische, indische und afrikanische Kulturen. Über neunzig Prozent der Einwohner sind Muslime. Der Islam kam im 8. Jahrhundert mit arabischen Händlern auf die Inseln. Vom 17. bis zum 19. Jahrhundert gehörte Sansibar zum Herrschaftsbereich des Sultans von Oman. In diese Zeit fällt auch die Entstehung von Stone Town, der berühmten historischen Altstadt, deren orientalisches Flair Touristen aus aller Welt anzieht. Unguja, die Hauptinsel von Sansibar, war noch im 19. Jahrhundert einer der wichtigsten Handelsplätze der gesamten Region, mit Sklaven und Gewürznelken als begehrten Gütern. Heute zeugen nur noch die alten Steinhäuser vom Reichtum vergangener Zeiten – dem Reichtum der Sultane und Händler, während ein großer Teil der einheimischen Bevölkerung versklavt wurde. Und

auch heute sind es vor allem ausländische Investoren, die an der Schönheit der Insel verdienen.

Für die einheimischen Insulaner ist es ungleich schwerer, mit Touristen direkt ins Geschäft zu kommen. Viele Urlauber sind Pauschal-Reisende. Den größten Gewinn machen ausländische Reiseveranstalter. Der Fischer Said ist einer der wenigen, die es geschafft haben. Kirsten lernt ihn am Strand von Unguja kennen. Said veranstaltet Schnorchel-Touren, arbeitet sieben Tage in der Woche. »Hakuna Matata – kein Problem!« Sechzehn Jahre sei er schon im Geschäft. »Früher habe ich hier nur gefischt, hatte ein hartes Leben und nur wenig Geld. Dann habe ich angefangen, für die Touristen zu arbeiten. Mein Fischerboot habe ich umfunktioniert, zu einem Ausflugsboot für Schnorchel-Touren. Seitdem verdiente ich viel besser, und mein Leben hat sich total verändert.« Mit Charme, Ehrgeiz und harter Arbeit hat Said es zu einigem Wohlstand gebracht. Die ersten Schritte ins Business waren jedoch mühsam. So musste er erst mal, ohne jede Schulbildung, Englisch lernen. Und auch der Lebensstil der Touristen war ihm zunächst mehr als fremd. Dass die Frauen in knappen Bikinis auf seinem Boot sitzen, ist für den Muslim heute zwar eine Selbstverständlichkeit: »Anfangs hat mich das irritiert, heute ist das für mich kein Problem mehr, ich sehe den Menschen, nicht, was er anhat oder nicht anhat.« Aber seine Familie will er von dieser fremden Welt trotzdem lieber fernhalten. »Meine Kinder sollen nicht hierherkommen und das sehen, diese halbnackten Touristinnen. Das will ich nicht.«

Wenn die Sonne untergeht, fährt Said nach Hause; auf dem Weg kauft er noch etwas frisches Obst und Gemüse für das Abendessen. Sein Bruder, erzählt er nachdenklich, lebte zwar in Amerika, aber der könne sich kein Auto leisten.

Said steuert seinen Wagen durch die dunklen Straßen und parkt vor einem kleinen Tor, dahinter das Haus, in dem er mit seiner Frau und den vier Kindern lebt. Ein eigenes Haus, ein Auto – er sei ein glücklicher Mann, sagt Said. Jetzt, nach einem langen Arbeitstag, will er schnell unter die Dusche, dann beten und gemeinsam mit der Familie essen. Seine sechzehnjährige Tochter Asha nimmt ihm die Einkaufstüten ab. »Sie ist ein kluges Kind«, sagt Said stolz. Wie fast alle Frauen auf der Insel trägt Asha Kopftuch. Ob sie bald auf eine Privatschule gehen wird, in der sie Englisch lernen kann, ist noch nicht ganz klar. Said zögert. Einerseits will er seinen Kindern bessere Chancen bieten, als er sie hatte. Doch zu eng sollte der Kontakt zu der Welt der westlichen Touristen auch nicht werden, jedenfalls nicht für die weiblichen Familienmitglieder. Für sich selbst folgt er einem durchaus pragmatischen Weg. So zieht sich Said auch schon mal auf dem Boot zum Gebet zurück, während die Touristen im Wasser planschen. Mit dem Kopf unter Wasser bekommen seine schnorchelnden Kunden das gar nicht mit. Wegen des bunten Völkermix aus Afrikanern, Indern, Persern und Arabern gehört das Fremde sowieso seit jeher zur Identität von Sansibar. »Man muss seinen Weg finden«, sagt Said. Vielleicht könne die Tochter später einen kleinen Laden führen, damit sie nicht direkt mit den spärlich bekleideten Urlaubern in Berührung komme. Seine Kinder sollen jedenfalls ihr Glück finden, irgendwie. Inschallah, so Gott will.

»Bitte Fisch ohne Gräten«

Westliche Standards gelten auf Sansibar natürlich auch in den großen Hotels – einschließlich der Frage, was abends auf den Tisch kommt. Dabei kann es durchaus schwierig werden, die Erwartungen der Touristen zu erfüllen. Wer in einem Restaurant sitzt, mit Blick auf den türkisblauen Indischen Ozean, die malerischen kleinen Fischerboote vor Augen, mag die Vorstellung haben, dass es genau diese Fischer sind, deren Fang direkt beim Urlauber auf dem Teller landet. Dass der Fisch von großen Industriebooten stammt, die teils ganz woanders fischen, weit weg von Sansibars Küsten, passt natürlich nicht so gut zur romantischen Kulisse. Doch von den kleinen Fischern mit ihren idyllisch aussehenden Booten gelangt tatsächlich nur wenig in die Restaurantküche.

Peter Chivatsi, Chefkoch in einem dieser großen, schönen Strandhotels, weiß das nur zu gut: »Die Touristen wollen fangfrischen Fisch; schließlich haben sie das Meer direkt vor der Nase, da erwarten sie, dass auch der Fisch direkt vor ihren Augen aus dem Meer geholt wird. Ich versuche diese Erwartung zu erfüllen, so gut es geht, und fahre jeden Morgen ganz früh zum lokalen Markt, um zu sehen, was frisch gefangen wurde.« Doch die von den Hotels bevorzugten Sorten sind wegen der Überfischung des Ozeans nicht mehr so leicht zu bekommen. Chefkoch Peter fällt es oft schwer, den geeigneten »catch of the day« auf dem lokalen Fischmarkt zu finden. Zumal den Touristen durchaus nicht jedes Meerestier geheuer ist, das sich an Sansibars Küsten noch herumtreibt – zu exotisch soll es bitte auch nicht sein. »Ein schöner Tintenfisch zum Beispiel kann noch so frisch sein, ich kann ihn nicht kaufen. Meine Touristen mögen keine Tintenfische. Die meisten mögen übrigens auch keine ganzen Fische, der Fisch muss filetiert sein, ohne Kopf und Gräten; so kennen sie das von zu Hause. Es ist gar nicht so leicht, die Wünsche der Touristen zu erfüllen.«

Wer das Gewünschte nicht liefern kann, geht leer aus. Das Geschäft ist hart hinter der stimmungsvollen Sansibar-Kulisse. Die kleinen einheimischen Fischer bieten oft nicht nur die falschen Fischsorten an, ihre Fische entsprechen auch nicht den Qualitätsstandards ausländischer Touristen. »Die kleinen Fischer von der Insel haben es sehr schwer, denn sie müssen ihre Ware mit dem Fahrrad transportieren«, sagt Peter. »Sie können sich vorstellen: mit dem Fahrrad von der Küste bis zum Markt – das kann dauern. Und das in der Hitze. Der Fisch ist dann nicht mehr frisch genug. Das ist ein Riesenproblem.« Denn Kühltaschen oder Eiswürfel haben die Fischer nicht, geschweige denn Gefrierschränke. Sie sind also schlichtweg zu arm, um mit den Touristen Geld zu verdienen. Was für ein Teufelskreis! Und so typisch für die Tourismusindustrie in Afrika. Sieht man von weißen Südafrikanern ab, fehlen vielen Einheimischen bisher die einfachsten Voraussetzungen, um an diesem verheißungsvollen Wirtschaftszweig teilzuhaben und von der überwältigenden Schönheit ihrer Heimat zu profitieren. Dabei würden sich das viele Touristen sicher wünschen. Man hofft doch, dass man »Geld im Land lässt«, dass die Afrikaner an uns verdienen, wenn wir ihren Kontinent bereisen. Das tun sie zwar auch – aber bislang leider oft nur in geringem Maße. Das große Geschäft machen meist andere.

FLUCH DER SCHÄTZE – ANGOLA

Willkommen in Absurdistan
Halb stolz, halb verlegen präsentiert Luis Venâncio, der Dorfvorsteher, den deutschen Besuchern seinen größten Schatz: einen brandneuen Flatscreen-Plasma-Fernseher. Er hat ihn von der Staatsführung bekommen für seine treuen Dienste als örtlicher Parteifunktionär der angolanischen Regierungspartei MPLA. »Den Fernseher haben sie uns geschenkt, damit wir hier im Dorf Fußballspiele sehen können oder Telenovelas.« Was die großzügigen Parteistrategen in der Hauptstadt leider übersehen haben: Im Dorf Muzondo gibt es gar keine Elektrizität! Und so steht das schöne Geschenk nun stumm und schwarz in der Ecke der ärmlichen Hütte. Eine Momentaufnahme wie aus Absurdistan.

Parteifunktionär Luis will aber nicht unzufrieden sein. Schließlich hat sein Haus Fenster, wenn auch ohne Fensterglas, durch die tagsüber Licht hereinfällt. Und zwei Zimmer mit hellgrün gestrichenen Wänden. Eltern und Kinder können also getrennt schlafen. Das ist Luxus. Davon können die meisten seiner Nachbarn nur träumen. Sorgen macht ihm, dass sie hier so geringe Chancen haben, aus der Armut herauszukommen. So bauen sie zum Beispiel in Muzondo Bananen an. Die Arbeit in den Plantagen ist anstrengend, lohnt sich jedoch kaum, denn sie bringt über die Selbstversorgung hinaus praktisch keinen Ertrag. Entsprechend lethargisch und resigniert wirken viele Dorfbewohner. Es lohnt sich nicht, mehr zu arbeiten, was sollte sie also motivieren? Luis zeigt auf die Stauden und rechnet uns vor: »Wenn ich diese Bananen zum Markt bringe, bekomme ich dafür etwa hundert Kwanza. Aber der nächste Markt liegt weit weg, es gibt nicht viele Straßen, man muss Umwege fahren. Der Transport dorthin kostet mich auch hundert Kwanza. Also verdiene ich am Ende nichts. Deshalb sind die Bauern hier so arm.« Hundert Kwanza, das ist umgerechnet etwa ein Dollar. Zwei Drittel der Angolaner müssen von weniger als zwei Dollar am Tag leben.

Dabei ist Angola eigentlich ein sagenhaft reiches Land. Es schwimmt geradezu in Öl, das vor der Küste aus dem Meeresboden gepumpt wird. Die Hauptstadt Luanda gilt als eine der teuersten Städte der Welt. Wer westliche Standards sucht, zahlt für ein Zimmer im Hotel oder ein Essen im Restaurant höhere Preise als in Tokio oder New York. Für ein ziemlich mieses Essen, das aus einem Klacks trockenem Reis, fünf abgezählten Pommes frites und einem mikroskopisch kleinen Stück Schuhsohlen-Hühnerfleisch bestand, haben wir in einem Restaurant locker dreißig Dollar hingelegt. Ein schlichtes Fünfzig-Quadratmeter-Appartement kostet fünfhunderttausend Dollar, eine Flasche französischen Cognac kann man in Luandas neuester Shopping-Mall für mehrere tausend Dollar erwerben. Ein exklusives Angebot für einen exklusiven Kreis, dessen Mitglieder ihre Porsche Cayennes abends gerne im Yacht-Hafen von Luanda parken, auf der Halbinsel Ilha. Hier sieht es beinah aus wie an der Uferpromenade von Saint-Tropez. Die Terrasse eines der elegantesten Restaurants der Stadt lädt dazu ein, den abendlichen Sonnenuntergang zu genießen. Im »Cais de Quatro« sitzen wohlhabende Angolaner und ausländische Geschäftsleute an stylischen weißen Tischen unter weißen Sonnenschirmen. Auch deutsche Gesprächsfetzen wehen durch die laue Abendluft, leise Lounge-Musik perlt aus den Lautsprechern, hin und wieder tuckert eine weiße Motoryacht vorbei. Blickt man von hier aus auf die Skyline von Luanda, könnte man tatsächlich meinen, man sei in Monaco oder Dubai. In der Ferne glitzern die Hochhäuser im Stadtzentrum verheißungsvoll, auch das schmutzige Wasser im Hafenbecken wirkt im rosa Abendlicht sehr malerisch. Den Dreck und die Armut sieht man von hier aus nicht.

»Hier müssten doch Springbrunnen stehen«

Dabei sind Dreck und Armut in der Stadt allgegenwärtig. Das reiche Luanda beschränkt sich auf einige wenige Villenviertel und einen kleinen Bezirk im Zentrum mit neuen Hochhäusern und einigen renovierten Gebäuden aus der portugiesischen Kolonialzeit. Das Verteidigungsministerium residiert zum Beispiel in einem indigoblauen Kolonialbau. Oder die Zentralbank in einem repräsentativen schnörkeligen Gebäude der Jahrhundertwende. Auffällig ist auch der »Salon Diana«, ein gelb gestrichener Schönheitstempel, der von der Tochter des Präsidenten betrieben wird. Nicht weit von ihrem Kosmetik-Salon entfernt, an einem der Hochhäuser, prangt auf einem riesigen Plakat das Konterfei ihres Vaters: Präsident José Eduardo Dos Santos, der seit über dreißig Jahren das Land regiert. Auf dem retuschierten Propaganda-Bild sieht er aus wie ein Vierzigjähriger, faltenfrei, mit hellerer Haut als in natura und mildem weichgezeichneten Lächeln. Tatsächlich ist Dos Santos inzwischen knapp siebzig, und seine Macht ist bis heute ungebrochen. Anfang 2010 hat er eine Verfassungsänderung durchgesetzt, die es ihm ermöglicht, sein Amt auf Lebenszeit auszuüben, solange seine Partei herrscht.

Den Bürgerkrieg, der mit Unterbrechungen insgesamt siebenundzwanzig Jahre währte (von 1975 bis 2002), überlebte er politisch genauso, wie er sich den jeweiligen globalen Gegebenheiten anpasste, etwa dem Wechsel vom Marxismus zur Marktwirtschaft. Die ehemalige portugiesische Kolonie Angola gehörte nach ihrer Unabhängigkeit 1975 zur strategischen Einflusssphäre des Ostblocks. José Eduardo Dos Santos wurde von Sowjetunion und

DDR unterstützt. Als es damit vorbei war, wechselte er die Seiten, statt Sozialismus wurde nun Marktwirtschaft propagiert. Doch schon zuvor hatte er sein Land, mit Billigung Moskaus, dem Westen geöffnet und um internationales Kapital geworben, was dank der reichen Ölvorkommen auch reichlich floss. Die autoritäre Regierung Angolas gilt als extrem korrupt. Milliarden versickern in dunklen Kanälen, internationale Kritik wie vom Internationalen Währungsfonds IWF wurde lange ignoriert.

Vom Stadtkern und den Luxusenklaven außerhalb des Zentrums abgesehen, ist Luanda eine erschütternd arme und dreckige Stadt. Wie hohle Zähne ragen die Ruinen hoher Häuser in den Himmel, wahre Müllkippen türmen sich am Straßenrand. Schon die Fahrt vom Flughafen in die Innenstadt wirkt auf mich bedrückend – und sie dauert ewig. Es gibt inzwischen so viele Autos in Luanda, dass das begrenzte Straßennetz völlig überlastet ist. Zu jeder Tageszeit herrscht überall Stau, mehr als Schritttempo ist praktisch nie möglich. Wir gewöhnen uns schnell an, selbst für kurze Strecken sehr lange Fahrzeiten einzukalkulieren. Für eine halbe Million Menschen war Luanda ursprünglich geplant, heute leben hier über fünf Millionen. Während und nach dem Bürgerkrieg strömten aus allen Landesteilen Flüchtlinge in die Hauptstadt. Und viele leben in Slums wie »Samba«, einem der größten Elendsviertel direkt im Stadtzentrum – gar nicht so weit entfernt vom eleganten Restaurant »Cais de Quatro«.

Der Slum »Samba« erstreckt sich von der Hauptstraße bis ans Meer. Das faulende Skelett eines Holzboots liegt am Strand, der eine einzige Müllhalde ist. Stinkende Gülle fließt in das dreckigbraune Meerwasser, mit dem Frauen ihre Kinder waschen. Der Gegensatz zur schönen Halbinsel Ilha mit ihren weißen Motoryachten könnte krasser nicht sein. Am Eingang des Slums befindet sich die obligatorische Repräsentanz der Regierungspartei, an der Parteiflagge unverwechselbar zu erkennen: auf rot-schwarzem Untergrund ein gelbes Emblem mit halbem Zahnrad, Machete und fünfzackigem Stern, das an Hammer, Sichel und Sowjetstern erinnert. Machete und Zahnrad stehen für Bauern und Industriearbeiter. In »Samba« ist die Parteizentrale nicht mehr als eine Wellblechhütte. Mein Kollege Jens, unser Kamerateam, unser Dolmetscher und ich kommen in Begleitung von zwei Sozialarbeitern einer privaten Hilfsorganisation. Der Parteifunktionär des Viertels begrüßt uns, gegen Dreharbeiten hat man hier (zunächst) nichts einzuwenden.

Auf schmalen Trampelpfaden laufen wir durch das unendlich scheinende Labyrinth aus Wellblech, Bretterwänden und schiefen Mauern. Wir werden zurückhaltend, aber freundlich gegrüßt. Wie eklatant arm sie sind, ist den Bewohnern hier sehr wohl bewusst, und ihnen ist auch vollkommen klar, dass wir genau das zeigen wollen. Die Menschen hausen in offenen Verschlägen, wir waten durch Schlamm und Gülle, über tote Ratten und durch Schwärme von Schmeißfliegen, die sich auf kleine Fische und magere Hühnerbeine stürzen, die in schmutzigen Plastikschüsseln stumm vor sich hingammeln. Es gibt kein fließend Wasser, keinen Strom, dafür Müll, Malaria und Cholera. Die Kindersterblichkeit ist in Angola hoch, von tausend Kindern sterben fast zweihundert vor ihrem fünften Lebensjahr. Die medizinische Versorgung ist katastrophal. Slums sind überall auf der Welt furchtbar, und doch gibt es große Unterschiede. Dieser hier ist ein Slum der schlimmeren Sorte – und das in einer der teuersten Städte der Welt.

In einem notdürftig zusammengehauenen Gebäude schwitzen etwa fünfzig Kinder und ihr Lehrer unter dem glühend heißen Wellblechdach. In Strömen rinnt ihnen der Schweiß über die Stirn in dieser improvisierten kleinen Schule, die die Slumbewohner selbst errichtet haben. Auch draußen ist es heiß, doch hier drin ist es unerträglich, wie in einer finnischen Sauna mit doppeltem Aufguss. Innerhalb von Sekunden kleben mir die Klamotten klatschnass am Körper. Aufgeregt drehen sich die Kinder nach uns um, bleiben auf Zuruf ihres Lehrers aber brav auf ihren Stühlen sitzen, anstatt sich neugierig auf Jochen und seine Kamera zu stürzen. Ein Lied wird für die Besucher angestimmt: die angolanische Nationalhymne. Dabei trägt der angolanische Staat zur Bildung dieser Kinder praktisch nichts bei. Fünf Dollar pro Kind und Monat müssen die Eltern zahlen – sehr viel Geld für Menschen, die von der Hand in den Mund leben. »Aber vielen Eltern hier ist das wichtig«, sagt der junge Lehrer. »Sie wissen, dass Schulbildung für ihre Kinder die einzige Chance ist, überhaupt jemals aus diesem Elend herauszukommen.« Spricht's und lächelt resigniert, während er ein Stück Kreide zwischen seinen Fingern dreht.

Auf dem staubigen Platz vor der Schul-Hütte begegnen wir Joaquina und Josef, der hier offenbar zu den Wortführern gehört. Nachdem wir einander vorgestellt worden sind, hält Josef die ganze Zeit über meine Hand, während wir uns unterhalten – fast zwanzig Minuten lang. Keine Zudringlichkeit, sondern eine besondere Willkommensgeste gegenüber Besuchern. Mir ist das sehr lieb, denn Josef mit seinem weißen Hut, Netzshirt und Rapper-Sonnenbrille hat etwas zu sagen in diesem Slum. Wenn er uns so offensichtlich willkommen heißt, ist das ein Zeichen für all die anderen, die uns zunächst skeptisch beobachten. Einer der Bewohner, die ein paar Meter entfernt stehen, beginnt plötzlich zu schreien und zu schimpfen. Er hat anscheinend etwas gegen die ausländischen Besucher mit ihrer Filmkamera. Joaquina folgt meinem Blick in seine Richtung und winkt ab. »Das ist ein Verrückter, der ist seit dem Krieg so, beachtet ihn nicht weiter«, übersetzt Antonio Cascais, unser Reiseführer und Dolmetscher.

Antonio ist Portugiese, lebt die meiste Zeit des Jahres aber in Deutschland. Er ist selbst Journalist und ein ausgewiesener Angola-Kenner. Wir sind froh, ihn als Begleiter gewonnen zu haben, denn kein Angolaner wäre in der Lage gewesen, uns bei politisch heiklen Themen offiziell zu unterstützen. Mit einigen angolanischen Journalisten hatten wir im Vorfeld der Reise gesprochen. In unserer Themenauswahl bestärkten sie uns zwar, »ihr stellt die richtigen Fragen«, aber keiner von ihnen wollte das Risiko eingehen, mit uns direkt zusammenzuarbeiten – auch wenn offiziell Presse- und Meinungsfreiheit herrschen. Antonio hingegen kennt Angola seit vielen Jahren wie seine Westentasche, kann aber als EU-Bürger wie wir das Land jederzeit wieder verlassen.

Umso vorsichtiger sind wir im Gespräch mit den Bewohnern von »Samba«. Wir wollen sie nicht in Schwierigkeiten bringen und würden sie zum Beispiel nicht direkt nach ihrer Meinung über den Präsidenten und seine Partei fragen. Sehr allgemein frage ich also Josef und Joaquina, was sie über ihr Leben hier denken. »Ein Albtraum«, sagt Joaquina, eine füllige Frau mittleren Alters mit Gipsarm und tiefen Kummerfalten um den Mund. »Hier ist doch alles voller Ungeziefer, es gibt Malaria und andere Krankheiten, es ist ungesund und gefährlich, hier zu wohnen. Meine Kinder haben keine vernünftige Schule, und ich hab Mühe, uns über Wasser zu halten. Ich verkaufe Kekse und anderen Kleinkram. Das alles ist ein einziges Elend – und jetzt wissen wir nicht, wie es weitergeht. Alle reden davon, dass wir hier bald vertrieben werden. Und wo kommen wir dann hin? Im Zweifelsfall wird es noch schlimmer.«

Viele der Hüttensiedlungen in der Innenstadt sind schon geräumt worden, die Bewohner von »Samba« fürchten, dass ihnen früher oder später das gleiche Schicksal droht, dass sie irgendwohin gebracht werden, irgendwohin außerhalb. Luanda sei zugleich doch so eine reiche Stadt, sage ich zu Josef. Er lacht bitter: »Na klar! Luanda ist die teuerste Stadt der Welt, das weiß doch jeder. Natürlich wissen wir das! Angola ist reich, ein reiches Land.« Aber, frage ich ihn, wo geht es denn hin, das ganze Geld? »Ihr seid doch die Journalisten!«, antwortet er. »Sagt ihr es uns! Bei uns jedenfalls kommt nichts davon an. Dabei gibt es in Angola so viel Geld. Hier dürften nicht solche Hütten stehen. In einem reichen Land müsste es doch eigentlich ganz anders aussehen. Hier müssten Blumenbeete blühen und schöne Schulgebäude stehen und Springbrunnen. Ja, Springbrunnen müssten hier überall stehen!«

»Verschwinden Sie hier!«

Als wir später noch tiefer in den Slum hineingehen wollen, werden wir plötzlich von zwei »Polizisten in Zivil« gestoppt. Angolas Staatssicherheit hat Wind davon bekommen, dass ein ausländisches Kamerateam hier unterwegs ist. Als sie auftauchen, ist die Straße, an der wir entlanggehen, plötzlich wie leergefegt. Obwohl wir offizielle Journalisten-Visa und den vom angolanischen Informationsministerium ausgestellten Presseausweis vorzeigen können, werden wir von den beiden Herren in Hemd und Anzughose unmissverständlich dazu aufgefordert, die Kamera auszustellen und unverzüglich das Weite zu suchen. »Wenn ihr etwas drehen wollt, dann dreht doch die Hotels da drüben. Aber nicht hier. Das Viertel hier darf nicht gefilmt werden. Und jetzt verschwindet!« Das ist deutlich. Unsere Namen werden notiert. Antonio erhält später noch mal Anrufe auf seinem Handy mit der Warnung, nicht erneut nach »Samba« zu fahren. Für uns ist dieser »Zwischenfall« nicht wirklich riskant, schlimmstenfalls würden wir vorübergehend verhaftet und dann ausgewiesen. Doch Angolaner, die gegen die Politik des Präsidenten öffentlich zu laut protestieren, leben gefährlich.

In einem unauffälligen und wenig besuchten Strandcafé treffen wir zwei Mutige, die trotzdem unbeirrt ihre Stimme erheben: die Aktivisten André und Pimentel von *SOS Habitat*. Die Organisation engagiert sich für die Armen in Angola, für die stumme Mehrheit der angolanischen Gesellschaft. Über »Samba«, den

Slum, den wir besucht haben, sagen sie: »Der Präsident kann diese Wellblechhütten von seinem Palast aus sehen. Seit über zwanzig Jahren schaut er auf das Elend, während er das Geld zählt, das ihm und seinen Leuten aus den Ölquellen entgegensprudelt. Hat er je irgendwas für die Armen in seiner Nachbarschaft getan? Nichts. Es war ihm gerade mal egal.« Vor allem klagt *SOS Habitat* die Vertreibungen aus den Armenvierteln der Hauptstadt an. Die Immobilienpreise sind in exorbitante Höhen geschossen. Und wo immer in Luanda Spekulanten ein neues Luxushotel oder Bürogebäude bauen wollen, lasse die Regierung die dort wohnenden Menschen einfach vertreiben. Hütten würden mit Bulldozern niedergewalzt, erzählen die Aktivisten, die Bewohner in Bussen wegtransportiert. Und zwar keineswegs in bessere Sozialwohnungen, sondern oft nur in einfache Zeltlager, ohne Unterstützung, ohne Entschädigung. Hauptsache, sie sind aus dem Blickfeld und stören den atemlosen Bauboom in der Hauptstadt nicht. »Wer keine Verbindung zur Staatspartei hat, der frisst Dreck. Dem geht's hier schlecht. Und die Kluft zwischen Arm und Reich wird immer größer. Niemand tut etwas dagegen. Für den einfachen Bürger hat der Ölrausch nur negative Folgen.«

André und Pimentel sehen sich als Vertreter der einfachen Bevölkerung: »Wenn wir das nicht kritisieren, wer soll es sonst tun?« Zum Zeitpunkt unseres Gesprächs ist der Gründer ihrer Organisation vorübergehend nach Lissabon geflüchtet. Er hat einen zweiten, portugiesischen Reisepass; das sei für ihn eine Art Lebensversicherung. Auch André und Pimentel sind vorsichtig, kommunizieren Heikles nicht per Handy, sondern nur über anonyme Email-Adressen, wechseln häufiger ihre Aufenthaltsorte. Doch sie wollen, dass ihre Stimme in der Welt gehört wird – und treffen sich deshalb auch mit ausländischen Journalisten. »Wir gehen täglich Risiken ein, da macht es keinen Unterschied mehr, ob wir Interviews geben oder nicht.« Sie selbst hätten auch keine

Bedenken, in deutschen Medien ihre richtigen und vollständigen Namen zu nennen. Wir lassen das trotzdem lieber sein.

»Eine Demokratie? Das ist doch scheinheilig«

Auch der Oppositionspolitiker Raúl Danda, den mein Kollege Jens am Tag zuvor getroffen hatte, sagt, dass sich José Eduardo Dos Santos »wie ein König, wie ein kleiner Gott aufführt«. Als Abgeordneter und Universitätsprofessor kann er sich solche Kritik leisten – ein kalkuliertes Risiko. Angola, bestätigt er, sei nach wie vor ein Polizeistaat, von umfangreicher Staatssicherheit überwacht. Daran, so die Regimekritiker, habe sich bis heute nichts geändert, auch wenn sich das Land inzwischen »marktwirtschaftlich« und nicht mehr »marxistisch« nennt und der Bürgerkrieg vorbei ist. »Die Regierung ist dieselbe, das System ist dasselbe.« Im westlichen Ausland ist hingegen zu hören, dass Angola inzwischen auf einem hoffnungsvollen Weg sei. Die deutsche Regierung hat Angola kürzlich zu einem »Schwerpunktland« der Entwicklungszusammenarbeit erhoben. Beim Deutsch-Angolanischen Wirtschaftsforum 2009 wurde zwischen Angola und dem Bundeswirtschaftsministerium eine »strategische Wirtschaftspartnerschaft« geschlossen. André und Pimentel schütteln darüber den Kopf. Dass aus Präsident José Eduardo Dos Santos in den letzten Jahren ein Demokrat geworden sein soll, könne niemand ernsthaft behaupten, der offenen Auges durch ihr Land gehe: »Wenn ausländische Regierungen sagen, Angola sei auf einem guten Weg, die Demokratisierung mache Fortschritte, dann ist das scheinheilig. Dahinter steckt doch nur eins: das Interesse an Rohstoffen und Geld. Für Menschenrechte interessiert sich hier keiner, auch die Europäer nicht. Es gibt in Angola keinen demokratischen Fortschritt«, bekräftigt André. »Anderes zu behaupten, wäre eine Farce. An Angola haben alle nur ökonomische Interessen. Wegen der Rohstoffe. Wir von *SOS Habitat* sagen Ihnen: Hier geht es allen nur ums Geld.«

Die Aktivisten sehen insofern keinen großen Unterschied zwischen Chinesen, die im Auftrag Pekings Straßenbauprojekte gegen Öl tauschen, portugiesischen Geschäftsleuten, die Millionen in Spekulationsobjekte investieren, oder deutschen Waffenlobbyisten, die offiziell über »Industrie-Entwicklung« philosophieren. Immer gehe es nur ums Geschäft, und immer gehe es vor allem darum, möglichst gute Beziehungen zur Dos-Santos-Clique zu pflegen. Auch wir begegnen in Luanda Geschäftsleuten aus Europa, die uns von Präsident Dos Santos vorschwärmen: Wie charismatisch der Mann sei, welch gute Beziehung sie zu ihm hätten und wie aussichtsreich die Entwicklung in Angola sei.

Die Macht des »alten Vaters«
Und dieser Präsident darf nun auf Lebenszeit regieren. Warum entmachtet sich das Parlament selbst? Und warum wählen die Angolaner diese Regierung nicht ab, obwohl doch so offensichtlich ist, dass der Großteil der Bevölkerung unter den gegebenen Verhältnissen leidet? Darüber spreche ich bei unseren stundenlangen Autofahrten beziehungsweise unserem stundenlangen Im-Stau-Stehen immer wieder mit Antonio, der das Land so gut kennt. »Du musst bedenken«, erläutert er, »dass die Menschen durch den furchtbaren Bürgerkrieg traumatisiert sind. Sie wollen keine Konflikte mehr, sie haben Angst vor Situationen, die die scheinbare Stabilität des Friedens in Frage stellen könnten. Dieses Trauma macht sich der Präsident ja auch zunutze, indem er Krieg und Chaos voraussagt für den Fall, dass die Opposition die Macht übernehmen würde.« Hinzu kommt, dass die Bevölkerung extrem jung ist. Man schätzt, dass über die Hälfte der Bevölkerung unter fünfzehn Jahre alt ist. Und seit sie denken können, wurde den jungen Angolanern die Angst vor Konflikten und Konfrontation eingeimpft. »Außerdem haben neunzig Prozent der Bevölkerung noch nie einen anderen Präsidenten erlebt als José Eduardo Dos Santos«, fügt Antonio hinzu. »Viele können sich gar nicht

vorstellen, einen anderen Präsidenten zu haben. Wenn man ihn überhaupt hinterfragt, dann so, wie man einen ungeliebten Vater kritisiert, dessen Stellung man aber nicht prinzipiell in Frage stellt. Viele junge Angolaner nennen den Präsidenten ›pai velho‹, alter Vater.«

Natürlich sind es auch die enormen finanziellen Ressourcen, über die Dos Santos und sein Umfeld verfügen, mit denen sich Präsident und Regierungspartei den Machterhalt erkaufen können. Mit Günstlingswirtschaft und mit einem umfangreichen Polizeiapparat, inklusive einer Spezialarmee zum Schutz des Präsidenten und seiner Familie. »Und letztlich versucht Dos Santos, mit diesen Methoden auch die internationale Gemeinschaft für seine Zwecke einzuspannen. Weder Amerikaner noch Europäer und erst recht nicht die Chinesen sind an einem politischen Wandel in Angola sonderlich interessiert. Die Geschäfte laufen gut, das Land ist stabil.« Vor allem die Portugiesen, ergänzt Antonio, fürchten die wirtschaftlichen Folgen von Machtkämpfen in Angola. »So gesehen werden notfalls halt auch Wahlfälschungen hingenommen. Da guckt man lieber nicht so genau hin, Hauptsache, es herrscht Ruhe in Angola.«

Die Regierung hat zwar versprochen, Milliarden in die marode Infrastruktur zu investieren, damit auch die breite Bevölkerung vom Aufschwung profitiert. Davon ist bislang jedoch nicht viel zu sehen, sobald man das Stadtzentrum verlässt. Neue Straßen soll es geben. Und eine Million Sozialwohnungen. Irgendwo außerhalb. Denn die Grundstücke in der Hauptstadt sind mittlerweile viel zu wertvoll für normale Angolaner. Überall in Luanda wird gebaut. Der Staatsführung schwebt ein zweites Dubai oder Abu Dhabi vor. Internationale Bauherren sind willkommen.

Mit dem angolanischen Immobilienmakler Vincente Albinego besichtigen wir einen der großen Neubauten im Stadtzentrum, den sogenannten »Zimbo-Tower«. Vom portugiesischen Bauleiter lässt er sich dort ein gerade fertiggestelltes Appartement zeigen. Fünfzig Quadratmeter mit zwei Zimmern – sehr bescheiden ausgestattet. Das kleine Badezimmer etwa mit schlichten Kacheln und äußerst einfachen Armaturen. Bei uns würde man das bestenfalls als Studentenappartement deklarieren. Doch der Preis ist gesalzen: fünfhunderttausend Dollar wird der Makler dafür verlangen. »Wir haben überhaupt keine Schwierigkeiten, das zu verkaufen«, sagt Vincente Albinego. »Wir werden hier alles los. Die Nachfrage ist riesig – und die Preise steigen weiter.« So lukrativ ist das Immobiliengeschäft, dass selbst die heruntergekommenen Slums für Spekulanten aus aller Welt interessant werden.

The rich man's world
Die Springbrunnen, von denen Josef im Slum »Samba« sprach, gibt es in Luanda natürlich auch. Vor dem Schaufenster eines Händlers von Luxusautos zum Beispiel. Die Dichte deutscher Karossen in der Stadt ist auffällig, speziell große Geländewagen sind »en vogue«. Unser portugiesischer Kollege Antonio Cascais erzählt, dass einige seiner wohlhabenden angolanischen Bekannten manchmal das halbe Wochenende damit verbringen, in ihrem VW-Touareg oder Porsche Cayenne ziellos durch die Gegend zu fahren. Als Freizeitvergnügen, einfach so, um das Auto zu genießen, stundenlang. So viel mehr gibt es wohl auch nicht, um sich die Zeit zu vertreiben, außer man hat noch eine Motoryacht, mit der man durch das Hafenbecken schippern oder zum Hochseefischen rausfahren kann.

Ein kleiner Springbrunnen steht auch vor der Villa von Joáo Paulo Tomás. Ein angolanischer Geschäftsmann, der mit seiner *Angola Business Corporation* reich geworden ist. Ein Konglomerat unterschiedlicher Unternehmen hat er aufgebaut, vom Catering-Service bis zur Landschaftsgärtnerei. Die goldfarbene Visitenkarte, die er uns überreicht, ist aus Plastik, so dass sie aussieht wie eine goldene Kreditkarte.

Im silbernen Nadelstreifenanzug empfängt er uns am Abend im weiß gekachelten Erdgeschoss seines Hauses. Er begrüßt uns mit herzlicher Gastfreundlichkeit – dass er ein ausländisches Kamerateam in seine Wohnung einlädt, ist durchaus keine Selbstverständlichkeit. Joáo Paulo Tomás wohnt in einem der besseren Viertel Luandas. Sechs bis acht Millionen Euro sei sein Haus wert, schätzt er. Wir können's kaum glauben, denn weder Haus noch Wohngegend entsprechen dem, was man sich in unseren Breitengraden unter einer Millionärsvilla in Toplage vorstellt. Das Haus ähnelt eher einem einfachen Reihenhaus, allerdings von einer hohen Mauer umgeben. Ein Berg aus Müll und Dreck hat sich bis auf wenige Meter herangeschoben. Auf der Straße spielen zerlumpte Jugendliche im fahlen Licht einer Straßenlaterne Fußball. Sie wohnen ganz sicher nicht in einer der hoch umzäunten »Villen«. Unser Fahrer bleibt draußen, um den Wagen zu bewachen. Arm und Reich in direkter Nachbarschaft – eine der vielen irritierenden Beobachtungen in dieser Stadt.

Das Wohnzimmer in Joáos Haus wird von einer aufwendig verspiegelten und spektakulär beleuchteten Bar dominiert. Die anderen Räume, die sich über drei schmale Stockwerke verteilen, sind hingegen eher karg, mit kaltem Neonlicht, gekachelten Böden und großen Schrankwänden ausgestattet. Ein Gästezimmer ist in Grasgrün gestrichen, eine Farbe, die an die Wände in der Hütte des Dorfvorstehers in Muzondo erinnert. Nur dass im Haus des Millionärs die Fernseher natürlich funktionieren. In jedem der Zimmer steht ein großes Gerät. Den Grundstock für seinen Reichtum legte ein Stipendium, das ihm Präsident Dos Santos »persönlich« finanziert habe, wie er stolz betont. Joáo Paulo Tomás gehörte damit zu den Glücklichen, die im Ausland studieren konnten, in seinem Fall an der New York State University. Ein Land, das selbst kaum über eigene Bildungseinrichtungen verfügt, schickt die Jugend seiner Elite eben ins Ausland. Für solche Stipendien ist Geld da. An Schulen und Universitäten im eigenen Land mangelt es bis heute.

Wie viele Mitglieder der angolanischen Oberschicht orientiert sich Joáo Paulo am westlich-europäischen Ausland. Er sammelt Murano-Gläser aus Italien, Whisky aus Schottland, Parfüm aus Frankreich und schwärmt für den FC Barcelona. Seine Fußball-Leidenschaft geht so weit, dass er seine Gäste – neben uns noch ein Ehepaar aus Brasilien – für eine Dreiviertelstunde sich selbst überlässt, um auf einem gigantischen Plasma-Fernseher die zweite Halbzeit eines Barcelona-Spiels zu verfolgen. Ein echter Fußballfan eben, dafür haben wir natürlich Verständnis. Während wir auf den Schlusspfiff warten, fällt mir ein, dass ich in einem der ärmlichen Innenstadtviertel einen jungen Mann mit »Ballack«-T-Shirt gesehen hatte. Europäischer Fußball ist in Angola offenbar allgemein sehr populär, nicht nur in der Oberschicht.

Joáos Haus jedenfalls ist letztlich eine einzige Ausstellungsfläche für Statussymbole. Angefangen bei den vielen teuren Fernsehgeräten über die mindestens fünfzig Parfümflaschen auf einer Anrichte im Schlafzimmer bis hin zu einer umfangreichen Turnschuh-Sammlung, die er mir vorführt. Etwas »Afrikanisches« findet sich nirgendwo, selbst die Bilder an der Wohnzimmerwand sind europäisch, genauso wie das Essen, das sein firmeneigener Catering-Service für die Gäste auftischt: Kartoffelsalat, Krabbencocktail, Entenbrüste. Andrea, seine hellhäutige junge Ehefrau aus Lissabon, lächelt schüchtern und sagt wenig. Ihre Familie hat afrikanische Wurzeln, war von den Kapverdischen Inseln nach Portugal eingewandert, so viel erfahre ich immerhin. Zögernd erzählt sie noch, dass sie Lissabon vermisst. Und dass der viele Müll in Luanda sie schockiert habe. Nein, ihre Hochzeit vor sechs Monaten hätten sie nicht gefeiert. Nirgendwo steht oder liegt etwas Persönliches herum, keine gerahmten privaten Fotos, keine zerlesene Zeitschrift, keine CD-Hülle, kein achtlos über einen Stuhl geworfenes Kleidungsstück, selbst offen herumliegende Zahnbürsten oder Cremetöpfe sucht man im Badezimmer vergeblich.

Wie ein von Menschen bewohntes Haus wirkt diese Villa nicht, eher wie die angolanische Version einer »Schöner-Wohnen«-Kulisse. Das allerdings ist ein Phänomen, das man nicht nur in afrikanischen Millionärshaushalten beobachten kann…

In Angola ist das Öl die Quelle, aus der das meiste Geld sprudelt. Und die Regierungsclique sitzt direkt am Zapfhahn. Nur wer dazugehört, hat Aussichten, vom Reichtum etwas abzubekommen. Dass gute Kontakte zur Regierung für einen angolanischen Geschäftsmann unabdingbar sind, bestätigt João Paulo: »Man muss wissen, welche Knöpfe man drücken muss«, erklärt er mir vielsagend. Er arbeitet fürs Landwirtschaftsministerium, hat sich nebenher sein prosperierendes Firmenimperium aufgebaut. Den Catering-Service zum Beispiel, mit dem er auch das Ministerium beliefert, in dem er zugleich als Staatsdiener angestellt ist. Solche Verquickungen von Staat und Geschäft sind in Angola normal. »Die größten Projekte liegen in der öffentlichen Hand. Wenn Sie wollen, dass Ihr Geschäft schnell wächst, dann müssen Sie Beziehungen haben. Und der beste Kunde in Angola ist nun mal die Regierung.« Ausführlich führt er mir seine gut sortierte schillernd-bunte Hausbar vor, die mein besonderes Interesse weckt, denn für westliche Spirituosen werden in Angola geradezu unfassbare Preise aufgerufen. João präsentiert mir eine Flasche Obstbrand für dreihundert Euro, einen französischen Cognac für dreitausend Euro. Status-Symbole einer Elite, bei der Politik und Geschäft Hand in Hand gehen. »Alle hier machen Geschäfte«, sagt er. »Auch wer in der Regierung ist, hat nebenher irgendein kleines Unternehmen. Das ist unsere Art zu überleben.«

Angolas Regierung rühmt der »Überlebenskünstler« pflichtgemäß – »das sind wirklich gute Leute« –, aber blind für die Ungerechtigkeiten in seinem Land ist er nicht. »Es wird allerhöchste Zeit, dass unsere Regierung endlich auch etwas für die Armen in unserem Land tut. Sie verdienen es, denn diese Leute haben im

Krieg am meisten gelitten.« Und auch den Öl-Reichtum Angolas sieht er durchaus kritisch. »Es gibt hier zu viel Spekulation, und wir sind zu abhängig von einzelnen Rohstoffpreisen, das ist nicht gut.« Sein Idol, fügt er noch hinzu, sei Nelson Mandela. Und hebt dann an zu einem längeren Monolog über Frieden, Umweltschutz, Gerechtigkeit und Bildungsinvestitionen, während uns sein indischer Barkeeper mit strahlendem Lächeln knallblaue, quietschgelbe oder leuchtendrote Cocktails aufdrängt und im Hintergrund der Fernseher brüllt. Etwas benommen marschieren wir schließlich von dannen.

Das Schwarze Gold
Schon der jahrzehntelange Bürgerkrieg in Angola wurde mit den reichen Öl- und Diamantenvorkommen finanziert. Die Regierungspartei kontrollierte vor allem die Erdölquellen, die Rebellen hingegen die Diamantenfelder. Insofern war es auch ein Krieg Öl gegen Diamanten. Und ein typischer Stellvertreterkrieg: Die marxistische MPLA von Präsident Dos Santos kämpfte mit Unterstützung von Sowjetunion und Kuba, die Rebellen der UNITA bekamen Hilfe von den USA und Südafrika. Beide Seiten hatten so dank der Rohstoffe genug Geld, um reichlich Waffen zu kaufen, und das jahrzehntelang. Besonders das Schwarze Gold wurde dann nach Kriegsende zur Grundlage eines beispiellosen Wirtschaftsbooms. In den Jahren 2005 und 2006 verzeichnete das Land sogar märchenhafte Wachstumsraten von über zwanzig Prozent. Rohstoffhungrige aller Länder vereinigten sich in ihrem Interesse an Angola: Amerikaner, Europäer, Brasilianer, Russen – und allen voran die Chinesen. Steigende Ölpreise befeuerten zudem die Phantasie internationaler Spekulanten, die nicht nur die Immobilienpreise der Hauptstadt in phantastische Höhen trieben. Viele Millionen aus dem Ölgeschäft verschwanden derweil weiter in den Taschen der politischen Elite, gern auf Konten im Ausland, wie schon zu Kriegszeiten. Der Internationale Währungsfonds

forderte von Angolas Regierung immer wieder nachdrücklich mehr Transparenz – vergeblich. Als der britische Ölkonzern *BP* 2001 ankündigte, seine Geldströme an den staatseigenen angolanischen Ölkonzern *Sonangol* offenzulegen, reagierte Angolas Regierung mit der unverhohlenen Drohung, die Verträge mit *BP* zu kündigen. Der Warnschuss wurde gehört. Seitdem verzichten die internationalen Ölfirmen darauf, zu irgendeiner Form von »Transparenz« im angolanischen Ölgeschäft beizutragen. Daran hat sich nach dem Kriegsende 2002 nicht viel geändert.

Angesichts des immer wieder stark schwankenden Ölpreises fragt man sich allerdings, ob der in Luanda zu besichtigende Boom nicht eine Spekulationsblase sein könnte, die irgendwann platzt. Vor einem Zusammenbruch der Immobilienpreise fürchten sich vor allem die zahlreichen portugiesischen Investoren. Sollten ihre hohen Investments eines Tages den Bach runtergehen, könnte davon auch der Euro betroffen sein. Vergleichsweise sorglos sind da die Chinesen: Sie haben sich langfristige Ölverträge gesichert. Die Volksrepublik ist mittlerweile der wichtigste Abnehmer des angolanischen Öls, rund ein Drittel des Exports ging 2010 nach China. Da der Internationale Währungsfonds (IWF) Kredite an Auflagen bindet, zum Beispiel an die Offenlegung der Einnahmen aus dem Ölgeschäft, entschied sich Angolas Regierung in den Nachkriegsjahren lieber für das Angebot der Chinesen: Milliardenkredite, die durch Öl abgesichert werden – und an die Bedingung gebunden sind, große Bau-Aufträge an chinesische Firmen zu vergeben. Darüber hinaus werden keine lästigen politischen Fragen gestellt. Auch aus alter kommunistischer Verbundenheit sind die politischen Beziehungen zwischen Peking und Luanda gut.

Infrastruktur gegen Rohstoffe – auch in anderen afrikanischen Ländern verfolgt China solche Tauschgeschäfte, für die der Begriff »Angola Model« geprägt wurde. So ist die Volksrepublik mittlerweile sogar zum wichtigsten Handelspartner des afrikanischen Kontinents geworden. In Angola halten sich rund fünfzigtausend chinesische Gastarbeiter auf, viele bleiben nur für kurze Zeit und leben in Containerdörfern. Seit einiger Zeit mehren sich allerdings Berichte über Attacken auf chinesische Arbeiter, verübt von frustrierten Angolanern, die meinen, dass die Chinesen ihnen die Jobs wegnehmen. Eine der vielen chinesischen Baustellen wollten wir gerne filmen, doch daraus wurde nichts: Bei der einzigen internationalen Firma, die uns Dreharbeiten auf einer ihrer Baustellen gestattet hatte, kamen die Bauarbeiten kurzfristig zum Erliegen. Der angolanische Staat hatte seit Längerem nicht mehr gezahlt, also wurde auch nicht mehr gebaut; die chinesischen Arbeiter blieben in ihren Containern. Ganz so reibungslos scheint das »Angola-Model« also nicht mehr zu funktionieren... Die internationale Finanzkrise und der Einbruch bei den Weltmarktpreisen für Öl 2009 machten sich in Angolas Staatshaushalt drastisch bemerkbar; das Land schlitterte unvermutet in eine Rezession. Inzwischen sind die Ölpreise wieder angestiegen, und so zogen 2010 auch die angolanischen Wachstumsraten wieder an.

Dass mittlerweile aber auch der Nicht-Öl-Sektor stärker wächst, wird von internationalen Beobachtern als positives Zeichen gewertet. Trotzdem ist Angola nach wie vor das Paradebeispiel eines Petro-Staates: Die Wirtschaft des Landes hängt am Erdöl wie an einem Tropf, das Schwarze Gold macht rund neunzig Prozent der Exporte aus, etwa achtzig Prozent des Staatshaushaltes und zirka fünfzig Prozent des Bruttoinlandsprodukts. Man stelle sich vor, die Hälfte der deutschen Wirtschaft bestünde aus Einnahmen aus dem Steinkohleabbau! Abgewickelt wird das Geschäft in Angola über die staatliche Ölfirma *Sonangol*. Das Unternehmen ist eines der größten in Afrika. Ausländische Konzerne schließen Verträge mit *Sonangol* ab – Kriterien wie Transparenz und »good governance« spielen dabei meist keine Rolle. Schon in den Kriegsjahren hatte sich die Regierungsclique um José Eduardo Dos Santos, die sogenannten »futungos«, enorm bereichert. Nach Berechnungen der Organisation *Human Rights Watch* (in einem Bericht aus dem Jahr 2004, basierend auf Zahlen des IWF) verschwanden allein in den letzten fünf Kriegsjahren, zwischen 1997 und 2002, mehr als vier Milliarden US-Dollar, die nie im offiziellen Staatshaushalt auftauchten, sondern an der Zentralbank vorbeigeleitet wurden, um dann auf ungeklärte Weise zu versickern. Das Londoner Forschungsinstitut *Economist Intelligence Unit* hat im Jahre 2003 einen Bericht veröffentlicht, nach dem eine Gruppe von knapp sechzig Angolanern, überwiegend hochrangige Staatsangestellte, über ein privates Gesamtvermögen von fast vier Milliarden Dollar verfügte – in einem kriegszerstörten Land, dessen gesamtes Bruttoinlandsprodukt damals nur etwa zehn Milliarden Dollar betrug.

Seitdem hat sich die Wirtschaftsleistung Angolas zwar enorm gesteigert (2010 betrug das BIP über achtzig Milliarden Dollar). Doch der Erdölboom erreicht die Gesamtbevölkerung nach wie vor nicht. Nach Angaben der Vereinten Nationen nimmt die Armut sogar weiter zu. Und im Korruptionsindex von *Transparency International* ist Angola noch weiter abgesunken (auf Platz 168 von 178 Ländern im Jahr 2010*)*. Seit einiger Zeit gibt es allerdings eine Annäherung zwischen Angola und dem Internationalen Währungsfonds. Nach Jahren der Eiszeit wurde 2010 erstmals wieder eine Kreditlinie vereinbart. Angolas Regierung versprach, Korruption und Misswirtschaft entschlossener zu bekämpfen und die Rechnungsprüfungsberichte der staatlichen Ölgesellschaft *Sonangol* zu veröffentlichen. Man wird sehen, ob das nur Absichtserklärungen sind oder tatsächlich ein Umdenken einsetzt – in einem Regierungsapparat, dessen Personal seit drei Jahrzehnten an den Honigtöpfen sitzt.

An der Quelle des Reichtums – ein Besuch offshore

Das internationale Ölgeschäft in Angola hat seit 2002 zwar gewaltig angezogen, doch es lief auch in Kriegszeiten schon gut, durchaus mit Unterstützung des Westens, der politisch doch eigentlich »auf der anderen Seite« stand. Das bestätigt uns indirekt Philippe Chalon, der oberste Repräsentant des französischen Konzerns *Total* in Angola. *Total* ist nur eine von vielen internationalen Ölfirmen, die in Angola aktiv sind. Wir sind mit dem Franzosen in seinem Büro in Luandas Innenstadt verabredet, im obersten Stockwerk der Repräsentanz des Konzerns, mit Blick auf den Container-Hafen. Wie so oft, wenn man es mit Industriebossen zu tun hat (ähnlich wie bei anderen Superprominenten), ist die Entourage vorher ziemlich angespannt. Man bat uns inständig, mit dem Chef erst noch ein persönliches Vorgespräch zu führen, bevor ein Interview gefilmt wird. Auf keinen Fall dürften wir Monsieur Chalon »direkt mit Fragen überfallen«. Wie so oft in solchen Fällen kommt es anders.

Ich hatte darauf bestanden, dass zumindest unsere Begrüßung direkt gefilmt werden darf, weil es für mich nicht in Frage kommt, solche Szenen für eine Reportage später nachzustellen wie bei einem Kammerspiel. Ich mag solche Inszenierungen nicht und glaube, dass Zuschauer spüren, wenn geschauspielert wird. Und selbst wenn sie es nicht merken sollten – ich weiß es, das genügt. Journalistische Reportagen sollten Momente so einfangen, wie sie sind. Manchmal ist dann das Bild nicht perfekt, das Licht stimmt nicht hundertprozentig, die Kamera wackelt ein bisschen; natürlich ärgert man sich gelegentlich, wenn man später im Schneideraum eine Aufnahme wegwerfen muss, weil sie verhunzt ist. Aber das ist mir immer noch lieber, als gestellte Szenen zu senden. Dies setzt natürlich voraus, dass man Kameraleute hat, die die Kunst der klassischen Reportage-Kamera beherrschen und den Stress aushalten, auf Unvorhersehbares blitzschnell reagieren zu müssen, notfalls einfach mitzurennen, egal, was passiert. Wir sind da bei unserer Afrika-Reise gesegnet mit unseren beiden Kameramännern, die vom Berggorilla bei Regen bis zum Industriekapitän im dunklen Büro alles stoisch drehen, was ihnen vor die Linse kommt.

Jochen schultert also munter seine Kamera, ich marschiere in Monsieur Chalons Büro und los geht's. Schon nach kurzem Eingangs-Small-Talk sind wir mitten im Interview. Monsieur Chalon, der dem Typus des charmanten Franzosen perfekt entspricht, stört das keineswegs. Zumal er bei den Geschäften seines Konzerns keine Probleme sieht. Angola sei »ein extrem wichtiger und ölreicher Standort«, versichert er. Die Rahmenbedingungen seien dabei stets »stabil« geblieben. Die politischen Verhältnisse, erklärt er, seien hier nicht das Problem. »Die größten Risiken sind technischer Natur. Nicht die politischen Verhältnisse. Natürlich – wenn in einem Land ein Krieg droht, gehen wir dort nicht hin. Oder wenn internationale Regeln nicht eingehalten werden oder wenn in einem Land keine ethisch vertretbaren Maßstäbe gelten – dann warten wir ab. Aber in Angola haben wir diese Probleme nicht. Zum Glück.« *Total* ist allerdings schon seit den fünfziger Jahren durchgehend in Angola präsent. Also waren auch die knapp dreißig Jahre Bürgerkrieg anscheinend kein Problem… Dass Präsident José Eduardo Dos Santos seit drei Jahrzehnten regiert, ist für die ausländischen Ölfirmen jedenfalls eher ein Standortvorteil, zu verbuchen unter »politischer Stabilität«. Auch die Frage, an wen die Einnahmen aus dem Öl fließen, das sie aus dem Meeresboden holen, spielt für die Ölmultis keine Rolle. Was Angola mit dem Öl macht, an wen es verkauft wird, sagt Chalon, »is not our business«.

Am nächsten Tag fliegen wir frühmorgens per Hubschrauber zu den Ölquellen offshore, von Luanda aus rund hundertsiebzig Kilometer nordwestlich übers offene Meer, ins sogenannte Kongo-Becken, wo ein Großteil des angolanischen Öls gefördert wird. Am Hubschrauber-Terminal geht es an diesem Morgen ähnlich missmutig zu, wie ich es Tage zuvor beim Check-in der staatlichen angolanischen Airline bei meinem Zwischenstopp im südafrikanischen Johannesburg erlebt hatte. Johannesburg ist, wie ich eingangs erwähnte, ein Flughafen, den ich besonders mag. Eine sonnige Wärme kann den Reisenden dort umfangen, und immer wieder bin ich dort ungewöhnlich hilfsbereiten und freundlichen Flughafen-Mitarbeitern begegnet. Mit dieser heiteren Atmosphäre war allerdings abrupt Schluss, als ich nach Angola eincheckte. Immerhin ergatterte ich meinen Platz, nachdem es zunächst hieß, der Flieger sei überbucht. Danach standen wir erst mal zwei Stunden auf dem Rollfeld, während südafrikanische Ingenieure die Maschine auf Sicherheitsmängel überprüften. Wahrscheinlich keine schlechte Idee; nach dem Interieur zu urteilen, schien der Flieger noch aus den siebziger Jahren zu stammen. Ich hackte eifrig meine Notizen, die ich während der vorangegangenen Kenia-Reise in eine Kladde gekrakelt hatte, in meinen Laptop und verdrängte jeden Gedanken daran, dass diese Airline bis vor Kurzem noch auf der schwarzen Liste jener Fluggesellschaften gestanden hatte, die in der EU keine Start- oder Lande-Erlaubnis haben. Nun ja. Wird schon gutgehen. Und es ging ja auch gut. Da fiel auch nicht weiter ins Gewicht, dass die Lautsprecher das Bordprogramm mit anhaltender Tonstörung, dafür umso lauter, mit gefühlt hundert Dezibel, in die trotz angeblicher Überbuchung halbleere Kabine bliesen. Als ich den Steward zaghaft fragte, ob sich daran vielleicht etwas ändern ließe, schnauzte er mir ein so unmissverständliches »No« entgegen, dass sich weitere Anregungen erübrigten.

Ähnlich rüde geht es nun am Hubschrauber-Terminal in Luanda zu, über den der Flugverkehr mit den Ölplattformen abgewickelt wird. Die genervt-unfreundliche Atmosphäre macht allerdings Daguberto mehr als wett: ein junger angolanischer Ingenieur, der uns neugierig anlacht und mit dem wir in der Wartehalle ins Gespräch kommen. Daguberto Benchimol ist achtundzwanzig Jahre alt, hat in Lissabon studiert und kam anschließend direkt von der Uni zu *Total*. Ein gutaussehender und – mit modischer Jeans und Shirt – lässig gekleideter junger Mann. Seit zwei Jahren arbeitet er im Zwei-Wochen-Wechsel auf der Plattform. In Luanda wohnt er noch bei seinen Eltern, für eine eigene Wohnung reicht das Geld bislang nicht. Doch nächstes Jahr will er seine Freundin heiraten und endlich ein eigenes Zuhause finanzieren. Sein Spezialgebiet ist die Unterwasser-Technik. An einem Computer kontrolliert er, ob die diversen Rohre und Geräte am Meeresboden einwandfrei funktionieren. Als wir ihn später auf der Plattform in seinem Büro wiedertreffen, sehen wir, dass er mit hübscher Ironie eine Taucherbrille und einen Schnorchel an seinem Monitor drapiert hat. Die Arbeit sei schon gefährlich und anstrengend, sagt er – aber sie lohne sich. Und er findet es wichtig, dass möglichst viele Angolaner auf den ausländischen Plattformen arbeiten. Noch gibt es nicht viele angolanische Ingenieure wie ihn. Die meisten Einheimischen arbeiten auf den Bohrinseln in untergeordneten Positionen. Und sehr viele Arbeitsplätze gibt es dort gar nicht. Das ist auch ein Problem der hochmodernen Hightech-Ölförderung: Sie braucht nicht viele Hände und ist insofern kein wirklicher Job-Motor.

Als wir mit dem Hubschrauber schließlich abheben, fliegen wir zunächst eine große Schleife über Luanda. Aus der Luft sieht man erst richtig, wie klein das Stadtzentrum mit Hochhäusern und geteerten Straßen ist und wie unendlich sich dagegen die Armenviertel mit ihren flachen Hütten über das gesamte Stadtgebiet ausdehnen. Eine knappe Stunde lang fliegen wir dann übers Meer, bis die Ölplattform am Horizont auftaucht. Im Ölfeld »Block 17« liegt die »Dalia«, eine der größten und modernsten Bohrinseln, die der *Total*-Konzern betreibt. Wie ein riesiges Kreuzfahrtschiff sieht sie von oben aus: 300 Meter lang, 60 Meter breit, über 30 Meter hoch, 90 000 Tonnen Stahl sind hier verbaut.

Zahlen, die einen regelrecht erschlagen. Gleich nach unserer Landung an Deck werden wir in die Security-Abteilung geleitet. Dort erfolgt zunächst ein sehr langes Briefing. Wenn ich zurückdenke, haben wir wahrscheinlich die Hälfte unseres Aufenthalts an Bord mit Sicherheitseinweisungen verbracht. Wo wir im Notfall hinzulaufen haben, in welchem Fach unsere jeweilige Schwimmweste liegt, wie wir in ein dreißig Meter tiefer gelegenes Rettungsboot springen usw. Ein bisschen lästig fanden wir das damals schon. Unser Aufenthalt war allerdings kurz, bevor die *BP*-Bohrinsel »Deepwater Horizon« im Golf von Mexiko explodierte, auf der genau solche Tiefseebohrungen durchgeführt wurden wie auf der »Dalia« vor Angola. Wären wir nach diesem katastrophalen Unfall auf der Bohrinsel gewesen, hätten wir die stundenlangen Sicherheitseinweisungen wahrscheinlich noch sehr viel aufmerksamer verfolgt.

Seit drei Jahren wird auf »Dalia« das hochkomplizierte »deep offshore dragging« praktiziert. So erfolgreich, dass *Total* seine Investitionskosten von rund neunhundert Millionen Euro bereits hereingeholt hat und mit Gewinn fördern kann. Von diesem sogenannten »Profit-Oil« erhält der angolanische Staatskonzern *Sonangol* achtzig Prozent. Ein typischer Vertrag: In den ersten Jahren, nach Probebohrungen und Investitionen, bekommt *Total* den größeren Anteil des Öls, des sogenannten »Cost-Oil«, bis der Break-Even-Punkt erreicht ist und *Total* seine Investitionskosten zurückverdient hat. Danach erhält *Sonangol* den Löwenanteil des »Profit-Oil«. Für beide Seiten ein lohnendes Geschäft. Das Öl in Angola, sagt *Total*-Manager Chalon, sei trotz hohem technischen Aufwand deutlich kostengünstiger zu fördern als zum Beispiel norwegisches oder kanadisches Öl. Und anders als in Nigeria müssen die ausländischen Ölfirmen in Angola keine Anschläge oder Entführungen befürchten. Doch auch auf der »Dalia« wurde die effiziente Hightech-Maschinerie schon mal Opfer einer Sabotage: Philippe Chalon erzählt uns, dass sich kürzlich ein großer Schwertfisch in eines der Tiefsee-Rohre gesäbelt habe. Für zweieinhalb Tage musste daraufhin die gesamte Produktion ruhen. Der vorwitzige Fisch kostete den Öl-Multi einige Millionen Dollar, bis er stückweise aus dem Rohr herausgeholt wurde: »The most expensive sushi we've ever had.«

Auf der Plattform sind über die Hälfte der Mitarbeiter Angolaner. Langfristig will *Sonangol* die Ölfelder komplett selbst übernehmen. Für *Total* sei das ein normales Geschäft, erklärt man uns: Erst Ölvorkommen entdecken und Produktionsstätten aufbauen, später den Ölländern die Produktion überlassen und mit neuer Technik zu neuen Entdeckungen aufbrechen. Auf der Plattform »Dalia« wird das Öl aus über zwei Kilometern Tiefe geholt. Bis zum Meeresboden sind es 1,4 Kilometer, die Ölquellen liegen dann noch mal rund achthundert Meter tiefer. 264 000 Barrel werden so täglich hochgepumpt, zwischengelagert und schließlich in Tanker umgeladen. Insgesamt werden vor Angolas Küste etwa zwei Millionen Barrel am Tag gefördert. Damit ist das Land neben Nigeria der größte Erdölproduzent Afrikas.

Der leitende französische Ingenieur der Plattform »Dalia«, Laurent Barthelemy, führt uns über sein Schiff. Den breiten Mittelgang nennen sie die »Champs-Élysées«, um sich »ein bisschen heimisch zu fühlen«. Seit knapp zwei Jahren ist der Franzose hier. Einmal im Monat fliegt er heim nach Paris, zur Familie. Er glaubt nicht, dass die Öl-Vorkommen vor Angolas Küste bald erschöpft sein werden: »Wir sind hier lange noch nicht am Ende. Wir planen im Moment mit zwanzig Jahren – aber ich denke, dass wir auch in dreißig oder fünfunddreißig Jahren immer noch hier sein werden. Dieses Ölfeld hält noch einige Überraschungen für uns parat. Und wenn nicht an dieser Stelle, dann in unmittelbarer Nähe.« Weitere Vorkommen wurden bereits entdeckt. Vom Schwarzen Gold kann Angolas Regierung also vermutlich noch lange profitieren – und mit ihr alle anderen, die in dieses Geschäft eingebunden sind.

Jobs in der Ölbranche sind nach wie vor extrem begehrt. Ingenieur Francisco Neto gehört zu den wenigen Angolanern, die in leitender Position auf der Plattform arbeiten. Für ihn ein Traumjob. »Öl ist so wichtig«, schwärmt er. »Es war schon immer mein Traum, in der Ölindustrie zu arbeiten. Seit dem Studium wollte ich das. Was die Bezahlung und die Sozialleistungen angeht, ist die Arbeit besser als in den meisten anderen Branchen.« Angolanische Ingenieure können in ihrem ersten Berufsjahr auf der Bohrinsel heute rund viertausend Dollar brutto monatlich verdienen. Üblicherweise arbeiten sie im Wechsel: Zwei Wochen zirka elf Stunden am Tag, danach haben sie zwei Wochen frei. Außerdem gibt es von *Total* für die Mitarbeiter zusätzliche Unterstützung, zum Beispiel Krankenversicherung, Schulgebühren für die Kinder. Im Laufe der Karriere ist für die afrikanischen Ingenieure ein Verdienst von bis zu siebentausend Dollar möglich, heißt es. Doch in einer so teuren Stadt wie Luanda gehört man damit noch lange nicht zu den Reichen. Viele Ölarbeiter verdienen sich mit der Vermietung ihrer Wohnungen etwas dazu. Wer eine Bleibe in der Innenstadt hat, vermietet sie und wohnt selbst außerhalb. Damit könne man manchmal sogar mehr Geld verdienen als mit den Jobs in den Ölfirmen, erzählt man uns. Die Arbeit auf der Plattform ist jedenfalls hart. Über und unter Deck ist es heiß und eng. Die Schlafräume sind winzige Kabinen, jeder Zentimeter funktional kalkuliert, mit schmalen Betten, die an Krankenzimmer erinnern. Vergleichsweise gemütlich ist da der Sozialraum, in dem die Arbeiter ihre Pausen verbringen. Neben einer kleinen Bar mit italienischer Kaffeemaschine sind die Hauptattraktion eine Leinwand und eine Playstation. Als wir den Raum für eine Kaffeepause betreten, spielen zwei junge angolanische Arbeiter damit gerade ein Fußballspiel gegeneinander. Stolz ist das französische Management auf die Qualität seiner Kantine, von der wir uns selbst überzeugen können. Französische Küche, ein großes Salatbuffet und eine Theke mit Baguette und Käse. Das Herzstück der Plattform ist der Kontrollraum, das Cockpit sozusagen. Der Anblick der vielen parallel geschalteten Bildschirme, Computer und Schaltflächen erinnert mich fast ein wenig an unsere Regieräume im Mainzer Sendezentrum; und genauso konzentriert wie unsere Regisseure, Bildmischer und Tontechniker während einer Live-Sendung verfolgen die Ingenieure auf der »Dalia« rund um die Uhr das Geschehen auf ihren Monitoren.

Ingenieur Francisco Neto führt uns schließlich zu den Außenbereichen der Plattform, die wir nur in orangefarbener Schutzkleidung betreten dürfen. Ein plötzlicher Gasaustritt ist die größte Gefahr, die auf einer solchen Bohrinsel droht. So dient auch die typische große Flamme, die am Ende der Plattform hoch in die Luft lodert, vor allem dazu, vor solchen Gasen zu warnen. Francisco hat in den post-sozialistischen neunziger Jahren Ingenieurwissenschaften in Moskau studiert. Inzwischen sei das Ölgeschäft aber nicht mehr der einzige Traumjob wie noch zu seinen Jugendzeiten, sagt er. »In manch anderen Branchen kann man heutzutage sogar noch mehr Geld machen, mit bestimmten Bürojobs etwa, mit Immobilien oder mit Diamanten.«

Die teuerste Zigarette meines Lebens

Als wir von der Ölplattform nach Luanda zurückkehren, bekommen wir unverhofft einen kleinen Eindruck davon, wie sich die Korruption in einem Regierungsapparat von ganz oben bis zum kleinen Beamten unten fortsetzen kann. Wir verlassen den Hubschrauber-Terminal und marschieren zu unserem Auto. Am Parkplatz angekommen, gönnen sich die Raucher unter uns (zu denen leider auch die Autorin dieses Buches gehört) nach zwölf anstrengenden und rauchfreien Stunden auf der Bohrinsel erst mal eine kleine Belohnungszigarette. Die Kippen drücken wir am Bordstein aus. Das erweist sich als Fehler. Denn als wir ins Auto steigen wollen, sind wir plötzlich von drei bewaffneten Polizisten umringt, die uns auf Portugiesisch anraunzen. Antonio guckt uns eindringlich an und übersetzt dann langsam: »Das Wegwerfen von Zigarettenkippen ist hier verboten. Dafür bekommen Sie eine Strafe von je zweitausend Dollar plus zwanzig Stunden Sozialarbeit. Ihre Pässe, bitte.« Ich starre die Beamten fassungslos an. Ein Rauchverbotsschild war natürlich nirgendwo zu sehen auf diesem Parkplatz, und angesichts des vielen Drecks in Luanda wären wir auch nie auf die Idee gekommen, dass zwei Zigarettenkippen hier ein Straftatbestand wegen Verschmutzung sein könnten. Absurd! Doch noch bevor ich den Mund öffnen kann, um zu protestieren, murmelt Antonio auf Deutsch: »Bloß nicht diskutieren! Guck schuldbewusst und überlass den Rest mir.« Also lasse ich traurig den Kopf hängen, während wir unsere Reisepässe überreichen. »Habt ihr mehr Dollar oder mehr Euro dabei?«, fragt Antonio. »Euro.« – »Okay.«

Antonio, der solche Spiele kennt, entfernt sich mit den Polizisten ein paar Meter und beginnt zu verhandeln. Seinem Gesichtsausdruck ist nicht zu entnehmen, ob er damit erfolgreich ist oder nicht. Ich sehe ihn nur immer wieder verständnisvoll nicken, während die Polizisten auf ihn einreden. Nach einer guten halben Stunde kommt er zurück. Die »Strafe« ist auf sechzig Euro reduziert worden, zahlbar in Cash und ohne Quittung, versteht sich. Kaum haben wir die Geldscheine ausgehändigt, bekommen wir die Pässe zurück. Die Beamten sind nun schlagartig von ausgesuchter Freundlichkeit und kramen ein paar Englischkenntnisse hervor: »Thank you very much.« Sie winken uns sogar noch hinterher, als wir davonfahren. Wir winken zurück, mit freundlichem Lächeln auf den Lippen und einer gehörigen Portion Wut im Bauch. Zwei Dinge habe ich daraus gelernt: Erstens, in solchen Situationen nach Möglichkeit nicht sofort den Reisepass mit Visum herauszurücken, ohne den man das Land nicht verlassen kann. Sondern nur einen Presse- oder Personalausweis anzubieten. Das kann die Verhandlungsposition sehr verbessern.

Zweitens: Endlich mit der verdammten Raucherei aufzuhören. Man sieht ja, wohin einen das führen kann.

»Die gehen jetzt erst mal feiern«, grinst Nichtraucher Antonio, den wir dankbar zum »Mitarbeiter des Tages« wählen. Für uns ist das am Ende nur eine Reise-Anekdote unter dem Titel »Die teuerste Zigarette meines Lebens«. Aber für die Einheimischen ist die Willkür des Staatsapparats ein ständiges Problem. »Man kann sich nie sicher sein, dass man nicht unter irgendeinem Vorwand verhaftet wird«, fügt Antonio ernst hinzu. »Also zahlt man, um sich größeren Ärger zu ersparen. Darunter leiden vor allem die Armen in diesem Land.«

Fluch der Schätze

Der internationale Ölpreis liegt derzeit (Ende 2010) bei über achtzig Dollar pro Barrel. Insgesamt werden in Angola täglich zwei Millionen Barrel gefördert. Vier von fünf Tankern gehen an den angolanischen Staatskonzern. Wenn man diese Zahlen überschlägt, fragt man sich: Warum hat dieser Staat nicht genug Geld für Schulen, Stromnetz und Straßen? Dass reichhaltige Bodenschätze für ein Land mehr Fluch als Segen sein können, zeigt sich in Angola geradezu beispielhaft, fast wie aus einem volkswirtschaftlichen Lehrbuch. Wenn eine Regierung unmittelbarer Profiteur einer großen Einkommensquelle ist, die von ihr auch zentral verwaltet und kontrolliert wird, ist sie nicht auf ein diversifiziertes, also vielfältiges Wirtschaftsleben angewiesen. Es ist, wenn man so will, egal, ob das Land andere einkommensstarke Wirtschaftszweige entwickelt. Ob zum Beispiel genug Ingenieure und Wissenschaftler ausgebildet werden, die neue Techniken entwickeln und die Produktivität des Landes vorantreiben. Damit ist auch der Anreiz, in den Bildungssektor zu investieren, entsprechend geringer.

Eine Regierung, die große Rohstoffvorkommen ausbeuten kann, sei es Öl, Gold oder Diamanten, anstatt auf die Wertschöpfung ihres Volkes angewiesen zu sein, ist auch nicht abhängig von Steuerzahlern, die gepflegt werden wollen und denen gegenüber man begründen muss, was mit ihrem Geld gemacht wird. Wie grundlegend das für die Entwicklung demokratisch-parlamentarischer Strukturen sein kann, zeigt ein kurzer Blick ins Geschichtsbuch: Schon die britische Magna Carta 1215 und später die Bill of Rights 1689 wurden auf Druck des steuerzahlenden englischen Adels beziehungsweise Bürgertums verfasst. Ohne deren Geld konnte der König seine Kriege nicht finanzieren. Besonders prägnant formulierte es die amerikanische Unabhängigkeitsbewegung im 18. Jahrhundert: »No taxation without representation« – wir zahlen keine Steuern, wenn wir nicht mitbestimmen dürfen, wofür das Geld ausgegeben wird. Wer zahlt, will mitreden. Oder, wie es so schön heißt: Wer zahlt, bestellt. Eigenes Einkommen macht selbstbewusst. »Verdien du erst mal dein eigenes Geld! Solange du deine Füße unter unseren Tisch …«, bekommen ja sogar deutsche Jugendliche seit Generationen von ihren Eltern zu hören. Im europäischen Zeitalter der Aufklärung war das Selbstbewusstsein des wohlhabenden Bürgertums ein entscheidender Faktor für die Veränderung der politischen Machtverhältnisse.

Natürlich sollte man die Macht des Ökonomischen nicht überbewerten und uns Menschen die Fähigkeit absprechen, Ideale jenseits finanzieller Interessen zu verfolgen. Fraglos können auch einzelne herausragende Persönlichkeiten, weitsichtige politische Figuren, die es auf der Weltbühne immer wieder gegeben hat, das Schicksal eines Landes im positiven Sinne verändern und prägen. Insgesamt gibt es sehr viele Faktoren, die die Geschicke menschlicher Gesellschaften und Nationen bestimmen. Und doch teile ich die Ansicht, dass nicht nur die Politik die wirtschaftlichen Verhältnisse eines Landes bestimmt, sondern umgekehrt wirtschaftliche Faktoren einen enormen Einfluss auf die jeweiligen politischen Verhältnisse haben. Es ist jedenfalls auffällig, dass es jenen

Ländern, die im internationalen Vergleich über geringere Rohstoffvorkommen verfügen, meist besser geht als den Hütern großer Schätze. In Europa etwa gibt es viel weniger Bodenschätze als in Afrika. »Ressourcenfluch« nennen Ökonomen dieses scheinbar paradoxe Phänomen. Dieser Fluch trifft vor allem Länder, die zum Zeitpunkt der Entdeckung ihrer Schätze keine demokratischen Strukturen haben und nicht industrialisiert sind. Ein gutes Gegenbeispiel dafür ist Norwegen: Das Land ist mit seinen reichen Ölvorkommen klug umgegangen, ohne Korruption und ohne sich auf diese Einkommensquelle allein zu verlassen. Aber Norwegen war auch bereits ein Industrieland mit stabilen demokratischen Verhältnissen und breiter Mittelschicht, als Mitte der siebziger Jahre die Ölquellen vor seiner Küste entdeckt wurden.

Natürlich kann der »Ressourcenfluch« nur ein Erklärungsansatz unter vielen sein auf die Frage, warum Afrika so reich und zugleich so arm ist. Auch sind diese Erkenntnisse nicht neu: Volkswirte und Soziologen diskutieren darüber seit den neunziger Jahren. Aber ich finde dieses Phänomen nach wie vor sehr interessant. Es ist jedenfalls auffällig, dass in extrem rohstoffreichen Ländern häufig autoritäre Regierungen herrschen. Für deren politisches Überleben ist es wichtig, ihre Eliten zufriedenzustellen. Solange dafür ausreichend Geld vorhanden ist, kann es sich die Staatsführung leisten, andere Bereiche des gesellschaftlichen und wirtschaftlichen Lebens zu vernachlässigen.

Als Paradebeispiele für den sogenannten Ressourcenfluch gelten die Golfstaaten. Saudi-Arabien etwa verließ sich jahrzehntelang vollständig auf seinen Reichtum an Öl und Erdgas, alimentiert bis heute eine große Oberschicht (mit einer geradezu absurd hohen Zahl von »Prinzen«), lässt noch immer den Großteil anstrengender Arbeiten von Millionen Gastarbeitern erledigen und schloss obendrein die Hälfte der Bevölkerung, die Frauen, vom intellektuellen und wirtschaftlichen Leben komplett aus. Das ändert sich mittlerweile. Inzwischen dürfen auch saudi-arabische

Frauen zur Schule gehen und berufstätig sein, vorausgesetzt, am Arbeitsplatz wird die strikte Geschlechtertrennung eingehalten. Solche Einschränkungen gehen allerdings mit volkswirtschaftlichen Kosten einher. Salopp gesagt: Wer Frauen das Autofahren verbietet, muss sich das leisten können! Fragt sich nur, wie lange der Wüstenstaat sich sein spezielles Gesellschafts- und Wirtschaftssystem noch leisten kann. Öl ist eine endliche Ressource. Die hohen Arbeitslosenraten in Saudi-Arabien, das ohne nennenswerte Industrie seiner Bevölkerung abseits der Petro-Dollars wenig zu bieten hat, sind ein deutliches Alarmzeichen. Auch deshalb versuchen Emirate wie Dubai oder Katar seit geraumer Zeit, zusätzliche Einkommensquellen zu erschließen, zum Beispiel den Tourismus. Dass dies wiederum zu Übertreibungen und Spekulationsgeschäften führte und Dubai von der jüngsten Finanzkrise hart getroffen wurde, bestätigt, wie verletzlich Volkswirtschaften sind, die nicht auf breitem Grund stehen, sondern auf einige wenige Wirtschaftszweige setzen.

Solange die Erlöse aus einer Ressource wie Öl direkt an die Regierung fließen, bieten sich enorme Möglichkeiten der Bereicherung, was entsprechende Begehrlichkeiten weckt. Umgekehrt ist politische Macht dann gleichbedeutend mit großem Reichtum, an dem auch nur diejenigen teilhaben können, die zur Einflusssphäre der Regierenden gehören. Wer sich hingegen von der Politik fernhält oder gar zur Opposition gehört, hat geringe Chancen auf Wohlstand. Die Bereitschaft, Macht zu teilen oder zu akzeptieren, dass man die Macht im Zuge demokratischer Prozesse auch wieder verliert, wird damit naturgemäß stark reduziert. Auch aus dem deutschen Kanzleramt wird man nicht gern vertrieben. Der Auszug geht aber hierzulande nicht mit einer ökonomischen Katastrophe für eine ganze Gesellschaftsschicht einher. Und Ex-Kanzler können bei uns sogar besser verdienen als amtierende Kanzler; eine ordentliche staatliche Pension gibt es obendrauf. Wenn das Kanzleramt aber so etwas wie Onkel Dagoberts Geld-Swimmingpool wäre, ein Paradies, aus dem man mitsamt Familie und einer tausendköpfigen Clique brutal vertrieben würde, wäre die Bereitschaft, selbiges aufzugeben, vermutlich deutlich geringer ausgeprägt. Regierungen, die unmittelbar über eine Quelle großen Reichtums verfügen, haben insofern nicht nur einen starken Anreiz, Einkünfte zu verschleiern, sondern sind auch extrem daran interessiert, an ihrer politischen Macht um jeden Preis festzuhalten, notfalls mit Gewalt.

Insgesamt steigt in einer solchen Bodenschatz-Volkswirtschaft die Wahrscheinlichkeit, dass Geld verschwendet wird (man hat ja genug), dass andere Wirtschaftszweige vernachlässigt werden, dass die Korruption blüht und das Land autoritär regiert wird. Und es steigt die Wahrscheinlichkeit, dass es zu kriegerischen Auseinandersetzungen kommt. Schätze wecken Begehrlichkeiten, und sie können Kriege enorm befeuern, weil genug Mittel da sind, um Waffen zu finanzieren – und weil es so viele »Spieler« außerhalb des Landes gibt, die eigene wirtschaftliche Interessen verfolgen. Gäbe es im Kongo zum Beispiel nur Urwald und sonst nichts, die Geschichte dieses Landes wäre vermutlich weniger blutig verlaufen, und den Menschen dort würde es vielleicht nicht so elend ergehen, wie das bis heute der Fall ist. Stattdessen sind die bedauernswerten Kongolesen mit ihren reichen Bodenschätzen seit Jahrhunderten Spielball ausländischer Interessen und ihr Land Schauplatz brutaler räuberischer Feldzüge.

Solange politische Macht gleichbedeutend mit extremem Reichtum ist, bleibt auch die Rolle der Opposition als Regierungsalternative häufig fraglich. Sollte doch einmal die Opposition an die Regierung kommen, ist die Wahrscheinlichkeit hoch, dass die neuen Machthaber erst mal ihren ökonomischen Nachholbedarf stillen und sich ihrerseits bereichern. Schließlich haben die anderen das auch jahrzehntelang getan – »und jetzt sind wir endlich an der Reihe«. Eine Opposition, die einen solchen Kreislauf durchbricht, müsste schon sehr edel gesinnt sein. Moralische Helden finden sich weltweit jedoch leider selten. Dass es der Bevölkerung Angolas also viel besser gehen würde, wenn die ehemaligen Rebellen von der UNITA an die Macht kämen, darf man getrost bezweifeln.

Blutdiamanten in Sierra Leone
Ein anderes prägnantes Beispiel für den »Ressourcenfluch« ist das Schicksal des kleinen westafrikanischen Landes Sierra Leone. Dort liegt der Schatz nicht im Meer, sondern in der Erde: Diamanten. Einer der wichtigsten Bodenschätze Afrikas – und auch er oft eher Fluch als Segen. Die sogenannten »Blutdiamanten« haben Sierra Leone zu trauriger Berühmtheit verholfen. Selbst Hollywood hat sich des Themas angenommen, in dem durchaus sehenswerten Film »Blood Diamond« mit Leonardo DiCaprio. Elf Jahre tobte hier ein grausamer Bürgerkrieg um Diamanten und mit Hilfe der Diamanten. Illegal geschürfte Diamanten finanzierten diesen Krieg – und in Europa und den USA wurde daran kräftig mitverdient. Die Blutdiamanten wurden in den ehemaligen Rebellengebieten unter furchtbaren Bedingungen geschürft, von Minenarbeitern, die wie Sklaven gehalten wurden. Die geschmuggelten Diamanten, ob für Industrie oder Schmuck, waren preiswert zu haben. Diamantenhändler in New York, Amsterdam oder Tel Aviv nahmen freudig an, was ihnen angeboten wurde.

Ins Licht der Öffentlichkeit rückte dieser Diamanten-Krieg zuletzt, als das Supermodel Naomi Campbell im August 2010 vor ein UN-Sondertribunal in Den Haag zitiert wurde, um beim Kriegsverbrecher-Prozess gegen den liberianischen Ex-Diktator Charles Taylor auszusagen. Im Tausch gegen Diamanten habe er die Rebellen im benachbarten Sierra Leone mit Waffen versorgt, so die Anklage. Und einige dieser Diamanten habe er der schönen Naomi geschenkt. Sie räumte lediglich ein, damals ein paar »schmutzige kleine Steine« von unbekannten Männern erhalten zu haben. Wie wertlose Kieselsteine sehen Rohdiamanten tatsächlich aus, kein Wunder, dass das Supermodel ihren Anblick zunächst enttäuschend fand.

Seit 2002 herrscht Frieden in Sierra Leone. Wer heute durch das Land fährt, hat allerdings nach wie vor den Eindruck, in einem Kriegsgebiet unterwegs zu sein. Sierra Leone ist eines der ärmsten Länder der Welt. Fast jedes dritte Kind stirbt vor seinem sechsten Geburtstag, die durchschnittliche Lebenserwartung liegt bei nur vierzig Jahren. Man sieht zerschossene Häuser, liegengebliebene Haubitzen und: die Dörfer der Amputierten. Ganze Siedlungen, die eigens für die Kriegsversehrten und ihre Familien errichtet wurden. Weil das ihre Versorgung erleichtert, heißt es. Aber so sind sie auch »unter sich« und erinnern den Rest der Bevölkerung nicht jeden Tag an die Schrecken des Krieges. In bitterer Armut leben sie, mit ihren abgeschlagenen Armen und Beinen. Es ist gespenstisch, diesen Menschen zuzuhören, wenn sie erzählen, wie Kindersoldaten versuchten, ihnen die Hände abzuhacken oder mit der Machete den Schädel zu spalten. Und während sie das erzählen, sitzen ihre eigenen Kinder um sie herum, im gleichen Alter wie jene Jungen und Mädchen, die damals zu Tausenden durch das Land zogen, oft unter Drogen gesetzt waren und auf Geheiß der Armeeführer zu minderjährigen Monstern wurden.

Mein Kollege Jens formulierte seine Empfindungen später so: »Wenn man das hört und sich das bewusst macht, guckt man plötzlich jeden jüngeren Menschen in diesem Land skeptisch an und denkt: Was hast du eigentlich vor zehn Jahren gemacht? Die große Freundlichkeit der Leute in Sierra Leone kann man plötzlich nicht mehr so unschuldig annehmen, weil man sich ständig fragt, was unter der Oberfläche alles verborgen ist. Du siehst Kinder spielen und denkst daran, was Elf- oder Zwölfjährige noch vor wenigen Jahren in diesem Land getan haben.« Eine Gesellschaft, die ihre Kinder zu Tötungsmaschinen drillt und sogar Kleinkindern Arme und Beine abschlägt, hat sich zweifellos von jeder Menschlichkeit verabschiedet. In Sierra Leone waren es die Diamanten, die diese Entmenschlichung finanziert haben. »Diamonds are a girl's best friend«, sang Marilyn Monroe. Schaut man sich die Geschichte Sierra Leones an, mag man das umformulieren: »Diamonds are the devil's best friend« – ein teuflischer Bodenschatz.

Auch seit Kriegsende ist es Sierra Leone bislang nicht gelungen, aus seinen Diamantenvorkommen viel Positives zu entwickeln. Die Arbeitslosigkeit liegt bei über siebzig Prozent, nennenswerte Industriezweige finden sich nirgendwo. Wer kann, hält sich mit etwas Landwirtschaft über Wasser – oder sucht nach Diamanten. Wie Süchtige wühlen sich Zigtausende weiterhin durch die Minen des Landes, auf eigene Rechnung und eigenes Risiko. Von einem besseren Leben träumen sie, vielleicht morgen oder übermorgen. Vielen erscheint das wohl verheißungsvoller, als ein Feld zu bestellen. Alle hoffen sie auf den großen Fund. Jeder von ihnen kennt die Geschichte vom »Stern von Sierra Leone«, mit fast tausend Karat der drittgrößte Roh-Diamant, der jemals gefunden wurde. Angeblich lag er vor knapp vierzig Jahren einfach so im Geröll. Ein Mythos, dem sie in Sierra Leone bis heute hinterherjagen. Land und Leute werden immer noch von den Diamanten beherrscht. An die tausend Minen soll es geben, in denen legal und illegal gegraben wird. Nur selten finden diese kleinen Schürfer etwas Größeres. Die meisten verdienen mit ihrer verzweifelten Suche gerade mal sechzig Cent am Tag. Der Wirtschaft des Landes hilft das alles nicht. Auch wenn eine Firma wie *Koidu-Holdings*, die größte private Diamantenfirma in Sierra Leone, die zum Industrie-Konglomerat eines israelischen Milliardärs gehört, sich rühmt, größter Steuerzahler des Landes zu sein.

Die Diamanten mögen einen Krieg finanziert haben, doch insgesamt sind die Einnahmen aus diesen Vorkommen viel zu gering, um Sierra Leone zu Wohlstand zu verhelfen. Anders als in Angola, wo mit dem Öl zumindest theoretisch Wohlstand für eine breite Bevölkerungsschicht einhergehen könnte. Solange die Menschen in Sierra Leone auf die Diamanten setzen, wird es wohl weiterhin eines der ärmsten Länder der Erde bleiben. Zumal das wirklich lukrative Geschäft mit den wertvollen Steinen woanders gemacht wird. Ein Diamantenhändler in der Stadt Bo, der zweitgrößten des Landes, lacht nur laut, als er von uns auf seinen Profit angesprochen wird: »Das wahre Geschäft wird doch nicht von uns gemacht!«, ruft er. »Das wird bei den Juwelieren im Ausland gemacht, beim Endprodukt. Da wird der Wert verdoppelt oder sogar verdreifacht. Die Schleifer in Europa, Amerika und Israel, die machen den größten Reibach. Wir arbeiten denen doch nur zu. Aber vielleicht haben wir in Sierra Leone ja irgendwann eine eigene Industrie. Dann schleifen wir selbst. Dann machen wir hier das große Geld – anstatt das alles zu euch rüberfließen zu lassen.«

Die offizielle Exportroute ins Ausland geht über die Hauptstadt Freetown. Wie viele Diamanten heute noch, in Friedenszeiten, geschmuggelt werden, lässt sich nicht beziffern. Es dürften einige sein, trotz des sogenannten Kimberley-Abkommens von 2003, das den Begriff »Blutdiamant« offiziell definierte als einen meist illegal geschürften Diamanten, mit dessen Erlös gewalttätige Konflikte finanziert werden. Mit diesem internationalen Abkommen soll weltweit der Handel mit Diamanten aus Kriegs- und Krisengebieten unterbunden werden. Die Diamantenindustrie hat sich verpflichtet, nur noch Steine mit offiziellem Herkunftszertifikat zu kaufen. Jeder legale Export läuft in Sierra Leone heute über das »Gold and Diamond Office« in der Zentralbank. Ein heruntergekommenes Gebäude in der Innenstadt von Freetown. Hier werden die Rohdiamanten zertifiziert, taxiert und besteuert. Mit nur drei Prozent. Eine höhere Besteuerung, heißt es von der Regierung, würde nur zu mehr Schmuggel führen. So bliebe wenigstens ein kleiner Teil des Wertes im Land. Ein sehr kleiner Teil, der Sierra Leone nicht viel bringt. Dieser Schatz, der so viel Tod, Leid und Zerstörung brachte, birgt keine allzu große Hoffnung, das Land nun auch wieder aufzubauen.

Große Bodenschätze können also ein großer Fluch sein. Doch das muss natürlich nicht zwangsläufig so sein. Nicht nur Norwegen ist ein Beispiel dafür, wie ein Land mit seinen Ölvorkommen intelligent umgehen kann. Auch in Afrika wirken sich die Bodenschätze nicht überall verheerend aus. Botswana zum Beispiel verfügt über große Diamantenvorkommen, ohne dass dort nach der Unabhängigkeit Kriege ausbrachen. Im Gegenteil – Botswana genießt sogar den Ruf, ein afrikanisches »Musterländle« zu sein, einschließlich lukrativen Öko-Tourismus. Insofern haben große Bodenschätze nicht automatisch zerstörerische Folgen. Ein Segen können sie aber nur sein, wenn »good governance« herrscht, das Land also vernünftig regiert wird. Und wenn zugleich andere Wirtschaftszweige ausgebaut und gefördert werden, um der gefährlichen Abhängigkeit von einzelnen Rohstoffen zu entgehen.

Schönheit in Angola

Auch in Angola gibt es durchaus kreative Menschen, die das Land voranbringen können. Eine Frau wie Lucrecia Moreira zum Beispiel, mit der wir uns in »einem der besten Schönheitssalons« Luandas verabredet haben. Die Welt der Schönheit stellt man sich allerdings anders vor: Sie ist von außen so ergreifend hässlich, dass wir fast versucht sind zu sagen: »Typisch Luanda« – nichts ist, wie es scheint. Das Schöne ist bei näherem Hinsehen oft hässlich, das Hässliche hingegen kann innen durchaus schön sein. Oder, wie in diesem Fall, zumindest der Schönheit dienen. Wir stehen vor einem heruntergekommenen Hochhaus, ein schmutzig-grauer Betonklotz im sozialistischen Baustil der siebziger Jahre und seitdem wohl nie renoviert. Gräulich sehen auch die Wäschestücke aus, die vor den schiefen Fensterrahmen hängen. Nichts deutet darauf hin, dass sich hier im dritten Stock »Angola Model« befindet, eine der exklusivsten Adressen der Stadt. Als wir aus dem trostlosen Treppenhaus durch die Tür treten, sind wir aber tatsächlich in einer anderen Welt. Eine große Blumenvase steht im Eingangsbereich, eine Mitarbeiterin in einem blütenweißen, gestärkten Kittel nimmt uns in Empfang. Im Hauptraum herrscht emsige Betriebsamkeit, die vielen Föhne summen wie ein Bienenschwarm, die Wände sind in zartem Apricot gestrichen, vor jedem Spiegel ist ein schwarzes Marmorbord angebracht, auf dem die Kundinnen ihre Handtaschen abgelegt haben.

Während »meine« Männer (Redakteurskollege Jens, Kameramann Jochen und sein Assistent Frank) hier nicht so ganz in ihrem Element sind und sich in dieser Frauen-Oase möglichst unauffällig im Hintergrund halten, lasse ich mir mit großem Interesse das Repertoire an Nagellacken und anderen Schönheitsutensilien zeigen. Alltagsgegenstände in fernen Ländern mit dem zu vergleichen, was man von zu Hause kennt, ist eine wunderbar lebensnahe Form des interkulturellen Vergleichs! Deshalb liebe ich es auch, über Märkte zu gehen oder in Supermärkte und Kaufhäuser, falls vorhanden. Kochtöpfe, Bettwäsche, Konservendosen – ich finde das alles spannend. Übrigens auch Friedhöfe. Es ist aufschlussreich zu sehen, wie eine Gesellschaft mit ihren Toten umgeht. Mein persönlicher Favorit in dieser Hinsicht ist ein Friedhof, den ich in Japan besichtigt habe, in der Nähe von Kyoto. Auf den ersten Blick sah der Friedhof sehr kahl aus, ein großes Gelände mit lauter kleinen Steinplatten, ähnlich wie bei uns Urnenfriedhöfe. Doch dann sah ich, dass überall auf diesen Steinplatten lauter persönliche und sehr diesseitige Gaben an die Toten gelegt waren: die Lieblingssüßigkeit des Verstorbenen oder eine Dose seines bevorzugten Biers oder ein Päckchen Zigaretten… Hier in Luanda bin ich jetzt allerdings mitten unter den Lebenden und mir fällt die große Zahl an Perücken und Haarteilen auf, die der Salon anbietet. Lange Haare seien gerade sehr in Mode, erklärt mir die Mitarbeiterin, die selbst eine beeindruckende Lockenpracht trägt. »Viele Frauen helfen da mit künstlichen Haarteilen nach.«

Und dann rauscht Lucrecia Moreira zur Tür herein und begrüßt mich gleich fröhlich mit Küsschen-links-und-Küsschen-rechts und strahlendem Lächeln: »Sie müssen Marietta sein, Sie sind ja die einzige Blondine hier!« Lucrecia ist Modedesignerin, und, wie für die meisten Frauen in Angola, der Besuch beim Friseur ist für sie ein wöchentliches Muss. Auffällig viele Frauen, die wir auf den Straßen Luandas sehen, ob im Reichenviertel oder im Slum, tragen aufwendige Frisuren und sorgfältig lackierte Nägel. Auch in den Armenvierteln gibt es erstaunlich viele Friseure. Die jungen Frauen kleiden sich oft betont sexy, tiefe Ausschnitte, hautenge Jeans, hohe Pfennigabsätze – und alle haben sie diese phantastischen Frisuren: geglättet, gezopft, hochgesteckt oder offen rückenlang, manchmal mit schicken Mützen oder Tüchern kombiniert. Einfach nur Haare gibt es in diesem Land anscheinend nicht. Schon im Kleinkindalter haben die Mädchen bunte Zöpfchen auf dem Kopf. Lucrecia bestätigt meine Beobachtung: »Ja, das Aussehen, die Haare, das ist für uns Frauen in Angola extrem wichtig. Das hat Tradition. Und man fühlt sich ja einfach besser, wenn man gut zurechtgemacht ist.« Bei einem Besuch in ihrem Schönheitssalon gibt sie schon mal vierhundert Dollar an einem Nachmittag aus. »Doch selbst zu den bittersten Kriegszeiten, als es mir finanziell wirklich schlecht ging, hatte ich immer einen Föhn, eine gute Bürste und ein paar Accessoires zu Hause. Die hätte ich nie hergegeben.«

1991, also noch mitten im Krieg, gründete sie ihre eigene Modemarke. »Das war hart; es gab ja kaum Stoffe und Garn oder Nähmaschinen. Ich musste improvisieren und mich durchschlagen und fest an mich glauben.« Heute kleidet die fünfzigjährige Designerin sogar die angolanische First Lady ein und hat sich über Angola hinaus einen Namen gemacht. Als wir ihr Atelier besuchen, zeigt sie mir ihre Entwürfe, in denen sie europäische und afrikanische Stoffe und Motive mischt. »Angola war so lange von den Portugiesen kolonialisiert; die Kolonialzeit fing viel früher an als in anderen afrikanischen Ländern und dauerte länger, deshalb kann man uns nicht mit den ehemaligen britischen oder französischen Kolonien vergleichen. Bei uns waren die portugiesischen Einflüsse so stark, dass wir Angolaner unsere afrikanischen Wurzeln völlig vergessen haben. Ich will die angolanischen Frauen inspirieren, sich wieder auf Afrika zu besinnen und aus beiden Welten das Beste zu nehmen. Eine Art Fusion-Design also. Hier in Angola war ich die Erste, die das gemacht hat. Inzwischen ist Afrika ja weltweit sehr in Mode, gerade in dieser Saison werden viele afrikanische Motive und Stoffe auch von europäischen Designern verwendet. Das ist gut für uns, das freut mich.«

Dass Angola zumindest in der Hauptstadt extrem europäisch geprägt ist, fällt tatsächlich auf. Man isst europäisch, und man kleidet sich europäisch; anders als in Kenia, Äthiopien oder Ruanda, wo wir auch in den Großstädten viele afrikanische Trachten gesehen haben. Dieser Unterschied sticht uns deutlich ins Auge. Und zumindest in der Hauptstadt sprechen die meisten Angolaner untereinander Portugiesisch. Auf dem Land werden zwar auch noch alte Sprachen gesprochen – im Großraum Luanda jedoch kaum. Das ist nicht nur auf die Kolonialzeit unter den Portugiesen zurückzuführen, sondern auch auf die Jahrzehnte des Bürgerkriegs, in denen rund vier Millionen Flüchtlinge und Vertriebene von einem Landesteil in den anderen wanderten und die ursprünglichen Stämme völlig durcheinandergeschüttelt wurden. Portugiesisch ist die Sprache, in der sich alle verständigen können.

Im Schatten der Vergangenheit

Der lange, bis 2002 andauernde Krieg und die seit Jahrzehnten währende autoritäre Ein-Parteien-Herrschaft haben tiefe Spuren hinterlassen. In Luanda haben wir manchmal das Gefühl, als würde über allem ein Schatten der Schwermut liegen, jedenfalls im Vergleich zu den anderen afrikanischen Ländern, die wir auf dieser Reise besucht haben. Das chaotische Addis Abeba etwa kommt mir rückblickend vor wie ein farbenfroher Hort der Heiterkeit, während in Luanda ein schweres Grau in der Luft zu hängen scheint, trotz der auffälligen Schönheit der modebewussten Frauen dieser Stadt. Nur selten lächeln Menschen auf Anhieb offen zurück. Misstrauisch, angestrengt und gestresst – so wirken viele Gesichter in dieser Großstadt auf mich. Auch auf unsere Kamera reagieren die Leute häufiger abweisend, wenden sich hastig ab oder fangen an zu schimpfen – anders als zum Beispiel in Äthiopien oder Kenia, wo wir meist neugierig und belustigt beobachtet wurden und nur selten das Gefühl hatten, dass es besser wäre, unsere Kamera schleunigst wieder einzupacken.

Natürlich können das keine allgemeingültigen Aussagen sein, sondern nur subjektive Reise-Eindrücke, die immer auch vom Moment des Zufälligen geprägt werden – je nachdem, was man erlebt und wem man begegnet. Manchmal kann eine einzelne Person den allerersten Eindruck prägen, den man von einem fremden Land hat. Als ich in Ruanda durch die Passkontrolle ging, begrüßte mich der Beamte geradezu begeistert: »Sie kommen aus Deutschland? Das ist aber weit weg. Herzlich willkommen in Ruanda, hope you like it!« In Angola hingegen wurde mein Visum gleich von drei Beamten so ausführlich und misstrauisch beäugt, dass ich schon fürchtete, man würde mich gleich abführen, bis ich schließlich mit einer kurzen Handbewegung gnädig durchgewinkt wurde.

Jedenfalls ist es schön, in Luanda eine so fröhlich lachende und frei wirkende Frau wie Lucrecia zu treffen. Wie ein warmer hoffnungsvoller Sonnenstrahl wirkt sie auf mich. Politische Aussagen vermeidet sie zwar sorgfältig; »aber es stimmt schon«, sagt sie. »Wir alle tragen hier tiefe Narben auf unseren Seelen. Dieses Land braucht noch lange Zeit, um sich zu erholen. Der Krieg ist gerade mal acht Jahre her – und so viele Menschen sind davon gezeichnet. Kinder, die ihre Eltern verloren haben. Frauen, die ihre Männer verloren haben. Man trifft viele traurige Menschen auf unseren Straßen. Deshalb brauche ich mein Lachen, um mit Zuversicht durch den Alltag zu kommen.«

BEDROHTES PARADIES – MOSAMBIK

Meer der Riesen

»One, two, three – go!!« Mit fünf weiteren Tauchern lassen wir uns vom Schlauchboot rückwärts ins Wasser fallen und tauchen ab. Nicht gemächlich, wie an manch anderen Tauchplätzen dieser Welt, sondern schnell, sehr schnell. Die Strömungen vor der Küste Mosambiks sind berüchtigt. Sarah, unser Tauchguide, hat uns streng instruiert: »Wenn ihr nicht aufpasst und abgetrieben werdet, seid ihr in Nullkommanichts weg und taucht irgendwo kurz vor Madagaskar wieder auf. Da finden wir euch nie wieder. Wir müssen zusammenbleiben, und wir müssen schnell runter, sonst verpassen wir die richtige Stelle.« Die richtige Stelle – das ist das Manta Reef. Eigentlich nicht viel mehr als ein Korallenblock inmitten des Indischen Ozeans. Aber vor allem für diese eine Stelle sind wir die neuntausend Kilometer von Deutschland nach Mosambik gereist. Erwartungsvoll sinken wir in die Tiefe. Zwanzig Meter, fünfundzwanzig Meter, dreißig Meter. Lange werden wir so tief unter Wasser nicht bleiben können. Je tiefer man taucht, umso schneller geht einem die Luft in der Tauchflasche aus und umso höher ist die Stickstoffsättigung in Blut und Körpergewebe. Der Computer am Handgelenk zeigt uns an, wie lange wir noch bleiben können bis zum Überschreiten der sogenannten »Nullzeit«, die Sporttaucher aus Sicherheitsgründen immer einhalten sollten.

Solange man innerhalb dieser »Nullzeit« bleibt, kann man im

Notfall theoretisch direkt an die Wasseroberfläche aufsteigen, ohne einen sogenannten Dekompressions-Stopp einzulegen. Den macht man zwar vernünftigerweise trotzdem und verweilt dazu drei Minuten lang in fünf Metern Tiefe, bevor man wieder auftaucht – um ganz sicherzugehen, dass sich der Stickstoff im Körper durch den nachlassenden Wasserdruck genügend abgebaut hat. Eine Vorsichtsmaßnahme, die aber nicht absolut lebensnotwendig ist. Hat man die »Nullzeit« hingegen überschritten, muss man unbedingt solche Pausen einlegen, sonst würde man die lebensgefährliche Deko-Krankheit bekommen, bei der sich Gasblasen im Blut bilden, schlimmstenfalls kann die Lunge reißen. Ein Tauchgang jenseits der »Nullzeit« ist also riskanter, weil der direkte Weg »nach oben« gewissermaßen versperrt ist. Hobbytaucher sollten das vermeiden. Erst recht vor dieser wilden Küste, an der es weit und breit keine Dekompressionskammer gibt, die einen nachträglich retten kann, wenn man nach einem Tauchunfall schnell genug dorthin gebracht wird. »Wenn ihr ernsthafte Deko-Probleme bekommt, kann euch hier niemand helfen«, warnte Sarah vor dem Tauchgang. »Bitte, seid alle extrem diszipliniert.« Na klar, das sind wir. Niemand von uns wagt es, an die Grenzen zu gehen; alle haben wir brav unsere Tauchcomputer im Blick und bleiben dicht zusammen wie wohlerzogene Kinder beim Schulausflug.

Die Blauwasser-Tauchgänge in Mosambik sind tief und insofern eher kurz – aber dafür auch umso intensiver! Blauwasser-Tauchgang heißt: Man taucht nicht an einem küstennahen Riff oder einer Wand entlang, sondern fällt quasi mitten im Ozean ins Wasser, sucht bestimmte Plätze am Meeresgrund und steigt dann im tiefblauen Wasser langsam wieder auf. Ohne die Boje, die die ortskundige Sarah an einer langen aufgespulten Schnur mit sich zieht wie einen Drachen, hätten wir keinerlei Orientierung – wir nicht und auch unser Bootsführer nicht, der der roten Boje an der Wasseroberfläche langsam folgt. Die Wasserströmung »bläst« uns beim Abstieg ins Gesicht wie ein Sturm bei Windstärke sieben, und die Sicht ist eher schlecht. Nur ein paar Meter weit können wir sehen, dann verschwinden schon die Flossen des Vordermanns, als würde er vom Meer verschluckt. Aber auch deshalb sind wir ja hier: Wäre das Wasser glasklar, wäre nicht so viel nahrhaftes Plankton im Meer, von dem sich die großen Mantarochen genauso ernähren wie die noch größeren Walhaie, für die Mosambik so berühmt ist. Sarah ist wie ein Stein in die Tiefe gefallen; so etwas wie »Druckausgleich« kennt sie anscheinend nicht. Ich hingegen muss ordentlich durch die Nase schnaufen, um den mit jedem Meter steigenden Wasserdruck auszugleichen. Er würde sich ansonsten extrem schmerzhaft in den Ohren bemerkbar machen, ein Druck, gegen den man nicht antauchen kann. – Wer jemals eine schwere Mittelohrentzündung gehabt hat, ahnt auch als Nicht-Taucher, wie sich das anfühlt. – Also folgen mein Mann Christof und ich etwas langsamer Sarahs Bojenschnur und müssen dabei kräftig mit den Flossen schlagen, um nicht vom Kurs abzukommen und uns im Ozean zu verlieren.

Weihnachtsgefühle unter Wasser

Wie immer, wenn ich tauche (von wenigen unangenehmen Situationen abgesehen, die es manchmal natürlich auch gibt), steigt mit jedem Meter, den ich in die Tiefe sinke, das Glücksgefühl in mir höher, bis zum Hals hoch. Erwartungsvoll – wie als Kind an Weihnachten, wenn meine Eltern die Wohnzimmertür abschlossen, während sie die Kerzen am Baum anzündeten und die Geschenke aufbauten, derweil ich in meinem Kinderzimmer warten musste, mit diesem herrlichen Gefühl der Vorfreude im Bauch, wissend, dass gleich ein Glöckchen lockend klingeln und sich mir dann ein feierlich-großartiges Bild bieten würde. Natürlich wird man beim Tauchen manchmal herbe enttäuscht, anders als an Kinder-Weihnachten. Statt leuchtendem Christbaum, buntem Geschenkpapier und »Ah« und »Oh« erwarten einen nur trübes Wasser, sandiger Boden und ein paar langweilige kleine Fische. Ja, das kann passieren. Aber nicht heute. Heute sollte ein perfekter Tag werden, und irgendwie ahnen wir es schon, als wir abtauchen. Man hat es manchmal im Gefühl, fast als würde das Meer einem zuflüstern: »Komm runter, heute zeige ich dir meine schönsten Schätze ...«

Wir sind zu Gast in dieser Welt, in die wir nicht gehören, selbst wenn wir uns eine knappe Stunde lang so fühlen, als seien auch wir Fische, die unter Wasser atmen können. Sarahs Augen hinter der Taucherbrille strahlen uns entgegen, als wir erfolgreich am »Manta Point« angekommen sind. Die Gruppe ist vollständig. Wir haben es geschafft! Ein mächtiger Fischschwarm wartet auf uns, »Yellow Snapper«, gelbgestreift, Hunderte, die uns mit ihren Glubschaugen träge anstarren, während wir mitten in den Schwarm hineingleiten. Eine beeindruckende »Fischsuppe«, wie es im Taucherjargon heißt. Die heftige Strömung haben wir über uns gelassen, hier unten ist die See ruhig, nur noch die Gezeitendünung treibt uns vor und zurück. In einem sanften Schaukelrhythmus schweben wir eine Weile mit den Fischen wie in einer Wiege; fast könnte man in einen Trance-Zustand versinken, aber wir haben ja noch anderes vor.

Sarah, die toughe junge Engländerin, die seit zwei Jahren in Mosambik lebt, führt uns durch die Unterwasserlandschaft. Um Stein- und Korallenblöcke schweben wir herum, bis wir an der »Putzer-Station« ankommen. Hier lassen sich große Meerestiere reinigen – von kleinen Putzer-Fischen, die ihre Kundschaft mit einladenden zuckenden Tänzen anlocken. Eine Art Unterwasser-Klinik, in der Ungeziefer abgeknabbert und Wundränder gesäubert werden. Solche Putzer-Stationen gibt es überall in den Weltmeeren. Auffällig ist aber, dass viele der Riesen-Mantas, die vor die Küste Mosambiks kommen, tiefe Wunden von Haibissen haben, mutmaßlich von Tigerhaien. Die Frage, warum die großen Mantarochen ausgerechnet hierherkommen, um sich von den Hai-Attacken zu erholen, haben Meeresforscher bislang nicht mit Sicherheit beantworten können. Möglicherweise haben sich in Mosambik bestimmte Fischarten auf die Reinigung großer Wunden spezialisiert. Nirgendwo sonst auf der Welt finden sich jedenfalls so viele verwundete Mantas. Es scheint, als gäbe es da eine geheime Verabredung: »Wenn ihr auf euren langen Wanderungen durch die Ozeane verletzt worden seid, dann geht nach Mosambik ins Krankenhaus.«

Der Mensch als Lustobjekt
Geduckt am Boden hocken wir nun, in gebührendem Abstand zur Putzer-Station, um die Tiere nicht zu irritieren, – und warten. Atmen möglichst langsam, möglichst wenig, um nicht unnötig Luft zu verbrauchen. Denn wenn sie kommen, wollen wir natürlich so lange wie möglich bei ihnen bleiben, bevor uns die Luft in den Flaschen ausgeht! Und sie kommen. Von einem Moment auf den anderen sind sie da: drei, vier, fünf, sechs Riesenrochen! Jene Urzeit-Tiere mit bis zu sieben Metern Spannbreite, die über unsere Köpfe hinwegsegeln wie riesige Vögel. Während sie ihre Kreise ziehen, schauen sie uns direkt an, aus zwei friedlichen Augen, die an den Kopfflügeln links und rechts ihres großen Mauls platziert sind, durch das sie nahrhafte Schwebeteilchen aus dem Wasser filtern. Der amerikanische Manta-Forscher Robert Rubin (wir nannten ihn »Dr. Bob«) hat mir einst auf einer Tauchexpedition vor der Küste Mexikos erklärt, dass Mantas den Menschen gezielt in die Augen blicken und danach entscheiden würden, ob sie sich nähern. An den Augen könnten sie Menschen auch wiedererkennen, selbst nach langer Zeit. Klingt verrückt – doch ich kann das von meinen Eindrücken her bestätigen.

Als wir damals in Mexiko, vor der Baja California, tauchten, nicht in einem Aquarium wohlgemerkt, sondern in einsamen Gewässern quasi am Ende der Welt, wurde unser Tauchguide von einigen der Tiere zielstrebig begrüßt, obwohl auch er schon lange nicht mehr dort gewesen war und obwohl an diesem Ort nur relativ selten überhaupt Tauchboote ankern. Weit draußen im Ozean, vor einer unbewohnten Inselgruppe, näherten sich die ungezähmten Mantas, um sich – Sympathie vorausgesetzt – von uns den Bauch kraulen zu lassen. Erst wurde man beäugt und dann wurde entschieden, ob man als »Lustobjekt« genehm ist oder nicht. Die Mantas wählten uns Menschen aus. Wir waren nur stumme Besucher, die sich dem Willen der Tiere gefügig hingaben und eifrig die schuppigen rauen Bäuche streichelten, wenn wir dazu gnädig auserkoren wurden. Nirgendwo sonst auf der Welt würde ich Meerestiere anfassen, eigentlich tut man das nicht als verantwortungsvoller Taucher; doch hier wurden wir geradezu »genötigt«, da konnte ich nicht widerstehen. Was für ein Gefühl das ist, wenn solch ein riesiges Tier herangleitet, sich über einem positioniert und dann langsam auf Armlänge heruntersinkt, wie ein landender Hubschrauber, auf dass man, und zwar bitteschön recht kräftig, seinen Unterleib kreisförmig zu massieren hat, ist unbeschreiblich.

Wie kommen die Tiere überhaupt auf solche Ideen? Wer hat damit angefangen? Und warum haben manche Spaß daran und andere nicht? Manta ist nämlich nicht gleich Manta. Manche sind »Player«, Spieler; sie suchen den Menschen, andere meiden uns, halten Abstand von den Tauchern, diesen zweibeinigen, laut atmenden Blubberfischen, die ihnen offenbar nicht geheuer sind. Warum? Mantas, sagte »Dr. Bob«, haben extrem große und gut durchblutete Gehirne. Manche Meeresbiologen vermuten sogar, dass Mantas die wahren Intelligenzbestien unter Wasser sind, vielleicht schlauer noch als die bei Menschen so populären Delfine. Mantas sind aber bis heute eine noch weitgehend unerforschte, geheimnisvolle Spezies. Für mich sind sie die faszinierendsten Tiere überhaupt. Ich mag sie noch lieber als Haie, die Herren der Ozeane, die so ungemein elegant durchs Wasser patrouillieren, dass jede Begegnung mit ihnen schon ästhetisch ein Erlebnis ist.

Die Mantas im afrikanischen Mosambik sind keine verspielten »Player«, anders als jene, denen ich in Mittelamerika begegnet bin. Sie schweben an diesem Morgen zwar dicht über uns hinweg, schauen uns auch kurz an, aber beachten uns dann nicht weiter. Die hiesigen Mantas sind offensichtlich nicht am Menschen, sondern ausschließlich an Plankton und Putzer-Fischen interessiert. Drei der Rochen, die wir an diesem Morgen beobachten, haben schwere Bisswunden im Unterleib, die aber schon weitgehend verheilt sind. Die Tiere sind noch größer als jene Mantas, die ich vor Baja California gesehen habe. Fast atemlos verharren wir in der Tiefe, den majestätischen Anblick dieser tanzenden Riesen still genießend. Es gibt wenig, was einem Taucher das Herz höher schlagen lässt. Als wir schließlich mit unserem Aufstieg beginnen müssen, bedauernd, weil wir in dieser Wunderwelt nicht länger verweilen können, fliegt auf dem Weg nach oben zu allem Überfluss plötzlich noch ein Schwarm Adlerrochen an uns vorbei. Sie sind kleiner als die Mantas, sehen tatsächlich ein bisschen aus wie Adler und fliegen gern in Formation. Wie eine Armada ziehen sie durchs Wasser. Mit ihren gepunkteten Flügeln, den dunklen Knopfaugen und den lustigen Purzelbäumen, die sie häufig im Wasser schlagen, gehören auch sie mit zu den schönsten Begegnungen für Taucher. Was für eine herrliche Unterwasserwelt offenbart sich uns hier, vor der Küste eines ehemaligen Bürgerkriegslandes!

Paradies im Krieg

Paradoxerweise ist es ausgerechnet der grausame sechzehn Jahre tobende Krieg (1976 bis 1992), der dazu beitrug, dieses Paradies zu erhalten. So schrecklich das klingt, aber Mosambiks Unterwasserschatz wäre heute sonst wohl längst nicht mehr so unversehrt. In den Kriegszeiten konnten die Menschen nicht mit Motorbooten aufs Meer fahren; dafür mangelte es schon an Benzin. Die Fischer hatten keine Chance, an Treibstoff zu gelangen oder an Dynamit, mit dem in vielen Teilen der Welt jahrzehntelang und bis heute gefischt wird und ganze Korallenriffe zerstört werden. Alles wurde für den Krieg gebraucht. Mosambik blieb krass unterentwickelt, Bürgerkrieg und Armut verhinderten eine intensivere Küstenbesiedelung ebenso wie eine moderne Fischerei. Und auch ausländische Schiffe hielten sich von den mosambikanischen Küsten weitgehend fern. Industrielle Fischerei gab es so gut wie gar nicht. Während an Land die Hölle auf Erden tobte und Hunderttausende Menschen starben, blieben die küstennahen Gewässer unbehelligt.

An Land hingegen starben auch die Tiere. Sogar Zebras oder Gnus wurden von Hungrigen gejagt, bis fast keine mehr übrig waren. Im Gorongosa-Nationalreservat etwa lebte in den siebziger Jahren noch eine der größten Elefanten- und Löwenpopulationen des afrikanischen Kontinents. Während des Bürgerkriegs wurden die Tierbestände durch Wilderei und durch den für die Kriegskassen lukrativen Handel mit Elfenbein und Horn nahezu ausgerottet. Seit Kriegsende bemüht man sich, die Parks nicht nur von Landminen zu befreien, sondern auch den Wildbestand wiederaufzustocken. 2001 wurden die Starkstromzäune zwischen dem berühmten südafrikanischen Krügerpark und dem Limpopo-Park in Mosambik niedergerissen, so dass die Elefanten heute wieder ungehindert zwischen Südafrika und Mosambik hin- und herwandern können. Seitdem gehört der Great Limpopo Transfrontier Park zu den größten zusammenhängenden

Wildreservaten Afrikas und ist als einer der sogenannten »Peace Parks« auch politisch ein hoffnungsvolles Projekt. Diese grenzüberschreitenden Reservate sollen nicht nur dem Natur- und Wildschutz dienen, sondern auch die friedliche Zusammenarbeit zwischen benachbarten Ländern fördern.

Die Riffe vor der Küste hingegen, besonders im Kanal zwischen Mosambik und Madagaskar, blühten all die Kriegsjahre hindurch in Ruhe vor sich hin. So gesehen hat dieser Krieg wenigstens etwas Gutes bewirkt, nämlich eine weitgehend unberührte Küsten- und Unterwasserlandschaft, die heute enorme ökonomische Chancen bietet. Mosambik hat sich aufgemacht, ein attraktives Ziel für Touristen zu werden – ein neuer Wirtschaftszweig für dieses geschundene Land. Eine Entwicklung, die im Moment zwar noch in den Kinderschuhen steckt; doch der Tourismusminister hofft, dass die Branche künftig sogar zur wichtigsten Devisenquelle des Landes wird. Bislang haben hauptsächlich Südafrikaner ihr schönes Nachbarland wiederentdeckt. Aus Europa kommen die Gäste noch eher spärlich, und wenn, dann überwiegend Tauchtouristen, die von den Mantas und der »Walhai-Garantie« angelockt werden, mit der die Anbieter von Schnorchelausflügen werben. »No Waleshark – you get your money back«, locken die Veranstalter im touristisch schon recht weit erschlossenen Tofo. Auch viele Backpacker kommen hierher; wie so oft sind es die Rucksacktouristen, die neue Ziele als Erste entdecken. In Tofo hat das zu einer lässigen und jungen, aber mittlerweile auch eindeutig touristischen Infrastruktur geführt, einschließlich Ausgehmeile. Unsere jungen Tauchguides fahren abends nach Tofo, wenn sie Spaß haben wollen. Wir lassen es gemütlicher angehen und bleiben in der Barra Bay, die noch unberührter ist als Tofo, mehr »ab vom Schuss«.

Königlicher Geheimtipp

Immerhin: Bis zum niederländischen Königshaus hat sich der Geheimtipp Mosambik schon herumgesprochen. Kronprinz Willem Alexander und Gattin Máxima wollten an der Küste renditeträchtig investieren, zusammen mit einigen befreundeten Millionären. In den Niederlanden regte sich daraufhin empörter Protest. Die königlichen Pläne wurden in der Presse als »Jetset-Kolonie für Über-Reiche« angeprangert und einige der Geschäftspartner als »dubios« bezeichnet. Das Prinzenpaar ließ die Pläne daraufhin hastig fallen. Wie sie ausgerechnet auf Mosambik kamen, kann man allerdings leicht verstehen, wenn man selbst einmal dort war. Selten habe ich so herrliche Strände gesehen. Sie schmiegen sich schneeweiß an ein helltürkisblaues Meer wie auf den Malediven oder den Seychellen. Aber anders als auf diesen berühmten Inseln sind die Strände in Mosambik nicht nur schmale kurze Sandstreifen, sondern kilometerlang und so breit wie manche Dünenstrände in Europa. Man kann sich das so vorstellen wie die deutsche Ostseeküste, aber als tropische Postkarten-Idylle mit Palmen und exotischen Fischen. Mehr als zweitausendsiebenhundert Kilometer erstreckt sich Mosambik am Indischen Ozean entlang, mit zahlreichen vorgelagerten Koralleninseln im Norden. Stundenlang sind wir mit dem Schlauchboot an unverbauten Küsten entlanggefahren und haben menschenleere Strände gesehen, soweit das Auge reichte. Auch das Meer war noch recht einsam; meist sind wir nur einigen Fischerbooten begegnet – keine Motorboote, sondern selbstgebaute kleine Segelschiffe aus Holz. Wie bei einer Regatta sieht es aus, wenn die Fischer in See stechen. Kommen sie zurück, laufen die Frauen mit Eimern und Schalen auf dem Kopf zum Strand herunter, um den Fang der Männer die Dünen hoch in die angrenzenden Dörfer zu tragen.

Dieses Bild wird vielleicht über kurz oder lang der Vergangenheit angehören. Mosambik will endlich Geld verdienen mit seinem Küsten-Idyll. Niemand wird es den Fischern verdenken können, wenn sie irgendwann lieber mit Motorbooten rausfahren statt mit ihren malerischen rot oder weiß beflaggten und ungewollt ökologisch korrekten Segelbooten. Niemand wird es der Regierung Mosambiks verdenken können, wenn sie das Küstenland an Investoren vergibt. Die touristische Eroberung hat längst begonnen. Bei unseren ausgedehnten Strandspaziergängen, Kilometer um Kilometer über den grell-weißen feinen Sand, sehen wir immer wieder Baustellen, auf denen Hotelanlagen oder Ferienhaussiedlungen entstehen. Und auch wir haben auf dieser privaten Urlaubsreise ja in einer netten kleinen Lodge gewohnt und nicht unter freiem Himmel geschlafen. Wenn auch unter Moskito-Netzen und mit täglich geschluckter Malaria-Prophilaxe. Das Malaria-Risiko dürfte noch ein echtes Hindernis für den Massentourismus sein.

Die südafrikanischen Gäste in unserem Hotel sind da hartgesotten. Selbst ihren kleinen Kindern verabreichen sie zum Frühstück in Viertel zerbröckelte Malaria-Tabletten. Mit Smarties oder Schokostückchen hätten sie mit den Kleinen zu Hause in Johannesburg geübt, wie man Tabletten schluckt, erzählen sie. Den meisten deutschen Eltern würden da wohl die Haare zu Berge stehen. Malaria-Tabletten für Sechsjährige? Europäische und amerikanische Touristen lassen sich davon oft abschrecken; auch ohne Kleinkinder mag nicht jeder in Malaria-Gebiete reisen und sich ständig um Mückenschutz sorgen. Obwohl das eigentlich gar nicht so aufwendig ist. Man gewöhnt sich schnell daran und schmiert sich irgendwann mit DEET genauso selbstverständlich ein wie mit Sonnencreme. Die heutigen Anti-Malaria-Tabletten sind in der Regel gut verträglich; ich habe sie jedenfalls auf vielen Reisen immer wieder eingeworfen, manchmal wochenlang, ohne je irgendwelche Nebenwirkungen zu haben. Für Afrika ist die Malaria allerdings ein gewaltiges Problem, weil sich die wenigsten Menschen hier Malaria-Medikamente leisten können. Die

Malaria übertragende Mücke ist das Tier, das auf dem Kontinent die meisten Menschen tötet, weit mehr als Löwen oder Büffel.

Back to the future
Die Malaria ist aber kein unausrottbares Schicksal. Schon jetzt werben in Mosambik einige Luxushotels auf den vorgelagerten Inseln im Norden mit einem »malaria-free environment«. Mosambik hätte durchaus die Chance, zu einem Premium-Reiseziel zu werden wie die Seychellen oder Mauritius. Die Natur dafür ist jedenfalls da. Irgendwann wird es vielleicht auch mehr direkte Flugverbindungen von Europa aus geben, zehn bis zwölf Stunden, keine Zeitverschiebung, kein lästiger Jet-Lag. Aber noch ist man längst nicht so weit, asiatischen oder karibischen Urlaubsgebieten Konkurrenz machen zu können. Zumal Mosambik nach wie vor das Image des Kriegslandes umgibt. Wie viele Deutsche denken beim Stichwort »Mosambik« als Erstes an einen Traumurlaub statt an Landminen und verkrüppelte Kinder?

Um eine touristische Infrastruktur zu entwickeln, musste das Land nach Kriegsende ganz von vorne anfangen. Im Küstenstädtchen Inhambane, rund fünfundzwanzig Kilometer von Barra entfernt (was ungefähr vierzig Minuten Fahrt über holprige Pisten und Straßen bedeutet), gibt es zwar noch viel »malerische« Bausubstanz aus der Kolonialzeit, aber so gut wie keine Hotels. Im Stadtbild finden sich reichlich schnörkelige Häuser, die jedoch größtenteils so aussehen, als hätten sie seit dem Auszug der portugiesischen Kolonialherren nie wieder auch nur einen Pinselstrich gesehen. Auf seiner Reise nach Indien landete Vasco da Gama 1498 hier in Inhambane. Die Portugiesen waren aber keineswegs die Ersten, die Mosambik entdeckten. Vor ihnen kamen schon die Araber, die von der afrikanischen Küste aus jahrhundertelang den Handel mit Indien betrieben, einschließlich des Sklavenhandels, den die Portugiesen danach in großem Stil weiterführten. Bis Ende des 19. Jahrhunderts war die Hafenstadt Inhambane ein wichtiges Handelszentrum. Von Zerstörungen im späteren Bürgerkrieg ist die Stadt weitgehend verschont geblieben, da sie als Garnisonsstandort von den Regierungstruppen massiv geschützt wurde. Wir sehen viele baufällige Häuser und historische Gebäude mit abgeblättertem »Charme«, aber keine zerschossenen Ruinen.

Anfang der sechziger Jahre wurde die mosambikanische Widerstandsbewegung FRELIMO gegründet, doch erst 1975, nach der Nelkenrevolution im »Mutterland« Portugal, erlangte Mosambik die Unabhängigkeit. Nach fünfhundert Jahren Kolonialzeit brachte die neue Freiheit den Mosambikanern aber schon bald nur neues Leid: Die Portugiesen verließen ihre Kolonien Mosambik und Angola geradezu fluchtartig, beinahe über Nacht. Die plötzliche Selbstständigkeit traf die Länder völlig unvorbereitet. Prompt brach in Mosambik ein Bürgerkrieg aus, der höllische sechzehn Jahre andauern sollte und das Land komplett ruinierte. Der Krieg kostete über eine halbe Million Menschen das Leben, hinterließ zigtausende traumatisierte Kindersoldaten, etwa zweieinhalb Millionen Flüchtlinge und geschätzt zwei Millionen Landminen. In den Kampf zwischen der marxistischen Ein-Parteienherrschaft der FRELIMO und den Rebellen der Gegenbewegung RENAMO mischten sich zahlreiche ausländische Mächte mit eigenen politischen Interessen ein: Die RENAMO wurde vor allem von Südafrika und den USA unterstützt, die marxistische FRELIMO von Sowjetunion und DDR, eine ähnliche Konstellation also wie in Angola.

Aus der DDR in den Krieg

In Südafrika lernte ich vor Jahren einen Kellner aus Mosambik kennen, der in den Kriegszeiten als Jugendlicher in die DDR gebracht wurde. Junge Mosambikaner aufzunehmen, gehörte zu den »Unterstützungsmaßnahmen« des sozialistischen Bruderlandes, so wie auch Tausende mosambikanische Vertragsarbeiter in die DDR geholt wurden. Im Zuge der deutschen Wiedervereinigung 1990 sei er dann abgeschoben worden, musste plötzlich zurück in die Heimat – und wurde dort prompt sofort zum Militär eingezogen. Vergeblich versuchte er, sich zu verstecken. »Das war ein Albtraum«, erzählte er in gutem Deutsch. »Da lebte ich in Deutschland, hatte die Schule abgeschlossen, wollte Ingenieur werden, war nie zuvor im Krieg, konnte mich an Mosambik gar nicht mehr richtig erinnern, und dann musste ich plötzlich nach Afrika an die Front und in einem Krieg kämpfen, den ich nicht kannte.« Ein afrikanisches Kind, das um die halbe Welt geschickt wird, um dann als Kanonenfutter wieder nach Afrika zurückzukehren – solch zerrissene Lebensläufe finden sich auf diesem Kontinent allenthalben, Lebensgeschichten, die einen viel über Afrikas Probleme lehren können.

Wie an einem Abend in Mosambik, als Christof und ich nach dem Abendessen noch mal kurz den Kopf in die Küche unserer kleinen Lodge steckten, um dem Koch zu sagen, wie großartig wir ihn fanden – und dann standen wir vor einem Hünen von Mann, der allein aufgrund seines massigen Körperbaus eigentlich kein Mosambikaner sein konnte. War er auch nicht: »Ich komme aus Simbabwe«, bestätigte er auf unsere Frage in flüssigem Englisch. Simbabwe, das terrorisierte Land, aus dem westliche Journalisten kaum berichten können. Stunden später hockten wir drei im mittlerweile leeren Hotelrestaurant immer noch zusammen und redeten über Afrika im Allgemeinen und Simbabwe im Besonderen. Über das Leid in seinem Heimatland, von Diktator Robert Mugabe in den Ruin getrieben, wusste dieser Mann viel zu erzählen. Seit über einem Jahr hatte er seine Familie zu dem Zeitpunkt schon nicht mehr gesehen, seine Frau und zwei kleine Töchter, mit bunten Bändern in den Zöpfen lachten sie uns auf einem Foto entgegen, »my little princesses«. Sein Auslandsjob in Mosambik hielt die Familie am Leben. »Lieber würde ich in meinem Heimatland arbeiten. Ich habe eine gute Schulbildung. Wir in Simbabwe sind generell recht gut ausgebildet, wir sind gute Geschäftsleute, fleißig, diszipliniert. Unserem eigenen Land könnte es eigentlich so viel besser gehen.« Mosambik sei für ihn aber ein guter Standort, sagte er. Ins reichere Südafrika, wohin es so viele Mosambikaner zieht, wollte er hingegen nicht: »Zu viel Rassismus, zu gefährlich, die glauben, wir nehmen ihnen die Arbeit weg.« Das war kurz vor den schweren Unruhen, die 2008 in Johannesburg ausbrachen und sich vor allem gegen Immigranten richteten. Dutzende kamen dabei ums Leben, ein mosambikanischer Gastarbeiter wurde von einem tobenden Mob bei lebendigem Leib verbrannt.

Mit Jimmy durch Johannesburg

Volkscharakterisierende Aussagen wie »Wir aus Simbabwe sind…« habe ich in Afrika häufig gehört, teils auf Nationalitäten, aber viel mehr noch auf einzelne Ethnien bezogen. Dass die Simbabwer »gute Geschäftsleute und harte Arbeiter« seien, erzählte zum Beispiel fast wortgleich auch Jimmy, ein (schwarzer) Südafrikaner, mit dem ich einen Tag lang kreuz und quer durch Johannesburg und Soweto gekurvt bin. Jimmy, der von sich selbst gern in der dritten Person spricht (»Oh you know, at that time Jimmy was young and stupid and running after the girls 24 hours a day«), ist eine eindrückliche Persönlichkeit. Unsere ZDF-Korrespondentin Ariane Vuckovic hatte mir den Kontakt vermittelt. Als Jimmy mich am Flughafen abholte, mit weißer Hose und weißem Hut, schließt er mich zur Begrüßung erst mal fröhlich in die Arme, als seien wir alte Bekannte – und ich ihn postwendend ins Herz. Mit seiner derben Ironie bringt er mich schon in den ersten Minuten und danach insgesamt fünf Stunden lang immer wieder zum Lachen. Da wir uns nicht kannten und nur Handynummern hatten, verpassten wir uns am Flughafen zunächst und liefen, uns gegenseitig suchend, durch die Ankunftshalle. »You know«, krähte er ins Telefon. »I am this crazy old guy with the stupid White-Hat-Dandy-Outfit, that's Jimmy, you can't miss me.«

So ging es dann die nächsten Stunden weiter, in denen wir durch Downtown Johannesburg und in die Townships nach Soweto fuhren, wo er selbst aufgewachsen war. Ich persönlich finde ja, dass Soweto und sein Apartheid-Museum geradezu ein Muss für jeden Südafrika-Touristen sind. Die historische Leistung Nelson Mandelas, dieses großen alten Mannes Afrikas, kann man in ihrem ganzen Ausmaß vielleicht erst begreifen, wenn man mit eigenen Augen gesehen hat, wo und wie er lebte, wie die Anti-Apartheid-Bewegung ihren Anfang nahm und unter welchen Umständen Mandela später gefangengehalten wurde. Ein Besuch im heutigen Soweto ist außerdem interessant, weil dieser »South Western Township« durchaus nicht nur aus Slumsiedlungen besteht, wie manch einer vielleicht vermutet. Es gibt in Soweto auch ganz bürgerliche Wohnviertel, mit hübschen Häusern und gepflegten Vorgärten.

Die beste Schwarzwälder Kirschtorte

Sein Auto abzuschließen, hält Jimmy nirgendwo für nötig, auch nicht in Downtown Johannesburg, in Gegenden, die ich durchaus als kritisch empfand: »I am Jimmy, everyone knows me.« Unter anderem führte er mich auf einen Markt, auf dem »Zauberutensilien« angeboten wurden, zum Beispiel verhexte Kräuter und Tierschwänze. »Fass bloß nichts an«, warnt er, »und Fotos nur nach Absprache, sonst kriegen wir Ärger.« Jimmy, den ich auf Anfang sechzig schätzte, schwärmte von den alten Zeiten, als es noch die vielen schönen Cafés, Bars und Clubs im Innenstadtviertel Hillbrow gab: das »Alt-Heidelberg« mit gutem Bier oder das »Café Zürich« mit »der besten Schwarzwälder Kirschtorte«. Elegant sei es dort gewesen, die Häuser noch schick, »heute lungern hier nur noch die Crackheads rum«. Das tun sie allerdings. Überall am

Straßenrand hängen elende Männer und Frauen, denen man die Drogensucht ansieht. Ohne Jimmy wäre ich ungern durch diese Straßenzüge gefahren, und selbst er, der das Thema Kriminalität ansonsten für »total übertrieben« hält (die Statistik widerspricht ihm da allerdings), meinte, hier sei es »nicht überall ratsam, anzuhalten und auszusteigen«.

In den Siebzigern und bis in die achtziger Jahre war Hillbrow eine pulsierende Boheme-Gegend, berühmt für sein Nachtleben und seine Musikszene. Obwohl damals noch überwiegend von Weißen bewohnt, darunter viele Studenten und Künstler, war die Rassentrennung hier schon vor dem offiziellen Ende der Apartheid aufgeweicht. Heute ist Hillbrow praktisch eine No-go-Area, fest in der Hand von Gangs; ein durch und durch kaputtes Stadtviertel, durchtränkt von Drogen und Prostitution, mit einer der höchsten Mordraten weltweit. »So sad«, sagte Jimmy und blickte wehmütig aus dem Seitenfenster, »du kannst dir nicht vorstellen, wie schön es hier mal war.« Durch die Zeit der Apartheid schien sich Jimmy als Paradiesvogel und Bohemien des Johannesburger Nachtlebens irgendwie durchgemogelt zu haben. Er sei nie sonderlich »politisch« gewesen: »Jimmy was only interested in Jazz and Girls, you know, I wasn't really interested in joining the ANC« (die Widerstandsbewegung unter Nelson Mandela). Jimmys Lebenslauf ist sicher ungewöhnlich in diesem grausam rassistischen Land, aber auch solche Lebensläufe scheint es gegeben zu haben – in einer südafrikanischen Grauzone, einer Subkultur, die im Verborgenen lebte.

Von Zulus, Xhosas und Tongas

Jimmy jedenfalls zeigte, wie viele Afrikaner denen ich begegnet bin, eine ungehemmte »non political correctness«, wenn es darum geht, Land und Leute zu beschreiben. »Die Straßen hier gehören den Indern und die da den Nigerianern«, sagte er zum Beispiel; »die Nigerianer sind knallhart, die machen die besten

Geschäfte, auch beim Drogenhandel.« Und die Simbabwer, die seien »die besten Arbeiter, ich würde immer einen aus Simbabwe einstellen, wenn ich ein Haus bauen oder eine Firma aufziehen wollte«. Wenig Positives hatte er hingegen über den größten südafrikanischen Volksstamm zu sagen: »Unsere Zulus, phhhhh«, eine Handbewegung, die deutlich machen sollte: Die Zulus, die seien für gar nichts zu gebrauchen. Er selbst ist, natürlich, kein Zulu, sondern gehört zum Stamm der Xhosa.

Ähnlich abfällig äußerte sich ein Hotelmitarbeiter, den ich auf einer anderen privaten Südafrika-Reise kennenlernte, in der Region Tonga nahe der Grenze zu Mosambik. Von unserem Treffpunkt, einer Cashewnuss-Farm, holte er Christof und mich ab, um uns mit seinem Jeep offroad zu einer kleinen Strandlodge zu bringen, die zur Hälfte der örtlichen Dorfgemeinschaft der Tonga und zur anderen Hälfte südafrikanischen Investoren gehörte. Als er erfuhr, dass wir gerade aus Kwazulu-Natal angereist waren, rümpfte er die Nase: »Wir Tongas sind anders als die Zulus.« Die Zulus hätten keinen Ehrgeiz, erklärte er, »keinen Businessplan« – um uns dann sein Haus, sein Boot und sein Auto zu präsentieren, einschließlich der Ausbaupläne für sein Haus (»irgendwann baue ich hinten noch einen kleinen Pool für die Kinder«), das aussah wie das Haus eines zielstrebigen Mannes, der genaue Vorstellungen von seiner materiellen Zukunft hat. Mit den Rundhütten in Kwazulu-Natal hatte dieser Lebensstil in der Tat wenig zu tun. Den armen Zulus, die angeblich »nichts auf die Reihe kriegen«, mag damit Unrecht getan werden, doch ich fand es schon auffällig und eindrücklich, wie hier auch innerhalb eines Landes bestimmten Volksgruppen bestimmte Mentalitäten zugeordnet werden und wie sorgfältig man sich »von den anderen« abgrenzt. Angesichts des Konfliktpotentials, das damit einhergeht, ist das mit unseren Unterscheidungen zwischen Norddeutschen, Bayern und Rheinländern oder Wessis und Ossis wahrlich nicht vergleichbar.

Global Village in Inhambane

Wirtschaftlich ist Südafrika seinem Nachbarland im Nordosten weit voraus. Zurück in Mosambik spazieren wir (Christof und ich zusammen mit zwei befreundeten Paaren) an diesem Sonntag weiter durch die ausgestorbenen Straßen der Provinzhauptstadt Imhambane, deren bedeutendste Sehenswürdigkeiten eine Kathedrale und eine alte Moschee sind. Hin und wieder wird aus zerfallenen Fensterrahmen ein Kopf gereckt, der uns mit verwunderten Blicken folgt – was um Himmels willen treibt diesen Trupp weißer Europäer dazu, freiwillig durch die Mittagshitze zu stapfen? Das fragen wir uns inzwischen zwar auch, latschen aber tapfer schwitzend weiter. Auf einem schattigen kleinen Sandplatz spielen ein paar Jugendliche mit einem kaputten Fußball, ansonsten erscheint uns Inhambane wie eine Geisterstadt. Der große Markt soll ein Erlebnis sein, hatte man uns versichert – doch heute ist kein Markt, sondern nur gähnende Leere zwischen melancholischen Fassaden.

Wir landen schließlich im scheinbar einzigen geöffneten Café, mit Internetanschluss und »internationaler Küche«, in dem außer uns noch ein paar globalisierte Anfangzwanziger mit ihren Laptops abhängen. Junge Europäer, Amerikaner oder Australier mit Khaki-Boots und Tattoos, wie man sie überall auf der Welt selbst an den entlegensten Orten trifft; als habe man es mit einer globalen Clique zu tun, deren »social codes« weltweit gültig sind und die sich auch überall sofort erkennen und zusammentun. Eine ganz eigene Reise-Generation ist das, die sich mit diversen Jobs über Wasser hält, während sie sich die große weite Welt erobert. Manchmal erfasst mich fast ein bisschen Neid, wenn ich junge Mädels aus Amsterdam oder Berlin mit blonden Zöpfen und ärmellosen Tank-Tops fröhlich in einem Kaff in der Südsee oder eben in einem winzigen Café in Mosambik hinter der Theke stehen sehe und mich an meine eigenen Reisewelten in diesem Alter erinnere, die über Europa noch selten hinausgingen. Nach Amerika zu fliegen war für mich mit siebzehn eine Sensation, nach dem Abitur ein paar Monate in Paris zu jobben, ein echtes Abenteuer. Heute begegne ich neunzehnjährigen Europäern, die in Tauchschulen auf Palau arbeiten oder in Cafés in Panama kellnern, während sie via Facebook konstant Kontakt zu ihren Networks halten. Manchmal bin ich dann fast versucht, sie zu fragen: »Könnt ihr euch eigentlich vorstellen, wie das war, als man noch ohne Handy und Internet reiste und nur einmal die Woche von einem Münzfernsprecher aus kurz zu Hause anrufen konnte, um zu sagen, dass man noch lebt?« Natürlich lasse ich das schön bleiben. Man muss sich ja nicht unbedingt als »Oldie« outen, während man selbst in Khakis und Tank-Top überm Laptop hockt.

James Bond in Mosambik

Auch unsere englische Tauchführerin Sarah gehört zu dieser weitgereisten »young, brave and beautiful«-Clique. Sie sieht aus wie eine bodenständige und körperlich hart arbeitende Ausgabe der englischen Jungschauspielerin Sienna Miller. Ernsthaft und erwachsen führt sie uns durch die Strömungen in der Wasserstraße zwischen Mosambik und Madagaskar. An diesem Tauchmorgen ist für uns das Abenteuer noch nicht vorbei. Nach der Begegnung mit den Mantas sind wir glücklich an die Wasseroberfläche zurückgekehrt. Mit dem Adrenalin der Begeisterung so aufgepumpt wie mit Stickstoff, kraxeln wir lachend und schnatternd (»have you seen that? Wasn't it wonderful?«) zurück in unser Schlauchboot. Was ein Akt für sich ist. Luxus-Tauchen ist anderswo – in Mosambik ist das für alle Beteiligten noch echte Arbeit. Angefangen damit, dass wir zu sechs Mann (beziehungsweise Frauen) das mit zwei starken Motoren ausgestattete Schlauchboot vom Strand ins Wasser schieben und auf Kommando alle eiligst hineinhechten müssen, um wie große Fische plumpsend an Bord anzulanden, dann hastig unsere Füße in den im Boden eingelassenen Haltern zu verankern, uns mit den Händen am Bootsrand festzukrallen – und los geht's mit Vollgas durch die Brandung!

Manchmal düsen wir über eine Stunde so durchs Wasser. Spätestens nach einer Woche ist die Oberarmmuskulatur bei jedem von uns deutlich angewachsen. Durch den hohen Wellengang lenkt der Mosambikaner Daniel stehend unser Boot, was speziell für den weiblichen Teil der Insassen eigentlich ein ausgesprochen erfreulicher Anblick sein könnte, wären wir alle nicht viel zu sehr damit beschäftigt, uns krampfhaft festzuhalten, um nicht über Bord zu gehen. Daniel mit seiner verspiegelten Sonnenbrille, weißer Hose und grundsätzlich nacktem Oberkörper ist fraglos eine Attraktion in Barra. Durch nichts aus der Ruhe zu bringen, trotzt er mit PS-starker Unterstützung jeder noch so großen Welle. Seinen größten Auftritt hat er aber regelmäßig am Ende der Bootsfahrt, wenn er sich umdreht, uns alle cool lächelnd kurz taxiert und dann mit aller gebotenen Lässigkeit vorwarnt: »Hold close!« (»Festhalten!«), bevor er James-Bond-like in schier unfassbarem Tempo auf die Küste zurast. Das erste Mal hielt ich das noch für einen Scherz – er wird doch wohl gleich abdrehen? Aber keineswegs: Der Trick besteht darin, das Boot mit Vollgas am Strand anzulanden, woraufhin es entweder nach links oder rechts kippt. Wehe, wer sich nicht gut festgehalten hat und mit hilflosem Plopp auf die in der Mitte des Bootes festgeschnallten Tauchflaschen kracht.

Bootscaptain Daniel gehört zu den wenigen Mosambikanern, denen es gelungen ist, in der Tourismusbranche Fuß zu fassen. Er wird von Urlaubern wie Einheimischen gleichermaßen bewundert, hat einen verantwortungsvollen Job und ist logischerweise überzeugt davon, dass »Tourismus die Zukunft ist«. Für ihn gilt das wohl – ohne ihn würde der Tauchbasis ein wichtiger Mitarbeiter fehlen. Allerdings sind die vergleichsweise wenigen Tauchschulen und Hotels, die es mittlerweile gibt, auch in Mosambik fest in ausländischer Hand. Die Hotels gehören vor allem Südafrikanern, daneben investieren Portugiesen, Brasilianer und Briten. Die einheimischen Mosambikaner hingegen arbeiten meist in untergeordneten Positionen, nur sehr selten als Tauchlehrer, geschweige denn, dass sie Manager oder gar Eigentümer der auf ein internationales Publikum ausgerichteten Tauchschulen oder Hotels wären. Wie an so vielen touristischen Orten in Afrika immer wieder das gleiche Bild: Das Geld kommt aus dem Ausland, die Gewinne gehen ins Ausland. Welche Einheimischen aus der Gegend können sich hier wohl jemals die Investition in eine Hotelanlage leisten? Derweil bauen vor allem die benachbarten Südafrikaner umso eifriger Resorts an den Küsten. Und es sind auch vor allem Südafrikaner, die als Touristen kommen, als Hotelgäste und noch mehr als Camper. In der Tofo Bay bringen die Buren als Selbstversorger oft noch Lebensmittel und sogar Benzinkanister aus Südafrika mit, so dass die Einheimischen nicht mal mit dem Verkauf solcher Waren an ihnen verdienen. Auf die Mosambikaner wirken sie manchmal wie die alten »Voortrekker« (die Buren-Pioniere, die im 19. Jahrhundert durch Südafrika zogen), aber solch despektierliche Bemerkungen fallen natürlich nur hinter vorgehaltener Hand – man will die Gäste nicht verprellen.

Sanfte Giganten in Gefahr

Auf dem Rückweg vom spektakulären Manta-Riff hält Bootscaptain Daniel an diesem Morgen urplötzlich an, stellt den Motor aus und ruft: »Waleshark!« Ein Walhai, nur wenige Meter von unserem Boot entfernt! Mit fliegenden Händen stülpen wir uns Taucherbrillen und Schnorchel über, ziehen die Flossen an und hasten ins Wasser. In der Walhai-Bucht vor Tofo ist das Tauchen verboten, man darf mit den Meeresriesen nur schnorcheln. Zu Recht – so haben die Tiere die Chance abzutauchen, wenn ihnen der Trubel zu viel wird. Denn Trubel gibt es hier inzwischen durchaus. Kein Tag vergeht, ohne dass Boote mit Schnorchel-Touristen in die Bucht gefahren werden, auf der Suche nach den Walhaien. Anfang 2008, als wir in Mosambik getaucht sind, war die Zahl der Boote noch sehr überschaubar. Doch wenn die Pläne der Mosambikaner aufgehen, wird man hier früher oder später vielleicht so viele Boote sehen wie in den Tourismuszentren am Roten Meer in Ägypten – und dann vermutlich nur noch wenige Walhaie. Bis dahin mögen noch Jahre oder gar Jahrzehnte vergehen, und vielleicht errichtet die Regierung noch rechtzeitig eine Schutzzone mit reguliertem Zugang. Doch das Gefühl, hier eines der letzten Paradiese zu erleben, bevor der große Ansturm kommt, ist allgegenwärtig.

Zumal die benachbarte Barra Bay bereits von Kreuzfahrtschiffen entdeckt worden ist. Einmal pro Woche ankert vor der Küste ein hochhausgroßes Schiff, das eine wogende Menschenmasse ausspuckt. In kleinen Booten werden die Passagiere an Land gebracht. Mit offenem Mund hocken wir unter einer Palme und beobachten, wie innerhalb von Minuten der malerisch-einsame Strand zum Tummelplatz wird. Wie eine Invasion. Zumal die Kreuzfahrttouristen alle in einheitliche T-Shirts gekleidet sind, offenbar, um den Überblick über die Masse nicht zu verlieren. Rote T-Shirts, gelbe T-Shirts und grüne T-Shirts sind bestimmten Reiseleitern zugeordnet, deren Kommandos über den Strand schallen. Nach ein paar Stunden ist der Spuk vorbei. Sollten sich solche Invasionen künftig häufen, wäre es mit der Ruhe für Mensch und Meerestier hier irgendwann wohl vorbei.

Doch noch gibt es weltweit nur wenige Orte, wo man den Walhaien, diesen sanften Meeres-Giganten, den größten Fischen überhaupt, so mühelos begegnen kann. Sie tummeln sich ganzjährig vor der Küste Mosambiks auf der Suche nach Nahrung und Geschlechtspartnern. Über zwölf Meter lang und mehr als zwölf Tonnen schwer kann ein Walhai werden, mit hellen Punkten unverwechselbar gemustert und mit einem riesigen Maul ausgestattet, das er weit öffnet, um Nahrungspartikel aus dem einfließenden Wasser zu filtern. Er gehört zur Gruppe der Haie, ist aber kein Raubfisch, sondern ernährt sich im Wesentlichen von Plankton und Krill, mikroskopisch kleinen Lebewesen. Für den Menschen sind Walhaie ungefährlich. Sie könnten einen zwar mit einem Schlag ihrer Riesenflossen mühelos k.o. schlagen, aber das tun diese sanften Riesen nicht (so wie übrigens die meisten Hai-Arten den Menschen so gut wie immer in Ruhe lassen – ihr Image als Menschenkiller ist einfach falsch). Selten begegnet man sonst Walhaien nicht nur beim Schnorcheln in bestimmten Buchten wie in Mosambik, sondern auch beim Tauchen unter Wasser. Ich habe das während meiner vielen Taucherjahre nur zwei- oder dreimal erlebt und war jedes Mal hingerissen. Plötzlich verdunkelt sich das Meer über einem, als sei das Sonnenlicht von einem Moment auf den anderen ausgeschaltet; man schaut hoch und erblickt: ein U-Boot. Denn so sieht ein Walhai unter Wasser auf den ersten Blick aus; erst wenn man näher an ihn heranschwimmt, sieht man seine bildschöne Punkte-Musterung, die runden Augen und die mächtige Schwanzflosse. In Mosambik kann man diese Tiere in der Regel nur schnorchelnd von oben sehen – aber dafür umso häufiger.

Wir paddeln nun aufgeregt durchs Wasser, heben zwischendurch immer wieder den Kopf und blicken zu Daniel rüber, der uns vom Boot mit ausgestrecktem Arm die Richtung weist. Und dann, mit einem Flossenschlag, ist der Walhai mit seinem weit aufgerissenen Maul direkt vor mir, vielleicht zwei Meter entfernt. Hai und ich gucken uns kurz überrascht an – dann weiche ich hastig aus. Etwas anderes scheint er auch nicht erwartet zu haben. So nah schwimmt er an mir vorbei, dass ich ihn anfassen könnte, was ich aber natürlich nicht tue. Man würde damit seine schützende Schleimhaut verletzen. »Stresst die Tiere nicht«, mahnte

Daniel, »schwimmt ihnen nicht wie wild hinterher, lasst sie einfach an euch vorbeiziehen.« Und so beobachten wir die sanften Riesen, begeistert, berührt – und etwas sorgenvoll. Wie viele Touristen, die hierherkommen, sind tatsächlich bereit, den Hai aus gebührender Entfernung »einfach an sich vorbeischwimmen zu lassen«? Wie viele hängen sich ihm stattdessen an die Flosse, wild strampelnd und mit Fotokamera bewaffnet? Wie viele Touristen kann Mosambiks Unterwasserwelt in Zukunft verkraften? Jeder einzelne Besucher ist als Wirtschaftsfaktor in diesem bitterarmen Land hochwillkommen – aber jeder einzelne kann diesem unberührten Paradies auch schaden.

Dr. Andrea Marshall, eine renommierte amerikanische Meeresbiologin, die seit acht Jahren in Mosambik lebt und dort ein Forschungsinstitut für Mantarochen und Walhaie leitet, stellt fest, dass inzwischen häufiger Walhaie gesichtet werden, die offensichtlich von Ausflugsbooten gestreift und verletzt wurden. Auch am berühmten Manta Reef, befürchtet die Wissenschaftlerin, könnten künftig zu viele Boote unterwegs sein. Wir waren Anfang 2008 dort; als ich Ende 2010 mit Andrea telefoniere, erzählt sie mir: »Weißt du, inzwischen sind hier manchmal sogar schon vier Boote auf einmal am Manta Reef. Das ist echt zu viel, das darf so nicht weitergehen, das müsste reguliert werden.«

Da ist es wieder. Das ewige Dilemma, wie schon in Kenia: Wie viel Tourismus ist gut, und wann kippt die Balance? An Naturschutz denken in Mosambik im Moment erst wenige. Für das arme Land ist der Tourismus vor allem eine gewaltige Chance. Und sofern er mit Sinn und Verstand entwickelt wird, könnte er auch die einzige Chance sein, diese großartige Unterwasserwelt zu erhalten. »Taucher sind die besten Anwälte für den Meeresschutz«, sagt Tim Dykman, Gründer der US-Umweltschutzorganisation *Ocean Revolution*, die in Mosambik seit fünf Jahren aktiv ist. Das eigentliche Problem, darin sind sich Tim und Andrea einig, sind nicht die schnorchelnden oder tauchenden Touristen, im Gegenteil. Sie seien das beste ökonomische Argument, um die attraktive Unterwasserwelt zu bewahren. Das Hauptproblem ist die vor den Küsten Mosambiks seit Kriegsende rasant zunehmende industrielle Fischerei und das sogenannte Sharkfinning. Haie und Mantas werden hier gezielt gejagt – vor allem von Kuttern aus Fernost. Das wiederum zerstört nach und nach die große Chance der Mosambikaner, einen nachhaltigen Unterwassertourismus zu entwickeln. Schließlich wollen Taucher unter Wasser Tiere sehen und keine Friedhöfe.

Andrea Marshall arbeitet mit der *Weltnaturschutzunion IUCN* zusammen, die jährlich die Rote Liste der bedrohten Arten erstellt. Die Walhaie gelten bereits als gefährdet. »Und nach unseren jüngsten Datenauswertungen werden wir wohl auch die Mantarochen vom Status der nur potentiell gefährdeten Art in eine höhere Gefährdungskategorie aufnehmen müssen«, erklärt sie. Die Zahl der Mantas sei inzwischen jedenfalls spürbar zurückgegangen, gerade auch in Mosambik. Dafür gebe es mehrere Ursachen: Die Erwärmung des Indischen Ozeans im Zuge des Klimawandels gehöre dazu, aber in Mosambik habe auch die Fischerei einen ganz erheblichen negativen Einfluss.

Zum einen jagen einheimische Fischer Mantas. Um sie zu essen und – das ist eine neuere Entwicklung – um ihre Kiemenplatten an chinesische Händler zu verkaufen. So wie Haifischflossen sind auch Kiemenplatten in Asien eine begehrte Ware. Das oben erwähnte Sharkfinning, bei dem Haien bei lebendigem Leib die Flossen abgeschnitten werden, woraufhin sie dann blutend verenden, ist in Mosambik genauso wenig verboten wie die Jagd auf Mantas. Es ist legal und ein einträgliches Geschäft. Die Haie werden angeködert und aus dem Wasser gezogen, wenn sie am Haken hängen. Die mosambikanischen Einheimischen essen zwar auch das Haifleisch. Doch die eigentliche Einkommensquelle sind die getrockneten Flossen, die an chinesische Händler in der

Hauptstadt Maputo verkauft werden. Knapp zweitausend Metical, rund vierzig Euro pro Kilo, kann das den Fischern einbringen. Für sie enorm viel Geld. Der Zwischenhändler, der die Flossen an die chinesischen Abnehmer in Maputo weiterverkauft, kassiert dann pro Kilo noch mal das Doppelte, viertausend bis fünftausend Metical, also bis zu hundert Euro. In China ist Haifischsuppe eine teure Delikatesse mit angeblich medizinischer Wirkung.

Haifischsuppe mit fatalen Folgen
Für dieses Ammenmärchen werden weltweit jedes Jahr Millionen Tiere getötet, bis zu hundert Millionen schätzen Haischützer. Mit fataler Wirkung auf die Haipopulationen insgesamt. Denn Haie und Mantas vermehren sich nicht in Massen wie Makrelen; sie werden spät geschlechtsreif, pflanzen sich nur langsam fort, ähnlich wie Säugetiere. Für die Ökosysteme der Ozeane werden gerade die großen Haie aber dringend gebraucht. Jede Nahrungspyramide muss Endkonsumenten an der Spitze haben. Fallen die Haie als große Räuber weg, vermehren sich untergeordnete Arten zu stark, und das ganze System gerät ins Wanken. Seit vierhundert Millionen Jahren üben Haie ihre Funktion in der Unterwasserwelt aus. Dass sie heute millionenfach als Suppenbeilage enden, hat Mutter Natur nicht vorgesehen. Ganz abgesehen von den Folgen für die Menschen als Teil des hochkomplexen Lebenskreislaufes.

Doch welchem kleinen Fischer, der mühsam seine Familie ernährt, will man die einträgliche Jagd auf die Tiere zum Vorwurf machen? Wenn er keine wirtschaftliche Alternative hat und auch nicht weiß, welchen Schaden er damit anrichtet? Solange Mosambiks Fischer mit dem Verkauf von Haiflossen oder Manta-Kiemen legal mehr Geld verdienen als mit dem Schutz dieser Tiere, wird man die Jagd auf diese Arten nur schwer stoppen können. Die Schäden, die die einheimischen Fischer verursachen, sind außerdem noch gering im Vergleich zu den großen Trailern, die durch die Gewässer vor der Küste Mosambiks ziehen, auch vor der bei Urlaubern beliebten Tofo Bay, und mit kilometerlangen Leinen tonnenweise Haifische aus dem Wasser holen, ihnen die Flossen abschneiden und die hilflosen Tiere dann wie Abfall zurück ins Meer werfen.

Gefahr für die Unterwasserwelt Mosambiks droht nicht nur durch den gezielten Haifang, sondern generell durch Überfischung. In den großen Netzen, die von den Fabrikbooten Tag und Nacht ausgelegt werden, verfangen sich massenhaft auch Haie, Mantas, Delfine oder Meeresschildkröten. Durch die industrielle Fischerei wird es außerdem für die einheimischen Fischer an den Küsten Afrikas immer schwieriger, genug zu fangen, um ihre Familien zu ernähren – und umso interessanter wird für sie der Verkauf von Haiflossen. Wieder ein Teufelskreis.

Ohne Unterstützung durch die Regierung werde der Schutz der Unterwasserwelt auf Dauer nicht funktionieren, sagt Tim. Doch die Regierung in Maputo hat so viele andere Probleme: die hohe Aids-Rate zum Beispiel, die ein drängenderes Problem ist als die Frage, wie es Mantas und Haien in Tofo geht. »Für die Regierung«, weiß Naturschützer Tim Dykman, »sind andere Themen bis auf Weiteres einfach wichtiger: Die wirtschaftliche Entwicklung, die Gesundheitsprobleme im Land – der Umweltschutz hat da nicht höchste Priorität. Was ja durchaus verständlich ist. Umweltschutz muss man wollen, und man muss ihn sich auch leisten können. Aber letztlich wird der Erhalt der Unterwasserwelt eben nur gelingen, wenn die Regierung ihn durchsetzt.« Tim setzt auch auf mehr staatliche Hilfe für die akademische Ausbildung in Mosambik, zum Beispiel für die Studiengänge in Meeresbiologie und Küstenschutz, die seine Organisation finanziell unterstützt.

Meeresbiologin Andrea hofft, dass es gelingt, die Regierung von Premierminister Aires Ali zu überzeugen, rund um die Tofo-Bucht ein Meeresschutzgebiet einzurichten. Dann ließe sich von den Touristen eine Parkgebühr verlangen, die auch den Einheimischen zugutekommen könnte – vorausgesetzt, die Parkgebühren versickern nicht in korrupten Kanälen. Mit Eintrittsgebühren würden Tauchtouristen einen Beitrag zum Schutz der Unterwasserwelt leisten, anstatt sie in Mosambik weiterhin zum Nulltarif zu genießen. Wenn die Einrichtung von Meeresschutzgebieten allerdings dazu führen sollte, dass einheimische Fischer dort nicht mehr oder nur noch eingeschränkt fischen dürfen, dann müssen ihnen Alternativen geboten werden. Andere Jobs, mit denen sie genauso viel verdienen können. Jobs, die ihren Fähigkeiten entsprechen und die sie gerne machen. Mit Alimenten ist es dabei nicht getan. Die Einheimischen müssen sich mit dem Projekt identifizieren können und eine würdige Arbeit finden. Darin sind sich Andrea und Tim einig. »Einfach nur Naturschutzgebiete abzusperren, ob auf Land oder im Wasser, funktioniert nicht. Das hat die Vergangenheit gezeigt. Jahrzehntelang galten Naturschutzparks als die große Lösung, aber sie haben oft zu gewaltigen Problemen und Konflikten geführt. Man muss die Einheimischen einbeziehen, anstatt sie einfach auszusperren«, warnt Tim.

Er setzt unter anderem auf Mikro-Kredite als ein mögliches Entwicklungsinstrument, Kleinstkredite also zu sehr günstigen Konditionen, mit denen Mosambikaner eigene Tauchbasen oder andere kleine Geschäfte gründen könnten, um somit am Tourismusgeschäft teilzuhaben und die gläserne Decke zu durchbrechen, die die Einheimischen von dieser neuen Einkommensquelle trennt. »Das Land hat alle Chancen, und in der kurzen Zeit seit Kriegsende wurde doch schon viel erreicht. Vor fünf Jahren habe ich zum Beispiel noch keinen einzigen Mosambikaner als Tauchlehrer auf Tauchbooten gesehen. Nun gibt es schon ein gutes Dutzend. Also hat sich doch schon etwas getan.«

Die Fischer könnten als Naturschützer eingesetzt werden, hofft Andrea; mit ihren Booten würden sie dann Patrouillen fahren, um den Naturschutzpark zu bewachen, und so die Arbeit der Meeresbiologen unterstützen. »Natürlich werden chinesische Haiflossen-Händler immer mehr Geld bieten können als Naturschützer und Regierung. Da können wir nie mithalten. Aber ich glaube, dass die meisten Menschen lieber legale Arbeit machen als Verbotenes zu tun, auch wenn sie damit mehr Geld verdienen könnten. Wenn die Regierung Strafen androht, ein Gebiet effektiv schützt und das Sharkfinning verbietet, werden sich viele Mosambikaner daran halten, anstatt Kriminelles zu tun, auch wenn die legalen Jobs nicht ganz so lukrativ sind wie heimlich verkaufte Haiflossen.«

Andrea ist durchaus optimistisch, dass die Regierung zumindest das eine oder andere Gesetz in naher Zukunft erlassen wird. Entsprechende Verhandlungen laufen, und die Regierung in Maputo zeige sich inzwischen zugänglicher als noch vor ein paar Jahren. Doch ein Gesetz allein hilft noch nicht viel; »das kann nur ein erster Schritt sein«. Denn die Umsetzung steht auf einem anderen Blatt. Wo nicht kontrolliert wird, interessiert auch nicht, was auf dem Papier steht. Die Meeresschildkröten, zum Beispiel, seien seit einiger Zeit gesetzlich geschützt und werden doch weiter gejagt – »niemand hält sich daran, und niemand kontrolliert«.

Selbst wenn die Regierung Gesetze erlässt, werden die einheimischen Küstenbewohner nur bereit sein, diesen Unterwasserschatz zu bewahren, wenn sie erkennbar am Tourismus verdienen. Naturschutz funktioniert hingegen nicht – das hat man in jahrzehntelanger Erfahrung mit den afrikanischen Naturschutzparks gelernt –, wenn die Einheimischen nur Verbote zu spüren bekommen, während die Gewinne ins Ausland gehen. Hinzu kommt, dass den Mosambikanern in ihrer Geschichte immer wieder von außen gesagt wurde, was sie zu tun und zu lassen haben. Man erreicht die Menschen nur schwer, solange man sie von oben herab belehrt. Die Organisation *Ocean Revolution* will einen anderen Weg gehen: »Wir suchen unter den Einheimischen junge Leute, die das Potential haben, andere zu motivieren und zu überzeugen. Die Führungsqualitäten haben und interessiert sind. Wir sorgen dafür, dass sie eine gute Ausbildung bekommen, bringen sie zum Tauchen, unterrichten sie in Meeresbiologie, machen mit ihnen Englisch- und Computerkurse, holen sie für Ausbildungsprogramme in die USA, helfen ihnen, Studienplätze an der Universität von Maputo zu bekommen.« So sollen aus jungen Mosambikanern Multiplikatoren werden, Botschafter in ihrem eigenen Land mit einer höheren Glaubwürdigkeit als Ausländer, die nach Mosambik kommen, um den Leuten zu sagen, was sie alles falsch machen.

»Wir Kinder hätten so nicht aufwachsen dürfen«

Zu den jungen Einheimischen, die so gefördert wurden, gehört Carlos Macuacua. Ein energiegeladener Zwei-Meter-Mann, der die meisten seiner eher zierlichen Landsleute bei Weitem überragt – und auch seine Lebensgeschichte ist außergewöhnlich. Sie beginnt vor zweiunddreißig Jahren im Dorf Maunza. Viele der Dorfbewohner waren Fischer. Sein Vater jedoch, ein Schneider, hatte selbst etwas Schulbildung genossen und war fest entschlossen, seinen Kindern zu einer guten Ausbildung zu verhelfen. »Wir sollten etwas Besseres werden, etwas lernen.« Als während des Bürgerkriegs die Dorfschule von Rebellen niedergebrannt worden war, schickte der Vater Carlos und seine Geschwister nach Inhambane. Obwohl sie so mehrmals die Woche morgens siebzehn Kilometer in die Stadt und abends wieder zurücklaufen mussten. »Manchmal mussten wir rennen, damit wir vor Sonnenuntergang zurück im Dorf waren; nachts war es lebensgefährlich, auf den Straßen zu sein, weil dann Rebellen oder Regierungssoldaten ihr Unwesen trieben.« Viele Leichen hat er als Kind gesehen: Bekannte, die am Tag vorher noch bei seinem Vater in der Hütte saßen, um ein Hemd oder eine Hose in Auftrag zu geben, »und am nächsten Tag lagen sie tot im Straßengraben«. Damals, sagt Carlos, war das Alltag. »Wir kannten es nicht anders, Krieg war normal. Wenn ich aber heute daran zurückdenke, was wir alles gesehen und erlebt haben, kommen mir im Nachhinein die Tränen. Wir hätten so nicht aufwachsen dürfen.« Zum Glück überstand zumindest seine Familie den Krieg, seine Eltern leben heute noch. Von seinen sechs Geschwistern hat er zwar drei verloren, »aber die starben nicht im Krieg, sondern durch die Malaria«.

Schon als Kind verbrachte er viel Zeit am Meer. Sie spielten am Strand, obwohl die Eltern das streng verboten hatten, weil der Ozean gefährlich sei. »Doch ich lernte schwimmen, ich weiß gar nicht mehr, wie; irgendwie habe ich mir das selbst beigebracht. Und so gehörte ich lange Zeit zu den wenigen Mosambikanern, die schwimmen können – selbst die meisten Fischer können das nicht.« Nach Kriegsende begann Carlos in einem Strandhotel in Tofo als Kellner zu arbeiten, lernte Englisch und bekam die ersten Touristen zu sehen, die wieder ins Land kamen. 2001 wurde in der Nähe des Hotels die erste Tauchschule gegründet. Carlos, der – wie viele Afrikaner, denen ich begegnet bin – mit einem sympathischen Sinn für Selbstironie ausgestattet ist, erinnert sich, wie er anfangs die ausländischen Taucher bei ihren Ausfahrten beobachtete. »Ich war damals total verblüfft. Ich hatte ja keine Ahnung, was die da eigentlich machten, sah die Flossen und Brillen und Anzüge und dachte mir: Wow, das ist ja eine interessante Art, fischen zu gehen. Und dann kamen die nach ein paar Stunden wieder und wirkten alle total glücklich – obwohl sie keinen einzigen Fisch mitgebracht hatten! Ich konnte es gar nicht fassen und dachte mir: Sind die irre?«

Eines Tages herrschte schlechtes Wetter, starker Wind und hoher Wellengang. Carlos beobachtete, wie das Tauchboot in Küstennähe kenterte und die Insassen panisch im Wasser herumpaddelten. Daraufhin rannte er zum Strand, sprang ins Meer, schwamm dem Tauchboot entgegen und fragte: »Braucht ihr

Hilfe?« Der weiße Bootsführer, ein Engländer, starrte ihn fassungslos an: ein schwarzer Einheimischer, der nicht nur schwimmen kann, sondern auch noch Hilfe anbietet! Gemeinsam retteten sie so viele Ausrüstungsgegenstände wie möglich – und als Dankeschön bot ihm der Besitzer der Tauchschule einen kostenlosen Tauchkurs an. So kam Carlos zum Tauchen. »Ansonsten hätte ich das nie gelernt, solche Kurse hätte ich nicht bezahlen können, die waren ja nur für Touristen.«

»Die Weißen erzählen das Blaue vom Himmel«
Einige Jahre später, Carlos arbeitete inzwischen als Tauchlehrer, damals noch weit und breit der einzige Mosambikaner in diesem Job, sprach ihn der Amerikaner Tim Dykman am Strand an. »Tim lud mich ein, ihn abends in seinem Hotel zu besuchen; er wolle mir sein Umweltschutzprogramm vorstellen. Ich war skeptisch, bin ohne große Begeisterung hingegangen. Denn als Mosambikaner kennst du all die Geschichten von Weißen, die in die Dörfer kommen und den Leuten das Blaue vom Himmel erzählen: Was für tolle Schulen sie bauen werden, wie viele Wassertanks sie liefern, dass sie große Unternehmen gründen und den Einheimischen Jobs geben – und am Ende passiert nichts davon. Die Einheimischen kriegen ein kleines Handgeld, damit sie Platz machen und auf dem Baugrund Hotels gebaut werden können, und all die Versprechungen, die im Vorfeld gemacht wurden, werden nie eingelöst. Wir haben das hier so oft erlebt; da glaubst du irgendwann nichts und niemandem mehr.« Aber Tim und seine Organisation meinten es ernst. Sie finanzierten ihm eine weiterführende Tauchausbildung, so dass Carlos als erster Mosambikaner das anspruchsvolle und teure Examen zum »Dive Instructor« ablegen konnte, eine der höchsten Ausbildungsstufen im Sporttauchen, die weltweit zur Ausbildung anderer Taucher berechtigt.

Mit dieser Lizenz könnte Carlos eine eigene Tauchschule gründen und würde dafür inzwischen wohl auch genug Unterstützer finden, so bekannt wie er in Tofo mittlerweile ist. Doch er geht einen anderen Weg. Er hat es sich zur Lebensaufgabe gemacht, seine Landsleute über die Unterwasserwelt aufzuklären und damit Bewusstsein zu schaffen für die Schätze vor Mosambiks Küsten und dafür, wie gefährdet sie sind. »Meine Roadshow« nennt er sein Projekt, mit dem er unermüdlich unterwegs ist. »Wenn ich mich selbstständig machen würde, hätte ich dafür keine Zeit mehr.« Also verzichtet er auf die Möglichkeit, mit einem eigenen Business mehr Geld zu verdienen, und widmet sich stattdessen voll und ganz seinem Lehrprojekt.

Großes Kino in Mosambik
Mit Leinwand, Beamer, Computer und Lautsprechern ausgestattet zieht er über die Dörfer. »Erst musste ich die Dorfältesten überzeugen, und anfangs zahlte ich ihnen auch etwas Geld, damit sie mitmachen. Dann wählen wir gemeinsam einen Tag aus, an dem ein Fußballturnier auf einem Dorfplatz abgehalten wird, die größte Freizeitattraktion für die Leute hier. Im Anschluss an das Spiel, wenn die Sonne untergeht, packe ich meine Leinwand aus und zeige den Leuten Dias und Filme über die Unterwasserwelt, erkläre ihnen in einfachen Worten und in ihrem lokalen Dialekt ökologische Zusammenhänge, von denen sie niemals zuvor gehört haben. Die Fischer hier denken ja, der Ozean ist so riesig, der ist unendlich und damit auch alles, was darin lebt. Wie lange ein Hai braucht, um zu wachsen und geschlechtsreif zu werden, wissen sie nicht. Sie denken, es gibt davon so viele, dass es überhaupt nicht schadet, wenn man sie täglich fängt.«

Bevor Carlos mit seiner Filmvorführung beginnt, ruft er einen kleinen Wissenswettbewerb aus. »So animiere ich die Leute dazu, mir konzentriert zuzuhören. Ich frage zum Beispiel: Wie alt kann eine Meeresschildkröte werden? Wie lang ist ein ausgewachsener Walhai? Wer das nach meinem Vortrag richtig beantworten kann, gewinnt ein T-Shirt. Die Kinder dürfen mit dem Computer spielen, zum Beispiel ihren Namen schreiben, der dann unter großem Hurra auf der Leinwand erscheint. Und danach gibt es Musik und Tanz.« Seine pädagogisch raffiniert zusammengestellten Shows sind in der Gegend inzwischen ein solches »Event« geworden, dass er die Dorfältesten längst nicht mehr überzeugen muss, sondern sie umgekehrt zu ihm kommen und ihn um eine Vorführung in ihren Dörfern bitten, in denen sonst nur wenig Abwechslung geboten wird. »Manche Leute kommen zwanzig Kilometer zu Fuß gelaufen, um die schönen Meeresbilder ein zweites Mal zu sehen, so begeistert sind sie davon. Das ist für die Menschen hier im wahrsten Sinne des Wortes großes Kino – und sie lernen dabei.«

Carlos hofft, mit seiner Aufklärungsarbeit bei manchen Fischern auch ein Umdenken in Gang zu setzen. »Vielleicht kommt der eine oder andere auf die Idee, dass er mit seinem Boot viel mehr Geld verdienen kann, wenn er es Touristen anbietet, zum Beispiel zum Fischen. Touristen fischen im Laufe eines Tages vielleicht zwei, drei größere Fische; das ist vergleichsweise wenig. Die meiste Zeit sitzen sie an Bord, genießen die schöne Aussicht, trinken ein Bier und empfinden das als romantisches Abenteuer. Am Ende zahlen sie dafür aber ordentlich, und beiden wäre geholfen, dem Meer und dem Fischer. Doch auf solche Ideen kommen die Fischer nicht von alleine, darauf muss man sie bringen.«

Außerdem bemüht sich Carlos, Einheimische zu Tauchguides auszubilden, unterstützt von freiwilligen Helfern. Es sind Idealisten wie Carlos, auf denen die Hoffnungen von Naturschützern ruhen. Es wäre schon viel erreicht, glaubt Tim Dykman, wenn es mehr einheimische Tauchguides gäbe; denn sie hätten ein größeres Interesse daran, die Unterwasserwelt ihrer Heimat zu schützen, als ausländische Guides, die nur für ein, zwei Jahre nach Mosambik kommen. »Wenn es um die Zukunft des eigenen Landes geht, verhält man sich anders.« Umso wichtiger sei es, dass Einheimische in Naturschutz und Tourismusindustrie arbeiten – was jedoch bislang die Ausnahme ist. Zumeist werden junge Europäer und Südafrikaner angestellt, die für wenig Geld arbeiten, weil sie ein paar Monate oder Jahre an die großen weißen Strände wollen.

»Wenn du ein Ferkel bist…«

Im Schnitt verdienen einfache einheimische Hotelangestellte in den Touristenregionen zweitausend bis höchstens zweitausendfünfhundert Metical, umgerechnet vierzig bis fünfzig Euro im Monat. Der staatlich festgesetzte Mindestlohn fürs Dienstleistungsgewerbe liegt bei dreiundfünfzig Euro. Das ist allerdings verschwindend wenig im Vergleich zu den Gewinnen, die mit ausländischen Touristen gemacht werden, die in den besseren Hotels keineswegs afrikanische, sondern saftige westliche Preise zahlen. Über zweihundert Euro die Nacht sind keine Seltenheit.

Zugleich sind die Lebenshaltungskosten in Mosambik in den letzten Jahren stark gestiegen: Die Regierung hat Subventionen für Lebensmittel, Wasser und Strom drastisch zurückgefahren, die Inflationsraten sind hoch, die Landeswährung wurde abgewertet. Die gestiegenen Lebensmittelpreise auf den Weltmärkten machen sich auch in Mosambik bemerkbar, das stark importabhängig ist. Im August 2010 brachen in der Hauptstadt Maputo wegen gestiegener Brotpreise schwere Unruhen aus. Bei den Straßenschlachten zwischen Polizei und Demonstranten kamen mehrere Menschen ums Leben, Hunderte wurden verletzt.

Das tägliche Überleben ist für die Armen schwerer geworden. Doch mehr Lohn zu fordern, trauen sich die meisten Mosambikaner nicht, erzählt Carlos; das hätten sie auch nie gelernt, weder in der Kolonialzeit noch im Sozialismus. »Hier in Mosambik«, sagt Carlos, »gibt es dafür ein schönes Sprichwort: ›Wenn du ein Ferkel bist, musst du an der Sau saugen, solange sie schläft.‹« Will heißen: Die ausländischen Investoren nutzen die »verschlafene«

Unwissenheit der Mosambikaner nach Kräften aus. Er selbst hatte in dieser Hinsicht ein ganz eigenes Erweckungserlebnis: »Ich arbeitete damals in einer Tauchschule und bekam tausend südafrikanische Rand als Monatslohn, umgerechnet etwa hundert Euro – nicht als Hilfskraft, sondern als voll ausgebildeter Tauchlehrer, der zehn Stunden am Tag arbeitete. Das schien mir ganz normal, bis eine Spanierin zu unserer Gruppe stieß, auch Tauchlehrerin, die sich massiv beschwerte und zu einem anderen Arbeitgeber wechselte.« Daraufhin begannen auch die anderen zu grummeln, dass hundert Euro Monatslohn sehr wenig seien – wenn man bedenkt, dass die Touristen bis zu fünfzig Euro für eine einzige Tauchstunde zahlen. »Und plötzlich, von einem Tag auf den anderen, wurde mein Lohn auf dreitausend Rand erhöht, mal eben so um dreihundert Prozent, obwohl ich nicht gestreikt hatte oder Ähnliches. Da wurde mir erst klar, wie eklatant unterbezahlt ich vorher gewesen war! Und hätte das spanische Mädchen nicht so gemeckert, hätte ich das wohl noch jahrelang weiter akzeptiert.«

Die ausländischen Investoren zeigen bis auf Weiteres offenbar wenig Interesse an Entwicklungsarbeit und Umweltschutz. »Some do«, sagt Tim sehr gedehnt. »Some?«, frage ich. »Hm. Some«, antwortet er, um dann nachdrücklich drei Lodges in Tofo zu loben, deren soziales und ökologisches Engagement »sehr ernsthaft und extrem ermutigend ist«. Auch Carlos lächelt nur fein, als ich nach der Unterstützung durch die Hotelbetriebe frage: »A few do.« Was beide mir damit durch die Blume sagen wollen, ist klar: Es gibt in Tofo einige wenige Lodges, die sich tatsächlich sehr engagieren, doch unterm Strich beteiligen sich gerade die großen luxuriösen Hotels an den langen Küsten Mosambiks weder am Naturschutz noch an der Entwicklung von Perspektiven für die Einheimischen in ihrer Nachbarschaft. Ein ähnliches Bild also wie in den Parks in Kenia. Manche Lodge in Mosambik wirbt zwar damit, dass sie »Einheimische ausbilde« – was bei Touristen gut ankommt, gerade bei europäischen Touristen, die viel Geld bezahlen und dabei das Gefühl haben wollen, dass sie damit auch für Land und Leute etwas tun. Aber was ist das im Einzelfall tatsächlich für eine »Ausbildung«? Ist die Aussage ernst gemeint oder nur Marketing?

Für Touristen ist es natürlich unmöglich, bei einem kurzen Urlaubsaufenthalt hinter die Kulissen zu schauen und zu bewerten, ob die scheinbar politisch korrekte Eigenwerbung des Hotels stimmig ist oder nicht. »Aber es wäre schon viel geholfen«, meint Carlos, »wenn Touristen die Angestellten als Menschen wahrnehmen und ihnen vielleicht Fragen stellen: Wie ihr Leben ist, was sie verdienen. Und wenn sie auch dem Management Fragen stellen. Das mag nicht viel bewirken, könnte aber zumindest ein Signal sein, dass Umweltschutz und soziale Standards Urlaubern nicht völlig gleichgültig sind.«

Paradoxerweise verdienen die Mosambikaner an den Rucksack-Touristen häufig mehr als an den Luxustouristen. Denn die Backpacker haben wenig Geld, sie übernachten deshalb eher in einfachen Unterkünften von Einheimischen und kaufen auf lokalen Märkten ein: Brot, ein paar Tomaten, Bier. Sie haben sozusagen zwangsläufig Kontakt zur einheimischen Bevölkerung und lassen so unterm Strich mehr Geld im Land. Die wohlhabenden Touristen hingegen verlassen ihre Lodges kaum. »Ich würde mich ja schon freuen, wenn auch solche Touristen mal in einen lokalen Laden gingen und ein paar Getränkedosen kaufen würden, dabei vielleicht mit dem Inhaber ins Gespräch kommen und bei ihm dann womöglich einen Dorfbesuch oder Ähnliches für kleines Geld buchen«, sagt Carlos. »Die meisten Mosambikaner können so etwas leicht organisieren und würden damit am Tourismus auch etwas verdienen. Aber ihr Europäer seid da ja sehr misstrauisch, ihr wollt lieber eine offizielle Agentur und macht das nur über euer Hotel; und so kommt es kaum zu direkten Kontakten mit Einheimischen.«

Anabelas Hoffnung

Zu den wenigen Mosambikanern, die wie Carlos eine profunde Taucherausbildung haben, gehört Anabela Muchanga. Die Neunundzwanzigjährige war die erste mosambikanische Frau, die ihre Prüfung zum »Dive Master« abgeschlossen hat. Sie hat mit Carlos die *Bitonga Divers* gegründet und unterstützt ihn bei seinen Aufklärungskampagnen. Anabelas tiefe Stimme und ihr kehliges Lachen stehen in überraschendem Kontrast zu ihrem mädchenhaften Erscheinungsbild mit den langen geflochtenen Haaren. Sie ist ein Beispiel dafür, was alles möglich ist, wenn Einheimische entsprechend gefördert und ausgebildet werden. Sie bringt jedenfalls alle Voraussetzungen mit, um in der Tourismusbranche Karriere zu machen: eine solide akademische Ausbildung, gutes Englisch und Erfahrung im Umgang mit ausländischen Touristen. Anabela gehörte zu den ersten Jahrgängen, die an der staatlichen Universität von Inhambane den 2003 neu eingerichteten Studiengang »Tourismus« belegten. Die Studenten lernen dort zum Beispiel Grundbegriffe erfolgreichen Marketings, wie man einen Businessplan erstellt oder eine Lodge managt.

Vier Jahre dauert dieses neue Studium – die ersten Absolventen verließen also erst 2007 die Uni. »Das ist wirklich etwas Neues«, betont Anabela; »damit kommt jetzt eine neue Generation von Mosambikanern in die Tourismusbranche, und als Absolventen wurden wir regelrecht umworben. Ich brauchte mich nicht selbst zu bemühen, ich bekam von allein Angebote und war damit natürlich in einer völlig anderen Position als die meisten meiner Landsleute.« Selbstbewusstsein hatte sie aber auch schon vor ihrem Abschluss. Anabela ist nicht auf dem Land aufgewachsen, sondern in Beira, der zweitgrößten Stadt Mosambiks; ihr Vater war Regierungsbeamter. Als Tauchguide arbeitete Anabela eine Zeitlang in Bazaruto, einem vorgelagerten Archipel, das vor allem vom Luxustourismus geprägt ist. »Ich hab in einem Fünf-Sterne-Resort gearbeitet und denen von Anfang an klar gesagt, was ich kann, wie gut ich bin. Ich verhandele gern, ich bin da nicht schüchtern.« Und so verdiente die nicht schüchterne Anabela gleich rund tausend Dollar im Monat.

Dass es für die meisten ihrer Landsleute hingegen schwer ist, im Tourismusgeschäft Fuß zu fassen und auch noch anständig bezahlt zu werden, sieht sie durchaus nüchtern. »Man darf sich da nichts vormachen. Den meisten Mosambikanern fehlen dafür schlichtweg noch die notwendigen Kenntnisse. Man kann nicht einfach ein Geschäft im Tourismusbereich aufziehen, eine Tauchschule zum Beispiel. Dann kommt keiner. Die ausländischen Touristen marschieren nicht einfach herein und buchen bei dir Ausflüge. Du musst wissen, wie das internationale Geschäft funktioniert, du brauchst Kontakte, Partner, Werbung und so weiter. Du kannst auch keine Lodge managen, wenn du nicht Buchführung gelernt hast. So funktioniert es halt nicht. Insofern ist es kein Wunder, dass die Hotels bisher nicht von Mosambikanern geleitet werden.«

Anabela hätte mit ihrem Abschluss im Tourismusgeschäft gute Chancen gehabt. Aber auch sie hat sich inzwischen voll und ganz dem Naturschutz verschrieben, wie Carlos. Und so ist sie nach ihrem Tourismus-Abschluss in Inhambane in die Hauptstadt gegangen und hat an der Universität von Maputo ein zweites Studium begonnen in den Fächern »Wasserbiologie« und »Ökosysteme der Küsten«. Für eine Umweltorganisation möchte sie nach ihrem Examen arbeiten, »am liebsten Umweltschutz und Tourismus verbinden. Ich bin sicher, ich werde da etwas finden«. Nicht nur für sich selbst, auch für Mosambiks Entwicklung insgesamt ist sie optimistisch, gerade mit Blick auf die Tourismusbranche. »Das ist natürlich noch ein langer Weg, ein Prozess. Während der Kolonialzeit gab es ja schon einen hochentwickelten Tourismus; Mosambik war berühmt für seine Schönheit. Aber der Tourismus gehörte nicht uns Mosambikanern. Die Portugiesen haben den organisiert. Und dann der Krieg. Unser Land hat doch gerade erst bei null angefangen. Wir haben einen langen Weg zu gehen. Das braucht Zeit.« Anabelas Formulierung erinnert mich im Rückblick an das, was Jacqui Sebageni in Ruanda zu mir sagte. Sie formulierte genauso: »Wir haben bei null angefangen.« Es gibt eben viele Ground Zeros in Afrika. Orte der Zerstörung, an denen es nicht einmal mehr gesellschaftliche Strukturen gibt, auf denen sich aufbauen ließe.

Jenseits der weißen Strände

Dass die Rebellenbewegung RENAMO nach den ersten freien Wahlen 1994 die Rolle der Oppositionspartei akzeptierte und die nach wie vor herrschende FRELIMO zumindest ansatzweise demokratische Reformen einführte, wird als eine der großen Erfolgsgeschichten afrikanischer Demokratie-Entwicklung angesehen. Menschenrechtsverletzungen gibt es in Mosambik zwar nach wie vor, und die Regierungspartei FRELIMO dominiert das Staatswesen kaum weniger stark als früher, so dass man von einer parlamentarischen Demokratie in unserem Sinne nicht sprechen kann. Aber wenigstens herrschen in Mosambik kein Krieg und keine Diktatur mehr. Mit Blick auf die blutige Geschichte des Landes kann das nicht hoch genug geschätzt werden – und gibt Anlass zu Hoffnung. Nach wie vor ist Mosambik aber auch ein Armenhaus: Die Hälfte der Erwachsenen kann nicht lesen oder schreiben, die Aids-Rate ist extrem hoch, die durchschnittliche Lebenserwartung niedrig, sie liegt bei nur achtundvierzig Jahren. Besonders erschütternd ist die Situation der über eine Million Waisenkinder in Mosambik, die meisten Aids-Waisen, von denen viele durch die Straßen der Hauptstadt Maputo irren – wie kleine Geister, schutz- und heimatlos, mit Pappkartons als Schlafstätte.

Über die Hälfte des Staatshaushalts besteht heute aus ausländischen Entwicklungshilfegeldern. Zugleich wird aber auch dieses afrikanische Land inzwischen von Investoren umworben, mit allen Chancen und Risiken, die damit einhergehen. Wie Äthiopien hat auch Mosambik große Ackerflächen zu bieten, die dem Staat gehören. Die Regierung vergibt Nutzungsrechte an Investoren. Mosambik ist etwa doppelt so groß wie Deutschland, hat aber nur rund zwanzig Millionen Einwohner. Besonders die rohstoffhungrigen Chinesen sind inzwischen in Mosambik aktiv und bringen zum Beackern des Landes und zum Abholzen der Wälder häufig gleich eigene chinesische Arbeiter mit. Den Einheimischen hilft das natürlich wenig – und der Natur erst recht nicht. Neuerdings entdeckt die mosambikanische Regierung auch den Anbau von Agrartreibstoffen als verheißungsvolles Zukunftsinvestment. Energiekonzerne wie *BP* haben bereits ein Auge auf Mosambik geworfen. »Jatropha« heißt das Zauberwort, auf das sich große Hoffnungen richten. Eine ungenießbare einheimische Wildpflanze, die dafür gerühmt wird, dass sie auf mageren Böden wachsen kann, und aus deren Nüssen Biodiesel gewonnen wird. Sie wird auch in anderen Drittweltländern als Heilpflanze gegen die Armut gepriesen; in Brasilien zum Beispiel wurden bereits große Plantagen angelegt.

Umweltschützer warnen jedoch vor unabsehbaren Folgen, wenn industrielle Monokulturen entstehen mit einer noch relativ unbekannten Pflanze, deren Wasserbedarf durchaus hoch sei und die insofern überwiegend auf bewässerten landwirtschaftlichen Nutzflächen angebaut wird – zu Lasten der Produktion von Lebensmitteln. Auch in Mosambik stellt sich die Frage, wer von ihrem Anbau profitieren wird. Die Bevölkerung oder nur einzelne Konzerne, die mit möglichst niedrigen Löhnen möglichst hohe Gewinnmargen erzielen? Und werden über kurz oder lang Jatropha-Plantagen den Lebensmittel-Anbau verdrängen, weil den Investoren auch für Biodiesel fruchtbare Böden lieber sind als karge? In Indien etwa wird die Sprit-Pflanze bereits auf ehemaligen Reisfeldern und Weideland angebaut. Die geradezu märchenhaften Zukunftsvisionen, die sich in Mosambik mit der rotblühenden Pflanze verbinden, machen jedenfalls skeptisch.

Mosambik hat aber noch weitere Schätze zu bieten. Kohle und Erdgas etwa und besonders seine Küstenlage, die das Land jahrhundertelang zu einem internationalen Handelszentrum machte. Daran würde Mosambik heute gerne wieder anknüpfen. Nach dem Ende des Bürgerkriegs öffnete sich das Land der Marktwirtschaft und kann durchaus auf wirtschaftliche Erfolge verweisen. Mosambik wurde und wird sogar als Modell-Staat gepriesen, als afrikanisches Vorzeigeland. Ein Titel, den sich afrikanische Länder jedoch recht schnell erwerben – wie nachhaltig und zukunftsträchtig die Entwicklung dann tatsächlich ist, steht auf einem anderen Blatt. Mosambiks Regierung verweist auf hohe Wachstumsraten von sechs bis sieben Prozent. Sie werden allerdings zu einem nicht geringen Teil durch große Einzelprojekte befeuert, etwa ein riesiges Aluminiumwerk am Stadtrand Maputos, Milliardeninvestition eines australischen Rohstoffkonzerns. Trotz hoher Wachstumsraten ist Mosambik bislang alles andere als ein sich industrialisierendes Land. Der größte Teil der Beschäftigten arbeitet in der Land- beziehungsweise Fischwirtschaft und im Dienstleistungssektor. Das jährliche Pro-Kopf-Einkommen liegt insgesamt bei nur etwa vierhundert US-Dollar. Angesichts niedriger Löhne und Gewinne ist natürlich auch das Steueraufkommen gering. Bislang sind es vor allem einige wenige ausländische Großunternehmen, die zum Staatshaushalt beitragen. Allerdings können solche Investoren moderate Steuersätze einfordern mit dem Argument, dass der Standort andernfalls nicht attraktiv sei.

Gehemmt wird die wirtschaftliche Entwicklung auch durch postsozialistische Strukturen. Politik und Wirtschaft werden nach wie vor von der Regierungspartei und ihrer Bürokratie beherrscht. Außerdem leidet jede Entwicklung unter der grassierenden Korruption im Land (im jüngsten Korruptionsindex von

Transparency International liegt Mosambik auf Platz 130 von 180 Ländern). Ausländischen Investoren wird es insofern auch nicht ganz leicht gemacht. Wer in Mosambik Geschäfte machen will, braucht einen langen Atem.

Avenida Karl Marx

Dass die Wege in Mosambik gelegentlich verschlungen sein können, habe auch ich als Reisende erfahren. Mein zweiter Aufenthalt in der Hauptstadt Maputo war unfreiwillig. Eigentlich wollten wir von Johannesburg/Südafrika direkt ans Meer fliegen; doch daraus wurde nichts. Nachdem wir vier Stunden in einem kleinen Flieger der nationalen mosambikanischen Airline auf dem Rollfeld gestanden hatten, beschloss der Pilot in weiser Voraussicht, dass die Maschine fluguntauglich sei. Wir stiegen allesamt wieder aus, um wiederum einige Stunden später mit einer größeren Maschine nach Maputo, Mosambiks Hauptstadt, zu fliegen. Von dort, so versicherte man uns mittelmäßig glaubhaft, würden wir »irgendwie« weitertransportiert werden. Nun ja. Das gelang erst nach vielem Durcheinander achtundvierzig Stunden später. Zeit ist in Afrika, wie schon gesagt, manchmal ein dehnbarer Begriff. Aber so hatten wir wenigstens unverhofft einen Zwischenstopp in Maputo.

Noch bis in die siebziger Jahre galt Maputo als eine der schönsten Metropolen Afrikas, geradezu mondän, was man sich heute allerdings nur noch schwer vorstellen kann. Mein portugiesischer Kollege António Cascais, mit dem ich durch Angola gereist war, erzählte, dass Mosambik ein beliebtes Reiseziel für gemischte südafrikanische Paare gewesen sei, solange in Südafrika das Apartheid-Regime regierte. Man kann den portugiesischen Kolonialherren viel Schlechtes nachsagen, von Ausbeutung bis Rassismus, doch im Unterschied zu anderen europäischen Kolonialherren mischten sie sich in den von ihnen regierten Ländern mit der Bevölkerung. Besonders in Angola gibt es viele Abkömmlinge von Misch-Beziehungen. Für Südafrikaner, die sich während der Apartheid in Andersfarbige verliebten, war eine heimliche Reise ins Nachbarland Mosambik die Gelegenheit, endlich einmal gemeinsam in ein Restaurant zu gehen oder händchenhaltend über die Straße zu spazieren.

Mosambiks Hauptstadt ist heute nicht mehr mondän, sondern zumindest in meinen Augen von geradezu herzergreifender Hässlichkeit. Zwar ragen einige viktorianische Prachtgebäude und Villen mit filigranen schmiedeeisernen Balkonen heraus; die breiten Boulevards vermitteln eine gewisse Großzügigkeit; manche Parkanlage und manch farbenfrohes Blumenbeet bemühen sich sehr, so wie auch die palmengesäumte Uferpromenade. Der Blick auf die Meeresbucht kann von einem Fischrestaurant in Hafennähe am späteren Abend einen gewissen Charme entfalten, nach dem zweiten Glas Wein sieht das sogar richtig hübsch aus – aber alles in allem ist Maputo keine Augenweide. Das gilt allerdings auch für andere afrikanische Großstädte.

Der Weg vom Flughafen führt zunächst an endlosen Hüttenvierteln vorbei, vor denen sich direkt an der Hauptstraße eine Art kilometerlanges Möbelhaus entlangzieht: Holzgeschnitzte Betten und andere Möbel werden angeboten, daneben Kanister, Autoreifen und Plastikeimer, dahinter eröffnet sich ein Wirrwarr schmaler Wege durch dichtgedrängte Wellblechhütten. Die City selbst ist vor allem eins: grau. Sozialistische Betonklötze dominieren die Innenstadt, manche sehen aus wie Bauruinen; wie dunkle Skelette ragen sie in die Höhe. Aber es gibt auch viele Baustellen, auf denen neue Gebäude entstehen, die der Skyline einen modernen Anstrich verleihen. Maputo verharrt also durchaus nicht in der Vergangenheit; die Aufbruchsstimmung, die ich in anderen afrikanischen Städten erlebt habe, ist auch hier zu spüren.

Selbst wenn die Straßenschilder einen anderen Eindruck vermitteln. Sie erinnern bis heute an die kommunistische Geschichte des Landes: Avenida Mao Tse Tung, Avenida Karl Marx, Avenida Friedrich Engels, Avenida Vladimir Lenine, Avenida Ho Chi Minh. Man reibt sich die Augen ... Die Orientierung in Maputo fällt dafür angenehm leicht, die Straßenzüge sind wie auf dem Reißbrett gezirkelt: Quer- und Längsstraßen, schachbrettartig, ähnlich wie in New York. Obwohl die Millionenstadt so wenig ansprechend aussieht und so offensichtlich von bitterer Armut geprägt ist, hat sie doch ein eigentümlich mediterranes Flair. Sie wirkt auf mich trübselig und lebendig zugleich. In den Straßen sind zu jeder Tageszeit viele Menschen unterwegs – darunter aber nur wenige Weißhäutige. Als Spaziergänger fallen wir auf. Maputo ist definitiv kein Touristen-Hotspot. Touristischer Höhepunkt ist der alte koloniale Hauptbahnhof mit Kuppeldach, der von Gustave Eiffel entworfen und gebaut wurde. Gegenüber dem Bahnhofsvorplatz steht ein großes Kriegerdenkmal. In den mehr oder weniger kaputten Straßen hocken vielerorts Menschen an den Bordsteinen, die vor sich ein paar Waren ausgebreitet haben, etwas Gemüse zum Beispiel, alte Elektrogeräte, zwei Dutzend Herrenschuhe.

Die Wohngegend der Wohlhabenden liegt entlang der Uferpromenade außerhalb des Zentrums, in der sogenannten Oberstadt. Hier stehen eine Reihe viktorianisch anmutender Häuser aus der Kolonialzeit sowie Bungalows, die man offenbar zu sozialistischen Zeiten für die Besserverdienenden errichtete (bekanntlich sind ja immer einige gleicher als andere). Allesamt sind sie mit Gittern und elektronischen Zäunen gesichert. »Schön« in unserem Sinne fand ich aber auch diese Villengegend nicht. Und selbst das »Teatro Avenida«, das der berühmte schwedische Schriftsteller Henning Mankell in Maputos Innenstadt gegründet hat, liegt ziemlich unauffällig an einem Boulevard, der mich ein bisschen an Berlin-Alexanderplatz in schmutzig-unrenoviert erinnert. Maputo ist eher eine Stadt »hinter den Kulissen«. Man sieht es den Fassaden nicht an, wenn sich dahinter ein lässiger

Jazz-Club oder eine originelle Bar verbirgt. Tatsächlich kann man in Maputo abends gut ausgehen und landet nicht nur in Weißen-Ghettos, in denen sich sogenannte »Expatriots« gelangweilt am Gin Tonic festhalten. Vielleicht gefiel mir Maputo gerade deswegen, weil es eine Stadt auf den zweiten Blick ist. Der erste Augenschein weckte bei mir noch keine Liebe.

Lost in Maputo
Dabei kamen die Umstände meiner beiden Anreisen vermutlich erschwerend hinzu. Beide Male kam ich allein an – ohne meinen Koffer, der hatte sich jedes Mal standhaft geweigert, mitzureisen. Er blieb jeweils in Johannesburg hängen (wo er sich übrigens erstaunlicherweise auch beide Male wiederfand, einmal rein zufällig, auf meiner Rückreise; da marschierte ich am Flughafen durch irgendeinen langen Gang und erblickte plötzlich ein sehr vertrautes Gepäckstück, das dort einsam und unbeachtet herumstand: mein geliebter alter schwarzer Koffer, der tapfer auf mich gewartet hatte, während ich auf einer mehrtägigen Dienstreise in Maputo weilte). Die Begegnungen mit der mosambikanischen Bürokratie, die sich aus meinen beiden Koffersuchen ergaben, waren jedenfalls, sagen wir mal, lehrreich: Bei meinen Nachforschungen fühlte ich mich am Flughafen Maputo ungefähr so willkommen wie in den achtziger Jahren als Wessi an der DDR-Grenze. Mit dem Unterschied, dass ich in Maputo mit massiven Lächel-Offensiven zumindest teilweise erfolgreich war. Noch erfolgreicher wäre es gewesen, hier und da ins Portemonnaie zu greifen; aber das ist etwas, das ich, solang es geht, vermeide. Es mag Situationen geben, in denen einem nichts anderes übrigbleibt, selbst wenn man es in dem Moment noch so sehr hasst. Sich etwa auf stundenlange Diskussionen mit Polizeibeamten einzulassen, die einen bei einem »Delikt« ertappt haben wollen, ist im Zweifelsfall äußerst fruchtlos, erst recht, wenn man unter Zeitdruck steht. Eine solche Situation habe ich ja im vorangegangenen Kapitel

unter dem Stichwort »teuerste Zigarette meines Lebens« beschrieben. Aber in der Regel weigere ich mich, da mitzuspielen, selbst wenn es dann anstrengender wird.

In Maputo lief die Koffersuche jedenfalls nicht »wie geschmiert« und kostete mich einige nervige Stunden. Bei der zweiten meiner beiden kofferlosen Ankünfte verschwanden auch noch unsere Reisepässe, die ein Flughafenmitarbeiter einkassiert hatte. Die Pässe blieben unauffindbar, bis im Flughafengebäude (es war bereits spätabends) plötzlich das Licht ausging. Wir fanden unsere Pässe schließlich mit Hilfe des Nachtwächters im Halbdunkel in der Schublade eines verlassenen Büros wieder, in das wir einfach auf gut Glück hineinmarschiert waren. Das ist zwar eine heitere Anekdote, die man im Nachhinein gerne erzählt – aber damals fand ich das nur mäßig lustig.

Bei einer dieser Koffer-Suchaktionen am Flughafen Maputo lernte ich die ebenfalls koffersuchende Frau eines deutschen Geschäftsmanns kennen. Ihr Mann Jörg arbeitete in Mosambik seit zwei Jahren für ein internationales Unternehmen. Das Kofferschicksal wirkte verbindend; so entwickelte sich ein netter Kontakt, und es ergab sich die Gelegenheit, mit dem Paar über seine Erfahrungen in Mosambik zu sprechen. Die beiden weitgereisten jungen Deutschen fühlten sich im Land sehr wohl. »Uns gefällt vor allem, dass wir auch mosambikanische Freunde gefunden haben, dass sich Schwarz und Weiß hier generell leicht mischen; es gibt viele Mischehen, anders als in anderen afrikanischen Ländern, die wir erlebt haben. Insofern fühlt sich Mosambik mehr wie Brasilien als wie Afrika an.«

Über Mosambiks wirtschaftliche Zukunftschancen äußerte sich Jörg gemäßigt optimistisch. »Die Häfen bieten großes Potential für den afrikanischen Handel. Gerade wenn sich das Hinterland und die Nachbarländer weiterentwickeln, Sambia, Malawi, Simbabwe. Aber gut genug ausgebildete Mitarbeiter zu finden, ist extrem schwer. Und die Korruption ist natürlich auch ein Problem.« Die Regierung versuche zwar, die Korruption in den Griff zu bekommen, und sein Unternehmen habe mit Regierungsstellen auch nie Schwierigkeiten gehabt. Das Problem seien die einheimischen Firmenmitarbeiter, die sich von Kunden bestechen ließen. Irgendwann sei der Finanzmanager seines Unternehmens auf die Idee gekommen, einen Wunderheiler in die Firma zu holen, der drohte, dass jeder verflucht sein werde, der betrügerische Geschäfte mache. »Magie spielt in Mosambik eine Riesenrolle. Anfangs bemerkt man das nicht; aber nach einiger Zeit begreift man, welche Ausmaße der Aberglaube hier hat.« Der Anti-Korruptions-Wunderheiler habe dann auf ein hartgekochtes Ei ein Gesicht gemalt, das Ei auf den Konferenztisch geschlagen und angekündigt, dass jeder, der klaue, schlimme Bauchschmerzen bekäme. Daraufhin stand tatsächlich ein Mitarbeiter auf und lief aus dem Büro! Später habe sich herausgestellt, dass der Mann mit dem nächsten Bus in seinen tausendvierhundert Kilometer entfernten Heimatort gefahren war, um sich dort von einem anderen Magier einen Gegenzauber zu holen, der ihn davor schützen sollte, ertappt zu werden.

Angst vorm »Schlangenmann«

In einer Dependance des Konzerns in Beira, der zweitgrößten Stadt Mosambiks, hätten sich einmal sämtliche Mitarbeiter geweigert, das Büro zu verlassen, weil angeblich ein verhexter »Schlangenmann« (halb Mann, halb Schlange) in Beira unterwegs sei. »Der alltägliche Wahnsinn. Und wohlgemerkt, das sind Angestellte eines internationalen Unternehmens und nicht Mitarbeiter einer lokalen Bäckerei.« Das Wichtigste für die Entwicklung Mosambiks werde neben der Bildungsfrage der Aufbau eines funktionierenden Gerichtssystems sein, meinte Jörg. »Nach dem Krieg gab es hier im Land ja praktisch keine Anwälte und Richter mehr. Erst die Kolonialzeit, dann die sechzehn Jahre

Ein-Parteien-Herrschaft und Bürgerkrieg – wie sollte sich da ein Rechtsstaatsempfinden entwickelt haben? Das braucht Zeit. Hier ging es doch jahrzehntelang nur ums Überleben, und jeder schlug sich halt irgendwie durch. Wenn du die Gelegenheit hast, an Geld zu kommen, ergreifst du sie – das legt man nicht so schnell ab.«

Bei der Abreise aus Maputo bekamen wir das auch noch mal zu spüren. Ein Flughafenmitarbeiter, der mir schon bei unserer chaotischen Ankunft durch erfrischende Unfreundlichkeit aufgefallen war, ließ uns nicht zum Gate durch, weil wir angeblich auf diesen Flug nicht gebucht seien. Das stimmte in gewisser Weise sogar; schließlich war unser kompletter Reiseplan von der nationalen Fluggesellschaft kurzfristig geändert worden, was auf den Tickets allerdings eindeutig gekennzeichnet war. Letztlich ging es natürlich nur um eines: Wir hatten »eine Gebühr nicht gezahlt«, ein international beliebter Code für Schmiergeldzahlungen, und in diesem Fall sollte die »Gebühr« schlappe dreißig Dollar pro Kopf betragen. Während wir noch diskutierten, löste sich plötzlich ein mosambikanischer Geschäftsmann im Business-Anzug aus der Menge der am Gate Wartenden, kam schnurstracks zu unserer kleinen Gruppe herüber und fing an, den Flughafenmitarbeiter zusammenzufalten. Ich verstand zwar kein Wort, konnte aber an dem noch undurchdringlicher werdenden Gesichtsausdruck des Angestellten ungefähr ablesen, was ihm da gerade mitgeteilt wurde. Und ganz plötzlich war der Weg für uns frei, die Tickets auf wundersame Weise doch gültig. »Ich schäme mich«, schimpfte der Businessmann danach in Englisch. »Sie haben absolut recht, nicht zu bezahlen, das nicht mitzumachen. Es ist eine Schande, dass Ausländer hier so behandelt werden. Wenn unser Land nicht endlich die Korruption in den Griff bekommt, wird nie etwas aus uns werden.«

Unwillkürlich schlug ich damals die Augen nieder. Es ist nicht schön, jemandem gegenüberzustehen, der sich für seine Landsleute schämt. Zumal Mosambik ein Land ist, das sich mir mit allen seinen Unzulänglichkeiten in die Seele geschlichen hat, quasi durch die Hintertür. Nicht auf den ersten Blick, nicht eindeutig, sondern zwiespältig. Ich würde es so formulieren: Man kann sich in Mosambik kräftig ärgern – und zugleich so begeistert sein. Natürlich war ich viel zu kurz dort, habe viel zu wenig gesehen. Aber es zieht mich wieder dorthin. Ähnlich wie das kleine, verletzliche und verletzte Ruanda hat mich Mosambik besonders berührt. Vielleicht auch weil es bislang kein typisches Touristenland ist, wie Kenia oder Südafrika, und es noch einen so viel weiteren Weg zu gehen hat. Ich will jedenfalls wiederkommen, unbedingt – und wenn ich dort nach noch so vielen Koffern oder Pässen suchen muss …

MIT ANDEREN AUGEN – EIN NACHWORT

»Kein Zeuge ist besser als die eigenen Augen« besagt ein altes Sprichwort aus Äthiopien. Dass Reisen den Blick auf die Welt verändert, mag eine banale Erkenntnis sein. Doch mich hat diese vermeintlich schlichte Weisheit immer wieder ordentlich durchgerüttelt. Manchmal meint man eben nur, dass man viel weiß – und dann präsentiert sich die Welt doch so ganz anders, wenn man sie sich mit eigenen Augen anschaut. Nirgendwo habe ich das allerdings so stark empfunden wie in Sub-Sahara-Afrika. Vielleicht weil kaum ein Kontinent so mit Klischeebildern behaftet ist wie der afrikanische. Und das nicht nur aus der Sicht westlicher Länder – auch der indische Manager, den ich in Äthiopien kennenlernte, empfand das ja so: »Bei uns im Fernsehen sah Äthiopien immer völlig anders aus.«

Meist sind es zwei Bilder, die sich dank ständiger Wiederholung ins kollektive Gedächtnis eingegraben haben: entweder Elefanten im Sonnenuntergang oder halbnackte Afrikaner (bevorzugt Kinder), die uns hilfesuchend die Hand entgegenstrecken. Häufig steht im Vordergrund auch noch ein weißhäutiger Mensch aus Europa oder Amerika, der erklärt, woran diese Menschen leiden und was getan werden muss, um ihnen zu helfen. Der weiße Entwicklungshelfer erscheint als Individuum, mit Vor- und Nachnamen. Hinter ihm steht die arme schwarze Masse, die oft namenlos bleibt. Nun sind tatsächlich große Teile der afrikanischen

Bevölkerung erschütternd arm. Geld und Entwicklungshelfer kommen überwiegend aus dem Ausland. Insofern sind diese Bilder durchaus real.

Doch als ich kürzlich durch das 2010 neu eröffnete Völkerkundemuseum in Köln schlenderte, fiel mir einmal mehr auf, wie frappierend diese Bilder denen ähneln, die schon während der Kolonialzeit aus Afrika transportiert wurden. Es gibt in diesem Museum eine sehr gelungene Einrichtung, einen sogenannten »White Room«. Dort kann sich der Besucher mit all den Stereotypen konfrontieren lassen, die für den »weißen« Blick auf Afrika so bezeichnend sind. Besonders schön war, dass an diesem Nachmittag auch zwei junge afrikanische Männer diesen Raum betraten. Das Unbehagen der anderen Museumsbesucher nahm dadurch spürbar zu. Plötzlich blickten uns Afrikaner direkt über die Schulter, während wir zum Beispiel »Die zehn kleinen Negerlein« betrachteten.

In diesem »Weißen Raum« liegen unter anderem alte Ausgaben von erotischen Romanen aus der Kolonialzeit, in denen die Liebschaften von Kolonialherren mit »wilden« Frauen beschrieben wurden. Afrikanerinnen, denen die Herren vorübergehend »verfielen«, bis die kulturellen Unterschiede dann doch zu groß wurden (oder weiße Frauen auftauchten, die die Herren wieder auf den »rechten« Weg brachten). Hm. Das kam mir doch irgendwie bekannt vor. Interkulturelle Liebesgeschichten, die im »wilden« Afrika angesiedelt sind, verkauften sich offenbar schon im 19. Jahrhundert sehr gut, lange vor der »Weißen Massai«.

Wenn ich mich an meine eigenen Reisen durch Sub-Sahara-Afrika erinnere, habe ich nicht als Erstes die Bilder von Massai-Dörfern im Kopf. Ich denke an meine Begegnung mit der Modedesignerin Lucrecia Moreira, mit der ich so herrlich in Farben und Stoffen schwelgte wie mit deutschen Freundinnen auf Shoppingtour; ich erinnere mich an meine frühmorgendliche Autofahrt mit der Naturschützerin Norah Njiraini, die sich so darüber ärgerte, das ihr Büro aussehe wie die Hütte in einem Slum; oder ich denke an die Geschäftsfrau Jacqui Sebageni und ihre Freundinnen, in deren Gesellschaft ich mich fühlte wie bei meinem Frauenstammtisch in Köln. Auch die Themen waren die gleichen (erst allgemein Politisches oder Kulturelles, dann Frau-Mann-Partnerschaften-Karriere-Kinder-Älterwerden). Und genau wie bei meinem heimatlichen Frauentreff alle paar Monate endete dieser Abend in Ruanda furchtbar spät, weil wir nach unseren langen Gesprächen ganz dringend noch zum Tanzen in einen Club nebenan gehen mussten, um den Abend »abzurunden«.

Oder ich denke an Männer wie Ken Naikuni mit seinem ausgeprägten Sinn für leise Ironie und seinem Businessplan für eine eigene Farm; oder an den lässig-coolen Daddy Ruhorahoza, der sich in der internationalen Filmszene so gut auskennt; und ich denke an die mutigen Dissidenten André und Pimentel, die für den Aufbau einer Zivilgesellschaft in Angola kämpfen. Doch diese gebildete afrikanische Mittelklasse ist in unserem Afrika-Bild wenig präsent. Sie ist zweifellos sehr viel schmaler als in europäischen Gesellschaften – aber es gibt sie, so wie es ja auch ein normales afrikanisches Alltagsleben gibt, jenseits von Krieg und Elend. Viele Auslandskorrespondenten, etwa meine Kollegen im ZDF, bilden diese afrikanische Wirklichkeit heute zwar auch ab und tun das auch sehr bewusst – doch solche Berichte scheinen ins allgemeine Bewusstsein nur schwer vorzudringen. Vielleicht weil sie nicht in »unser« Afrika-Bild passen, das entweder pittoresk oder schrecklich zu sein hat. Dagegen »anzusenden« ist nicht leicht.

Nicht weniger frappierend finde ich, wie einheitlich Afrika oft wahrgenommen wird. Als ich im Sommer 2010 unsere TV-Dokumentation »Afrikas Schätze« vorstellte, bekam ich erstaunlich häufig Fragen gestellt, die mit der Formulierung begannen: »Ein

Land wie Afrika …« Natürlich war das »ein Freud'scher Fehler«, wie man so schön sagt. Aber ich fand diesen Streich, den uns das Unterbewusstsein spielt, durchaus vielsagend: »Schwarzafrika« wird ja tatsächlich oft wie ein einziges Land und nicht wie ein Kontinent wahrgenommen. Lehmhütten, Armut, Kolonisationsgeschichte, wilde Tiere. Das sind die typischen Assoziationen – und ob man nun über West, Ost oder Süd spricht, macht mutmaßlich keinen großen Unterschied. Nordafrika wird noch als »eigener Teil« gesondert gesehen, aber Sub-Sahara-Afrika? Wie unterschiedlich werden Sierra Leone, Ghana oder Kongo wahrgenommen? Wehe, man würde Europa so verallgemeinern!

Auch scheint vielen nicht bewusst, dass die Realitäten heute alten Denkmustern längst nicht mehr entsprechen. »Wo fährst du hin? Nach Ruanda? Du meine Güte, ist das nicht total gefährlich?« Ruanda, jedenfalls im Jahr 2010, ist für Touristen nicht gefährlich, im Zweifelsfall weniger »gefährlich« als zum Beispiel Kenia. Aber das Bild, das viele im Kopf haben, ist eben ein anderes: Ruanda gleich Völkermord, Kenia gleich harmlose Safari. Auch mir selbst war vieles nicht bewusst, bevor ich begann, bestimmte Reisen vorzubereiten. Angola zum Beispiel: Die Bürgerkriegsgeschichte kannte ich, aber dass die Boomtown Luanda heute als eine der teuersten Städte der Welt gilt, war mir neu. Das Land war für mich insofern fast ein blinder Fleck. Ich glaube, das geht vielen Menschen hierzulande ähnlich. Dass Thailand und China sehr unterschiedlich sind, ist allgemein bekannt. Bei Afrika hingegen hört die Differenzierung schnell auf. Ich vermute, das hat mit diesen kollektiven Bildern zu tun, die sich uns seit sehr langer Zeit in die Netzhaut brennen.

Vielleicht kann ich mit diesem Buch dazu beitragen, über das eine oder andere typische Afrika-Bild andere Bilder zu legen. So wie sich mein eigener Blick geweitet hat – durch meine Erlebnisse, Empfindungen und die Beschäftigung mit jenen ökonomischen und ökologischen Zusammenhängen, die hinter der zentralen Frage stehen, warum Afrika so reich und zugleich so arm ist. Und warum in der Rolle neuer Investoren Chance und Gefahr so nah beieinanderliegen.

»Kein Zeuge ist besser als die eigenen Augen« – sagt das äthiopische Sprichwort. Aber auch mit den Augen anderer kann man auf Reisen gehen. Danke, dass Sie mir bis hierhin gefolgt sind!

LÄNDERDATEN

Ruanda
Republik Ruanda, Republika y'u Rwanda
Hauptstadt: Kigali
Lage: Ostzentralafrika. Nachbarländer: Demokratische Republik Kongo, Burundi, Uganda, Tansania
Größe: rund 26300 Quadratkilometer
Bevölkerung: knapp 10 Millionen, davon ca. 85 % Hutu, 14 % Tutsi, 1 % Twa
Sprachen: Kinyarwanda, Französisch, Englisch
Religion: überwiegend christlich (ca. 48 % katholisch, 44 % protestantisch), 5 % Moslems
Unabhängigkeit: seit 1962 (vormals belgisches Treuhandgebiet)
Währung: Ruanda-Franc

Äthiopien
Demokratische Bundesrepublik Äthiopien, Ityop'ya Federalawi Demokrasiyawi Ripeblik
Hauptstadt: Addis Abeba
Lage: Nordost-Afrika. Nachbarländer: Eritrea, Sudan, Somalia, Dschibuti, Kenia
Größe: rund 1,1 Million Quadratkilometer
Bevölkerung: über 80 Millionen, größte Bevölkerungsgruppen sind die Oromo (rund 35 %) und die Amhara (rund 27 %); insgesamt über 80 verschiedene ethnische Gruppen

Sprachen: Amharisch, Oromo, darüber hinaus ca. 80 weitere Sprachen, darunter auch Arabisch und Italienisch.

Religion: nach offiziellen Angaben rund 60 Prozent Christen (41 % äthiopisch-orthodox, 20 % Protestanten), rund 35 % Moslems. Andere Schätzungen gehen davon aus, dass der Anteil von Christen und Moslems ungefähr gleich groß ist.

Unabhängigkeit: nie von europäischen Mächten kolonisiert, Besetzung durch Italien 1935–1941

Währung: Birr

Kenia

Republik Kenia, Jamhuri ya Kenya

Hauptstadt: Nairobi

Lage: Ostafrika. Nachbarländer: Tansania, Uganda, Somalia, Sudan, Äthiopien; grenzt an den Indischen Ozean

Größe: rund 580 000 Quadratkilometer

Bevölkerung: rund 39 Millionen, größte Bevölkerungsgruppen sind Bantu (60 %, z. B. Kikuyu), Niloten (30 %, z. B. Luos und Kalenjin) und Massai (1,6 %). Insgesamt über 40 verschiedene Volksgruppen

Sprachen: Swahili (Suaheli), Englisch, Kikuyu und ca. 40 weitere Sprachen

Religion: ca. 66 % Christen (38 % Protestanten, 28 % Katholiken), 7 % Muslime, 26 % Naturreligionen

Unabhängigkeit: 1963 (zuvor britische Kolonie)

Währung: Kenya-Shilling

Sansibar

Sansibar, Zanzibar, halbautonomer Teilstaat
der Vereinigten Republik Tansania

Hauptstadt: Sansibar-Stadt auf Hauptinsel Unguja

Lage: ostafrikanische Inselgruppe im Indischen Ozean, größte Insel Unguja (Sansibar), zweitgrößte Insel Pemba

Größe: Gesamtfläche Sansibar und Pemba rund 2500 Quadratkilometer
Bevölkerung: rund eine Million, größte Bevölkerungsgruppen sind Bantu, Araber, Inder.
Sprachen: Swahili (Suaheli), Arabisch, Englisch
Religion: 98 % Muslime
Unabhängigkeit: 1963 (zuvor britisches Protektorat), seit 1964 Verbund mit Tansania
Währung: Tansania-Schilling

Angola
Republik Angola, República de Angola
Hauptstadt: Luanda
Lage: Südwestafrika. Nachbarländer: Republik Kongo, Demokratische Republik Kongo, Namibia, Sambia; grenzt an den Atlantischen Ozean
Größe: rund 1,2 Millionen Quadratkilometer (einschließlich der Exklave Cabinda)
Bevölkerung: rund 18 Millionen, größte Bevölkerungsgruppen sind Ovimbundu/Umbundu (38 %), Mbundu/Kimbundu (23 %), Bakongo/Kigongo (12 %); insgesamt rund 90 ethnische Gruppen (vor allem Bantu)
Sprachen: Portugiesisch, Umbundu, Kimbundu, Kikongo u. a.; insgesamt rund 40 Sprachen
Religion: ca. 60 % Katholiken, 10 % Protestanten, 5 % evangelikale Kirchen, außerdem diverse Naturreligionen
Unabhängigkeit: 1975 (zuvor portugiesische Kolonie)
Währung: Kwanza

Sierra Leone

Republik Sierra Leone, Republic of Sierra Leone

Hauptstadt: Freetown

Lage: Westafrika. Nachbarländer Liberia und Guinea; grenzt an den Atlantischen Ozean

Größe: rund 71 000 Quadratkilometer

Bevölkerung: rund 5,5 Millionen, größte Bevölkerungsgruppen sind Mende und Temne mit je ca. 30 % Bevölkerungsanteil, Limba (8 %), Kuranko (4 %) und weitere ethnische Gruppen

Sprachen: Englisch, Mende, Krio, Temne, Limba und weitere Regionalsprachen

Religion: ca. 60 % Moslems, 20–30 % Christen (überwiegend Protestanten), Naturreligionen

Unabhängigkeit: 1961 (zuvor britische Kolonie)

Währung: Leone

Mosambik

Republik Mosambik, República de Moçambique

Hauptstadt: Maputo

Lage: Südostafrika. Nachbarländer: Tansania, Malawi, Sambia, Simbabwe, Südafrika, Swasiland; grenzt an den Indischen Ozean

Größe: knapp 800 000 Quadratkilometer

Bevölkerung: rund 22 Millionen, überwiegend Bantu-Völker, größte Bevölkerungsgruppen sind Makua (47 %), Tsonga (23 %), Malawi (12 %), Schona (11 %). Insgesamt bis zu 80 verschiedene ethnische Gruppen

Sprachen: Portugiesisch, Swahili, Makua u.a.; insgesamt rund 40 verschiedene Sprachen

Religion: 35 % Christen (vor allem Katholiken und Anhänger der Zion Church), 18 % Moslems, 45 % Naturreligionen oder religionslos

Unabhängigkeit: 1975 (zuvor portugiesische Kolonie)

Währung: Metical

Südafrika

Republik Südafrika, Republic of South Africa

Hauptstadt: Pretoria

Lage: Südafrika. Nachbarländer: Namibia, Botswana, Simbabwe, Mosambik, Swasiland, schließt außerdem das Königreich Lesotho als Enklave ein; grenzt an Indischen Ozean und Atlantischen Ozean

Größe: rund 1,2 Millionen Quadratkilometer

Bevölkerung: rund 49 Millionen, größte Bevölkerungsgruppen sind Zulu, Xhosa, Sotho, Tsonga; knapp 10 % europäisch-stämmig; rund 9 % Mischlinge; rund 2,5 % Asiaten. Die »Regenbogennation« Südafrika hat eine Vielzahl ethnischer Gruppen, die im Land selbst als »Schwarze«, »Weiße«, »Farbige« und »Asiaten« unterschieden werden mit jeweils zahlreichen Untergruppen.

Sprachen: elf offizielle Landessprachen und ca. 14 weitere Sprachen; am weitesten verbreitet sind Zulu, Xhosa, Afrikaans und Englisch

Religion: knapp 80 % Christen (davon ca. 30 % Independent African Churches, 7 % Katholiken, außerdem Pfingstler, Methodisten, Anglikaner, Lutheraner), Moslems (1,5 %), Hindus (1,2 %) Naturreligionen u. a.

Unabhängigkeit: 1910 Gründung der Südafrikanischen Union nach Burenkriegen gegen die Briten, 1931 gesetzgeberische Unabhängigkeit von Großbritannien, aber Verbleib innerhalb des Commonwealth. Ende der Apartheid mit den ersten freien Wahlen 1994

Währung: Südafrikanischer Rand

PERSONEN- UND SACHREGISTER

Aberglaube 233
Ackerbau 29
Addis Abeba 55–57, 60–62, 64–68, 71, 73, 83, 85, 89, 91, 95, 183
Adlerrochen 191
Africa Gender Award 52
Agrar-Imperialismus 70
Agrar-Investoren -->Investoren, ausländische
Agrarland 57
Agrartreibstoff -->Biokraftstoffe
Agrarwirtschaft -->Landwirtschaft
Aids 10, 113, 212, 225
Amboseli-Nationalpark 105, 107, 108, 111, 114–116, 120, 121, 125, 128, 131, 133, 134
Amin, Idi 17
Ana Balesa 85
Angola 8, 68, 139–184, 229, 239
Angola Business Corporation 153
Angola-Model 158, 159, 180
Antilopen 106
Apartheid 200, 201, 228, 229
Arbeitslosigkeit 177
Arena Mescal 55
Armut 14, 56, 79, 82, 104, 113, 141, 143, 176, 192, 226, 240
Artenschutz 110
Ärzte ohne Grenzen 83
Äthiopien 8, 22, 43–102, 182, 183, 226, 237
Ayele, Firew 58, 59, 61–63, 68, 73, 75, 86, 90, 91, 96, 98–100

Baja California 190, 191
Bako 71, 90, 96, 100
Barra Bay 193, 205, 207
Barthelemy, Laurent 166
Bazaruto 224
Beira 223
Bell, Colin 109–111
Benchimol, Daguberto 163, 164
Berggorillas 21, 29–39, 48, 53, 162
Bevölkerungsdruck 93
Bikila, Abebe 55
Bildungsinvestitionen 157
Bill of Rights 171
Biodiesel 226
Biokraftstoffe 68, 101
Bitonga Divers 218, 223
Blair, Tony 16
Blauwasser-Tauchgänge 186
Blood Diamond 175
Blum, Jochen 91, 99, 145, 162, 180
Blumenanbau 65, 66, 69, 71
Blutdiamanten 175, 178
Bodenschatz-Volkswirtschaft 174
Bodenschätze 18, 29, 39, 60, 66, 70, 88, 150, 158, 170, 174, 176–178
Bohrinsel -->Ölplattformen
Bokassa 17
Bonham, Richard 109
Botswana 111, 179
BP (Ölkonzern) 158, 165, 226
Brasilien 226
British Commonwealth 24
Büffel 106, 196

247

Bürgerkrieg 143, 144, 150, 151, 157, 162, 175, 182, 192, 197, 215, 227
Burundi 27

Campbell, Naomi 175
Cascais, Antonio 146–148, 151–153, 169, 170, 228
Chalon, Philippe 161, 162, 164, 165
China 88, 97, 158, 159, 211, 226
Chivatsi, Peter 138
Cholera 145
Chrom --->Rohstoffe
Chyulu Hills 108
Coltan 18
Coltanopolis 18
Cost-Oil 165

Dalia (Ölplattform) 164–166, 168
Dallaire, Roméo 23
Danakilwüste 65
Danda, Raúl 150
DDR 144, 197
Deep offshore dragging 165
Deepwater Horizon (Ölplattform) 165
Deko-Krankheit 186
Dekompressions-Stopp 186
Demokratie 67, 68, 79, 150, 225
Deportationen 83
Deutsch-Angolanisches Wirtschaftsforum 150
Deutschland 44, 57
Diamanten 9, 157, 170, 177–179
Diamanten-Krieg 175
Diamantenvorkommen -->Diamanten
Diamond, Jared 112
DiCaprio, Leonardo 175
Die Kraft Afrikas -->Neudeck, Rupert
Die Mitleidsindustrie -->Polman, Linda
Dörfer, Potemkinsche 29
Dos Santos, José Eduardo 143, 151, 152, 154, 157, 158, 160, 162
Dowden, Richard -->Royal African Society
Drogen 201

Drogenhandel 202
Dubai 173
Dürreperiode 115,116, 118, 119, 121, 124
Dürrezeiten -->Dürreperiode
Dykman, Tim 209, 212, 213, 217, 219, 221

Economist Intelligence Unit 160
Eiffel, Gustave 230
Elefanten 104–106, 112, 113, 114–119, 126–131, 134, 192
Elefantenfriedhof 114
Elefantenschutz -->Elefanten
Elefantentourismus 134
Elephant Trust 114, 134
Elfenbein 119, 120, 192
Elfenbeinhandel -->Elfenbein
Entwicklungsdiktatur 42
Entwicklungshilfe 46, 75, 76, 79, 80, 82, 84
Entwicklungshilfe-Industrie 76, 79
Entwicklungshindernis 73
Entwicklungsökonomie 77
Erdgas 172, 227
Erdölboom -->Öl
Eritrea 73
Eritrea-Krieg 100
Erosionsschäden 27
Esskultur 63
Ethiopian Investment Agency 66
Ethno-Mythos 25
Europa 60, 77, 82, 178, 222, 228, 240

FAO (Welternährungsorganisation) 70
Felsenkirchen von Lalibela -->Weltkulturerbe
Fischerei 192
Fossey, Dian 30, 31, 34
Frankreich 23, 24
Freetown 178
FRELIMO 197, 225
Friedhöfe 180

Gacaca-Justiz 40
Gama, Vasco da 196
Gastarbeiter 173
Gebrselassie, Haile 55
Geburtenkontrolle 133
Génocidaires 28
Genozid -->Völkermord Ruanda
Ghana 240
Giraffen 104
Globalisierung 81, 99
Gnus 192
Gold 170
Golfkrieg 87
Golfstaaten 66, 172
Good governance 79, 159, 179
Gorilla-Schützer 32
Gorilla-Tourismus 31
Gorillajagd 31
Gorillasprache 36
Gorongosa-Nationalreservat 192
Great Limpopo Transfrontier Park 192
Griechenland 80
Günstlingswirtschaft 152

Habyarimana, Juvénal 23, 28
Haie 191, 210–212, 214, 218
Haile Selassi (Kaiser) 85
Handschlag mit dem Teufel -->Dallaire, Roméo
Hankel, Gerd 40–42
Heck, Jürgen 33, 117
Hightech-Ölförderung 164
Hilfsorganisationen 75, 78, 83–85, 101
Hillbrow 200, 201
Hluhluw-Umfolozi-Park 105
Hoehne, Kirsten 10, 42
Holeta 65
Hotel Ruanda 19, 20
Human Rights Watch 67, 160
Human-Wildlife Conflict 119
Hunger 28, 74, 76, 93
Hungerland 62, 74
Hutu 17, 19, 24, 26, 29, 42, 50, 51
Hutu-Power 28

Hutu-Regierung 22
Hutu-Regime 23

Ilha 142, 144
Imhambane 196, 203, 215, 223
Indien 68–70, 92
Infrastruktur 81
Internationaler Währungsfonds 158
Investoren, ausländische 9, 66, 68–70, 73, 79, 90, 93, 98, 109, 110, 135, 221, 228
Islam 135
Italien 72, 73

Japan 180
Jatropha 226
Joaquin 146, 147
Johannesburg 7, 8, 15, 104, 163, 195, 199, 231
Jugoslawien 82

Kaffee 60, 63, 64
Kaffee-Zeremonie -->Kaffee
Kagame, Paul (Präsident von Ruanda) 16–19, 21, 23, 24, 27, 28, 32, 38–40, 52
Kaiserreich, äthiopisches 72
Kalenjin 123
Kanada 47
Karuturi, Ramakrishna 66, 69, 71, 88, 91–96
Katange, Ole 128–130, 132
Katar 173
Kayihura, Manzi 49–51, 53
Kenia 45, 65, 102–138, 182, 183, 209, 222, 235
Kenyatta, Jomo 122
Kigali (Hauptstadt Ruanda) 13–19, 21, 28, 39, 41–45, 47, 57
Kikuyu 123
Kilimandscharo 104, 108, 128, 134
Kimberley-Abkommen 178
Kinder 78, 97, 146
Kindersoldaten 100, 176

249

Klimawandel 210
Know-how-Transfer 95
Kohärenz 81
Kohl, Helmut 122, 123
Kohle 227
Koidu-Holdings (Diamantenfirma) 177
Kolonialherren -->Kolonialzeit
Kolonialherren -->Kolonialzeit
Kolonialisierung 113
Kolonialisierungsversuche 71, 72
Kolonialmächte 81
Kolonialzeit 25, 26, 128, 135, 143, 182, 197, 221, 225, 229, 230, 234, 238
Kongo 17, 18, 21, 35, 174, 240
Kongo-Becken 162
Kongo-Krieg 18
Konzentrationslager 84
Koralleninseln 194
Korallenriffe 192
Korruption 17, 52, 57, 76, 121, 122, 160, 168, 172, 174, 233, 235
Korruptionsindex -->Korruption
Kriminalität 16, 28, 48, 104, 201
Kriminalitätsrate -->Kriminalität
Krügerpark 192
Kumar, Saschi 92, 94
KwaZulu-Natal 105, 202
Kwizera, Diogène 31, 33-37

Landraub-->Agrar Imperialismus
Landwirtschaft 70, 73, 85, 94, 113, 177
Latte Macchiato 64
Leopard 106
Limpopo-Park 192
Lions-Trust 130
Live-Aid-Benefiz-Konzerte 74, 83
Löwen 105, 106, 116, 121, 126, 128-131, 192, 196
Löwenjagd 131
Luanda (Hauptstadt von Angola) 8, 142-144, 147, 149, 152-155, 158, 161-163, 167
168, 169, 179, 181
Lucy 72

Luo 123
Luxus-Tourismus 111

Macuacua, Carlos 215-218, 220-224
Madagaskar 193, 204
Magic Mushrooms 34, 36
Magna Carta 171
Malaria 145, 147, 195, 196
Mandela, Nelson 157, 200, 201
Mangan -->Rohstoffe
Mankell, Henning 230
Manta Point 188
Manta Reef 185, 206, 209
Mantarochen 187-191, 193, 204, 210-212
Maputo 211, 220, 224, 225, 227-232, 234
Mara-Fluss 124
Marathonläufer 89
Marshall-Plan 80
Marshall, Dr. Andrea 209, 210, 212-214
Massai 110, 121, 126-129, 131-133, 238
Massai Mara 105, 106, 124, 133
Mau-Wald 123-125
Meeresschildkröten 214, 219
Menschenrechte 79, 150, 147, 225
Mercato 59-61
Meredith, Martin 81
Mideksa, Birtukan 67
Mikro-Kredite 213
Mobutu, Joseph 17
Mombasa 108
Moreira, Lucrecia 179, 181, 184, 238
Mosambik 8, 185-236
Mount Entoto 65
MPLA (angolanische Regierungspartei) 141, 157
Muchanga, Anabela 223-225
Mugabe, Robert 17, 198
Mussolini 72
Muzondo 141

Nachhaltigkeit 80, 111
Naikuni, Ken 108, 127-133, 239
Nairobi 103, 104, 108, 121, 124
Nation Building 81

Nationalpark 31, 33, 36, 39, 113, 119, 124
Naturschutz 38
Nelkenrevolution 197
Neo-Kolonisalisierung
    -->Agrar-Imperialismus
Neto, Francisco 167, 168
Neudeck, Rupert 82
Nicolai, Jens 10, 71, 100, 145, 176, 180
Nigeria 165
Nightingale, Andrew 105–107, 111, 133
Njiraini, Norah 114–118, 126, 239
Norwegen 172, 179
Nullzeit 185, 186

Obama, Barack 44
Ocean Revolution 209, 214, 217
Öko-Tourismus 108, 179
Öl 9, 142, 149, 151, 156, 157, 159, 162, 163, 166, 170, 172, 173, 178, 179
Ölfelder -->Öl
Ölplattformen 163–165, 168
Ölquellen -->Öl
Ölvorkommen -->Öl
Ost-Kongo 33
Osuri, George 119–121, 125, 126, 133

Peace Parks 193
Pestizide 66
Petro-Staat -->Angola
Pimentel -->SOS Habitat
Plantagen 141
Platin 88
Polman, Linda 82–84
Portugal 197
Pressefreiheit 48, 147
Priester 57
Profit-Oil 165
Prostitution 201
Putzer-Fische 191
Putzer-Station 188, 189

Rassentheorien 26
Razack, Mundoren 92–94
Rebellen-Armee 17, 28, 40, 52
Regenwald 122
Reich von Aksum 72
Reichen Ghetto -->Reichenviertel
Reichenviertel 15, 58, 181
Rekolonialisierung 76
Religionszugehörigkeit 62
RENAMO 197, 225
Reporter ohne Grenzen 18
Ressourcenfluch 172
Revolutionäre Demokratische Front des Äthiopischen Volkes (EPRDF) 67
Rohstoffe -->Bodenschätze
Rohstoffvorkommen -->Bodenschätze
Rosenfarmen -->Blumenfelder
Rosenproduzenten 69
Royal African Society 79
Ruanda 9, 13–53, 86, 182, 183, 225, 239
Rubin, Robert 189, 190
Ruhorahoza, Daddy 13–15, 19, 30, 41, 43, 46, 239
Rwanda Development Board 29

Safari-Hotels 134
Safari-Touren 104–107, 116, 134, 240
Safari-Tourismus -->Safari-Touren
Salon Diana 143
Samba (Slum) 144, 145, 147, 148, 153
Sammelwirtschaft 113
Sansibar 135, 137, 138
Sarkozy, Nicolas 24
Saudi-Arabien 172, 173
Savanne 104, 108, 116, 126, 127
Schmuggel 178
Schnittblumen -->Blumenfelder
Schnorcheln 207, 208
Schulbildung 146
Schuler, Judith 74
Sebageni, Jacqui M. 47–49, 51, 53, 225, 239
Securityguards 94, 99
Serengeti 112, 124
Sharkfinning 210, 214

251

Shikwati, James 75
Shurong 98
Sierra Leone 175–179, 240
Simbabwe 198, 199, 202
Sklavenhandel 196
Slums 14, 44, 46, 104, 144–146, 148, 149, 153, 181
Somalia 23, 67, 73
Sonangol (Ölkonzern) 158–160, 165, 166
Sono, Themba 75
SOS Habitat 148–150
Soweto 8, 200
Sowjetunion 143, 157, 197
Sozialwohnungen 58, 152
Stammesfehden 24
Stereotypen 65, 238
Stern von Sierra Leone 177
Stone Town 135
Stringer 13, 41, 86
Südafrika 7, 8, 45, 93, 111, 117, 120, 157, 192, 197, 199, 203, 206, 228, 235

Tagelöhner 93
Tansania 111, 117, 120, 131
Tarantino, Quentin 14
Tauchguide -->Tauchen
Tauchen 187, 189–191, 204–206, 208, 210, 214, 217, 219, 221, 224
Tauchschulen -->Tauchen
Taylor, Charles 175
Teatro Avenida 230
Teff 58
Terrorismus 87
The State of Africa -->Meredith, Martin
Tierschutz 38, 39
Tiger 113
Tofo Bay 193, 206, 212, 221
Tomás, Joáo Paulo 153–156
Tongas 202
Tonkrüge 60
Total (Ölkonzern) 161, 162, 164–167
Tourismus 20, 29, 31, 38, 39, 48, 53, 88, 104–107, 109–111, 173, 193, 197, 205, 206, 209, 213, 214, 219, 220, 222–225

Touristen -->Tourismus
Tracker 35
Transparency International 160, 228
Tsunami 77
Tutsi 17–19, 24–26, 28, 42, 50, 51
Tutsi-Rebellen -->Rebellen-Armee

Überbevölkerung 22, 28
Überfischung 138, 212
Überschwemmungen 124
Überwachungssystem 40, 41
Uganda 17, 27, 35
Umweltschutz 13, 212, 220–222, 224
UN World Food Programm 74, 85
Unabhängigkeitskriege 73
Unguja 135, 136
UNITA 157, 175
UNO 18, 84, 87, 101
UNO-Mission 23
UNO-Sicherheitsrat 87
UNO-Soldaten 20
Ureinwohner 145
USA 157, 175, 197

Venâncio, Luis 141
Versöhnungsprozess 42
Virunga-Vulkanberge 31, 32
Völkermord 87
Völkermord Ruanda 8, 14, 15, 17–19, 22–29, 38, 40, 47, 48, 50, 52
Vuckovic, Ariane 199

Wahlfälschungen 152
Walhaie 187, 193, 206–210
Walz, Udo 97
Warlords 76
Wasser 60, 61
Weaver, Sigourney 31
Weltkulturerbe 72
Weltpolizei 87, 88
Wilderer 36–38, 117, 119, 126, 133, 192
Wildhüter 120
Wildparks 128

Willem Alexander (Kronprinz der Niederlande) 194
Wirtschaftsboom 157
Wirtschaftswachstum 57
Womago, Worike 85, 86, 88
Wunderheiler 233

Xhosa 202

Youth bulge 27

Zebras 103, 105, 121, 192
Zenawi, Meles (Premierminister Äthiopien) 67
Zensur 18
Zimbo-Tower 152
Zulu 202

BILDNACHWEIS

KIRSTEN HOEHNE/ZDF 7, 8, 20, 22, 23, 28, 43, 44

Susanne Karpf 36, 37, 38

Christof Lang/ZDF 2, 42

Matthias Meier 39, 40, 41

Jens Nicolai/ZDF 12, 15, 16, 19, 29, 32, 34, 45, 46

Marietta Slomka 1, 3, 4, 5, 6, 9, 10, 11, 13, 14, 17, 18, 21, 24, 25, 26, 27, 30, 31, 33, 35

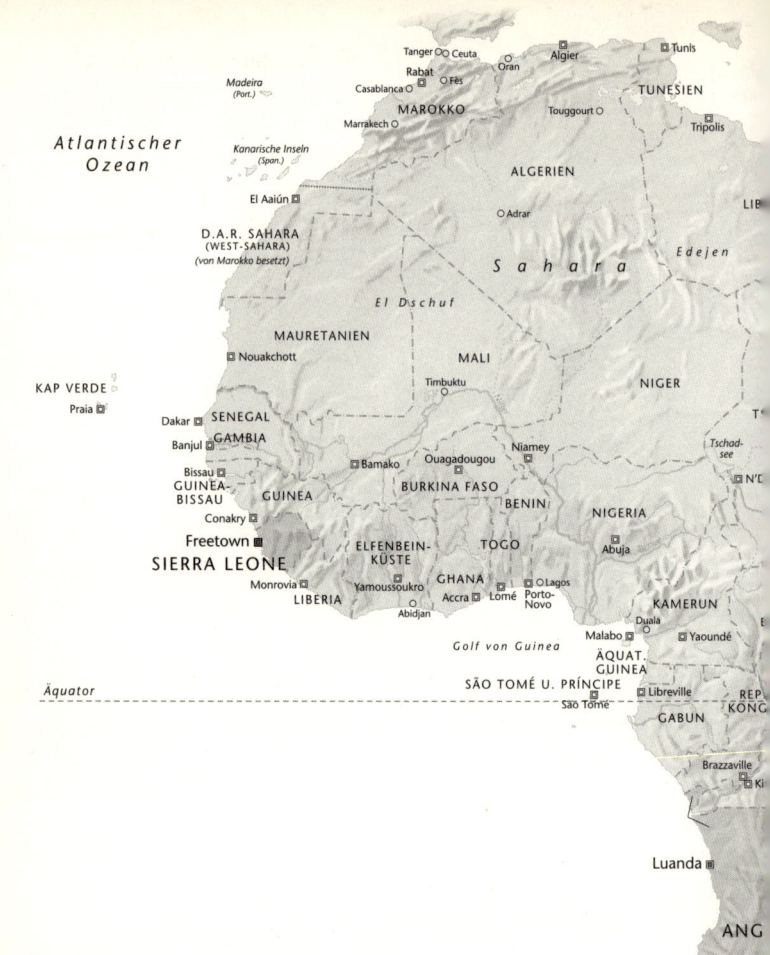

Atlantischer Ozean

Madeira (Port.)

Tanger, Ceuta, Algier, Tunis
Rabat, Casablanca, Fès, Oran
MAROKKO
Marrakech
TUNESIEN
Touggourt
Tripolis

Kanarische Inseln (Span.)

ALGERIEN

El Aaiún

D.A.R. SAHARA (WEST-SAHARA) *(von Marokko besetzt)*

Sahara

Edejen

El Dschuf

MAURETANIEN
Nouakchott
MALI
Timbuktu
NIGER

KAP VERDE
Praia

Dakar **SENEGAL**
Banjul **GAMBIA**
Bissau **GUINEA-BISSAU**
GUINEA
Bamako
Ouagadougou
Niamey
Tschadsee
N'D

Conakry
BURKINA FASO
BENIN
NIGERIA

Freetown
SIERRA LEONE
ELFENBEINKÜSTE
TOGO
Abuja

Monrovia
LIBERIA
Yamoussoukro
GHANA
Accra Lomé
Lagos
Porto-Novo
KAMERUN
Abidjan
Malabo
Duala
Yaoundé

Golf von Guinea
ÄQUAT. GUINEA
SÃO TOMÉ U. PRÍNCIPE
Libreville
Äquator
São Tomé
GABUN
REP. KONG

Brazzaville
Ki

Luanda

ANG

Atlantischer Ozean

NA

Windhoek

Lüderitz

0 200 400 600 800 1000 km

Länder, aus denen in diesem Buch berichtet wird

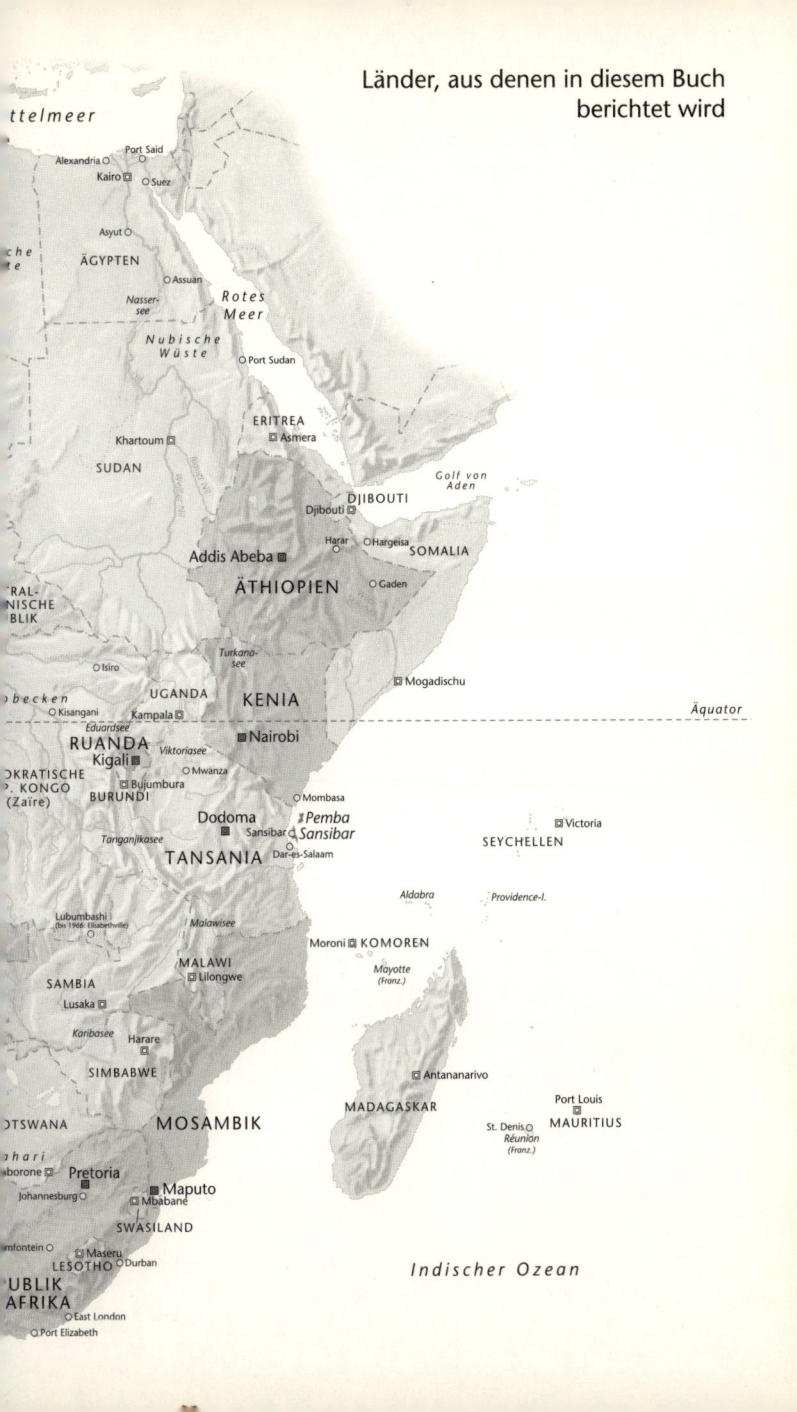